AI 활용
경찰관 직무집행법 해설

AI 활용
경찰관 직무집행법
해설

홍성삼 지음

좋은땅

이 책은 세 가지 명확한 목적을 가지고 있습니다. 첫째, 최신 AI 기술을 활용한 새로운 형태의 법률 축조 해설서를 제시하는 것입니다. 둘째, 「경찰관 직무집행법」의 핵심적인 내용을 정리하여 경찰학 시험에 대비하는 완벽한 스터디 가이드를 제공하는 것입니다. 셋째, 상황판단 및 문제해결 능력을 측정하는 경찰 발표 면접에 필요한, 실제와 같은 사례 개발을 통해, 경찰 채용 시험의 발표 면접에 완벽히 대비할 수 있는 혁신적인 솔루션을 제공하는 것입니다.

「경찰관 직무집행법」은 경찰관의 모든 직무 수행에 있어 법적 근거이자 활동의 한계를 설정하는 핵심적인 법률입니다. 경찰공무원 채용 시험을 준비하는 수험생에게는 합격을 좌우하는 필수 학습 과목입니다. 법률 조문을 단순히 암기하는 것만으로는 급변하는 치안 현장의 복잡한 딜레마 상황에 대처하기 어렵습니다. 법의 정신을 꿰뚫고, 각 조문이 실제 상황에서 어떻게 유기적으로 작동하는지를 입체적으로 이해해야만 법적 근거에 기반한 최선의 판단을 내릴 수 있습니다. 특히, 최근 경찰 채용 시험에서 발표 면접의 중요성이 커지면서, 특정 상황에 대한 법리적 판단 능력과 논리적 해결 방안 제시 능력을 종합적으로 평가하는 경향이 뚜렷해지고 있습니다.

저술 방법 일러 두기

이 책은 생성형 AI 도움을 받아 작성한 가상의 시나리오 형식이며, 경찰행정학과 'AI 활용 경찰행정' 과목 강의 교재로 사용하고자 작성되었습니다. 실제 법 적용과 다를 수 있음을 감안하여 학습하기 바랍니다.

AI 시대 요구와 수험생 발표면접 준비에 부응하고자 완전히 새로운 방식으로 저술되었습니다. 저자는 최신 생성형 인공지능 기술, 특히 Google의 Gemini 2.5 Pro 유료 버전, Copilot을 핵심 저술 도구로 활용하여 본 해설서를 집필하였습니다. 인공지능과의 도움으로 법률 콘텐츠를 생성하고, 사례를 개발하며, 교육적 시뮬레이션 자료를 구축하는 새로운 시도입니다. (Google. (2025). Gemini [Large language model]. https://gemini.google.com)

저술 방법은 다음과 같은 과정을 거쳤습니다. 첫째, '조문 원문'을 정확히 제시하고, Gemini 2.5 Pro를 활용하여 각 조항을 항, 호, 목 단위로 세밀하게 분해하는 **'조문 해부'** 작업을 진행했습니다. 이 과정에서 각 법문의 의미와 입법 취지, 그리고 관련 판례의 핵심 요지를 명확하게 분석하여 제시함으로써 조문에 대한 깊이 있는 이해를 돕고자 했습니다. 둘째, 수험생들의 효율적인 학습을 위해 **'Study Point(시험 합격 전략)'** 항목을 구성하였습니다. Gemini 2.5 Pro에게 시험 출제 경향을 분석하고 핵심 키워드와 암기 사항, 그리고 다른 조문과의 비교 포인트 등을 정리하도록 지시하여, 수험생들이 시험에 직접적으로 대비할 수 있는 학습 전략을 제공하였습니다.

가장 핵심부분은 **'발표 면접 대비 상황 재구성'** 항목입니다. 이는 Gemini 2.5 Pro의 상황 분석 및 생성 능력을 활용하여 실제 경찰 채용 시험의 발표 면접과 거의 흡사한 형태의 시뮬레이션 환경을 제공하고자 기획되었습니다. 각 장의 주요 조문과 관련된 가상의 '상황자료'를 제시하고, 이에 대한 구체적인 '상황처리 과제'를 부여했습니다. 이어서 해당 과제에 대한 모범적인 분석으로서 법적 판단의 근거를 명시한 '상황판단'과, 구체적인 실행 계획을 담은 '문제점 및 해결방안(단계별 조치)'을 체계적으로 서술하였습니다.

특히, 실제 면접의 압박감과 깊이를 체험할 수 있도록 가상의 **'면접관 4명과의 질의응답'** 부분을 심혈을 기울여 꼬리질문 형식으로 구성했습니다. 법률 전문가, 현장 지휘관, 인권·소통 전문가, 조직·정책 전문가 등 네 가지 다른 시각을 가진 가상의 면접관들이 제시된 상황과 해결 방안에 대해 날카로운 후속 질문을 던지고, 이에 대한 모범 답변을 제시하는 방식입니다. 이를 통해 수험생들은 단순히 자신의 발표를 준비하는 것을 넘어, 예상되는 반론에 대처하고 자신의 논리를 방어하며 사고를 확장하는 훈련을 할 수 있습니다. 독자 여러분께서는 이 과정을 통해 마치 실제 면접장에서 스터디 그룹과 함께 시뮬레이션 훈련을 하는 것과 같은 효과를 얻으실 수 있을 것입니다.

[면접시험 진행 절차 흐름도]

면접준비		면접실시		
응시자 교육	① 발표준비	② 발표면접		③ 경험·인성면접
		발표	질의·응답	질의·응답
	20분	3분	7분	15분

경찰 채용시험 면접은 크게 두 가지 항목, 발표 면접과 경험인성 면접으로 나뉩니다. 발표면접은 주어진 상황자료를 바탕으로 주어진 과제에 대해 발표를 20분 준비하고, 3분 발표 후, 7분 질의응답을 통해 평가받는 과정입니다. 상황 판단, 문제해결 능력, 의사소통 능력, 경찰 윤리 의식 등이 평가 요소로 포함됩니다. 이 책을 학습도구로 사용하여 발표면접을 준비한다면 많은 도움이 될 것입니다.

이 저서는 2025년도 가천대학교 교내연구비 지원에 의한 결과임(GCU-202505840001)

This work was supported by the Gachon University research fund of 2025(GCU-202505840001)

목 차 ・・・

제1부

학습 가이드

이 책의 개요

이 책은 「**경찰관 직무집행법**」 해설서로, 다음과 같은 세 가지 주요 목적을 가지고 집필되었습니다.

1. **AI 활용 법률 해설:** 최신 생성형 AI(Google Gemini 2.5 Pro 유료 버전, Copilot)를 활용하여 법률 조문을 세밀하게 분석하고 해설하는 새로운 형태의 법률 축조 해설서를 제시합니다. 각 조항을 항, 호, 목 단위로 분해하고 입법 취지 및 관련 판례를 명확하게 분석하여 깊이 있는 이해를 돕고자 했습니다.

2. **경찰학 시험 대비:** 「경찰관 직무집행법」의 핵심 내용을 정리하고, 'Study Point(시험 합격 전략)' 항목을 통해 출제 경향 분석, 핵심 키워드, 암기 사항 등을 제공하여 경찰학 시험을 준비하는 수험생에게 완벽한 스터디 가이드가 되는 것을 목표로 합니다.

3. **발표 면접 대비:** 최근 중요성이 커지고 있는 경찰 채용 시험의 발표 면접에 대비할 수 있도록, AI를 활용하여 실제와 유사한 사례 기반의 시뮬레이션 자료를 개발했습니다. 각 조문과 관련된 가상 '상황자료'와 '상황처리 과제'를 제시하고, 이에 대한 모범적인 '상황판단' 및 '문제점 및 해결방안'을 체계적으로 서술했습니다. 특히, 가상의 면접관 4명(법률 전문가, 현장 지휘관, 인권·소통 전문가, 조직·정책 전문가)과의 심층적인 꼬리질문 형식의 질의응답을 구성하여 실전과 같은 면접 훈련 효과를 얻을 수 있도록 했습니다.

이 책은 경찰공무원 채용 시험을 준비하는 수험생, 특히 **발표 면접**에 어려움을 겪는 분들에게 경찰관 직무집행법 기반 시뮬레이션 학습 솔루션을 제공하고자 합니다. 또한 경찰행정학과 '**AI 활용 경찰행정**' 과목의 강의 교재로도 활용될 수 있도록 구성되었습니다.

학습 목표

이 책을 통해 독자 여러분은 다음과 같은 목표를 달성할 수 있습니다.

- **「경찰관 직무집행법」 조문 완벽 이해:** 각 법률 조문을 단순히 암기하는 것을 넘어, AI 분석을 통해 조문의 구조, 입법 취지, 관련 판례를 심층적으로 이해하고 법의 정신을 꿰뚫어 볼 수 있습니다.
- **경찰학 시험 핵심 정복:** 'Study Point'를 통해 시험 출제 경향을 파악하고 핵심 키워드 및 암기 사항을 효율적으로 학습하여, 경찰공무원 채용 시험 합격에 필요한 필수 지식을 습득할 수 있습니다.
- **상황판단 및 문제해결 능력 함양:** AI가 생성한 실제와 유사한 사례 연구를 통해, 급변하는 치안 현장에서 발생할 수 있는 복잡한 딜레마 상황에 대한 법리적 판단 능력과 논리적인 해결 방안 제시 능력을 기를 수 있습니다.
- **발표 면접 실전 역량 강화:** 가상의 면접관 4명과의 꼬리질문 형식 질의응답 시뮬레이션을 통해, 면접의 압박감을 극복하고 자신의 논리를 방어하며 사고를 확장하는 훈련을 할 수 있습니다. 이를 통해 경찰 채용 시험 발표 면접에 효율적으로 대비할 수 있습니다.
- **AI 활용 학습법 체득:** 생성형 AI를 법률 학습 및 사례 분석 도구로 활용하는 새로운 학습 방법을 경험하고, 이를 통해 AI 시대에 필요한 자기 주도 학습 능력을 향상시킬 수 있습니다.

15주차 수업계획(안)

이 책은 15주차 강의 교재로 활용될 수 있도록 설계되었습니다. 다음은 이 책의 목차와 내용을 기반으로 한 15주차 수업계획 예시입니다.

주차	주요 학습 주제	세부 학습 내용(이론)	발표 면접 시뮬레이션(실습)
1주차	과정 소개 및 법의 기초	- 수업계획 및 평가 방법 소개 - 이 책의 개요 및 AI 활용 학습법 안내 - 「경찰관 직무집행법」의 의의와 중요성	- AI 도구(Gemini 등) 활용법 기초 실습
2주차	제1조(목적)	- 제1조(목적): 기본권 보호와 공공질서 유지 - 제1조 제2항: 비례의 원칙, 경찰권 남용 금지	- **[토론]** 기본권과 공공질서가 충돌하는 사례 토의
3주차	제2조 (직무의 범위)	- 제2조(직무의 범위): 경찰의 임무 분석 - 임무규정과 수권규정의 관계	- **[사례 분석]** 각 직무 범위에 해당하는 실제 경찰 활동 사례 발표
4주차	제3조 불심검문(이론)	- 불심검문의 요건(제1항 1호, 2호) - 임의동행의 요건과 한계(거절권, 6시간) - 흉기조사(Frisk)의 범위와 한계	- Study Point 중심의 이론 학습 및 질의응답
5주차	제3조 불심검문 (면접 실습)	- [면접 과제 1] 불심검문 불응과 물리력 행사 - [면접 과제 2] 임의동행의 자발성 훼손 - [면접 과제 3] 흉기조사와 우연한 증거 발견	- 조별 발표 및 면접관(교수/동료) 꼬리질문
6주차	제4조 보호조치 (이론 및 실습)	- 보호조치의 요건(제1항 1~3호) - 불심검문 임의동행과의 비교 - 구호 거절권과 의사능력 판단	- [면접 과제 1] 구호를 거부하는 주취자 - [면접 과제 2] 정신질환자의 위험성 판단
7주차	제5조, 제6조 (위험 방지 및 범죄 예방)	- 제5조(위험 발생의 방지 등): 즉시강제 - 제6조(범죄의 예방과 제지): 경고와 제지 - 두 조항의 요건 및 차이점 비교	- [면접 과제 1] 압사 위험이 임박한 군중 관리 - [면접 과제 2] 가정폭력 현장에서의 제지권
8주차	중간고사	**(제1조 ~ 제6조 범위)**	- 이론 시험 및/또는 면접 시뮬레이션 평가
9주차	제7조, 제8조 (출입 및 사실 확인)	- 제7조(위험 방지를 위한 출입): 긴급출입 - 제7조 제2항: 예방적 출입(공개 장소) - 제8조(사실의 확인 등): 사실조회, 출석요구	- [면접 과제 1] 비명소리와 긴급출입 딜레마 - [면접 과제 2] 업주의 영업권과 예방적 출입

10주차	경찰장비 사용의 일반 원칙	- 제10조(경찰장비의 사용 등): 위해성 장비 - 제10조의5~7(경찰착용기록장치): 바디캠 - 신규 장비 도입 절차, 임의 개조 금지	- [면접 과제 1] 시민의 녹화 요청과 사생활 보호 - [면접 과제 2] 증거보전의 긴급성(바디캠)
11주차	경찰장구 및 분사기 사용	- 제10조의2(경찰장구의 사용): 수갑, 경찰봉 등 - 사용 요건(중대범죄, 자위/보호, 항거 제지) - 제10조의3(분사기 등의 사용): 현장책임자 판단	- [면접 과제 1] 경찰봉 사용의 정당성 판단 - [면접 과제 2] 방패 사용과 방어적 물리력
12주차	제10조의4 무기의 사용	- 무기 사용의 2단계 구조(비위해/위해) - 위해 사용의 엄격한 예외 요건(정당방위 등) - 제2호 라목: '3회 이상' 명령 요건	- [면접 과제 1] 인질극과 총기 사용의 결단 - [면접 과제 2] 도주하는 흉기 소지자
13주차	경찰관의 권리와 책임(1)	- 제11조의2(손실보상): '적법'한 행위로 인한 피해 - 제11조의3(범인검거 등 공로자 보상) - (비교) 국가배상: '위법'한 행위로 인한 피해	- **[토론]** 손실보상과 국가배상의 차이점 토론
14주차	경찰관의 권리와 책임(2)	- 제11조의4(소송 지원) - 제11조의5(직무 수행으로 인한 형의 감면) - 제12조(벌칙): 직권남용의 최후 통제	- [면접 과제 1] 흉기난동범 제압과 과실치상 - [면접 과제 2] 임의동행 시간 초과(직권남용)
15주차	종합 복습 및 기말고사	- 「경찰관 직무집행법」 전 범위 핵심 정리	- **기말고사(종합 면접 시뮬레이션 평가)**(전 범위 사례 중 무작위 선정 발표 및 질의응답)

수험생 학습 가이드

이 책은 「경찰관 직무집행법」 학습과 경찰 채용 시험 준비, 특히 발표 면접 대비에 최적화되어 있습니다. 다음 가이드라인에 따라 학습 효과를 극대화해 보시기 바랍니다.

1. AI와의 협업 이해하기:

- 이 책은 최신 AI 기술(Google Gemini 등)을 활용하여 법 조문을 분석하고, 시험 출제 경향을 파악하며, 실제와 유사한 면접 시나리오를 생성했습니다. AI가 어떻게 법률 학습을 도울 수 있는지 경험해 보세요.
- 단, AI가 생성한 가상 시나리오는 실제 법 적용과 다를 수 있음을 항상 염두에 두고 학습하시기 바랍니다.

2. 체계적인 학습 구조 활용하기:

- **조문 원문:** 법 조항의 정확한 내용을 먼저 숙지합니다.
- **조문 해부:** AI의 도움으로 항·호·목 단위로 세밀하게 분석된 해설을 통해 각 법문의 의미, 입법 취지, 관련 판례의 핵심을 깊이 있게 이해합니다.
- **Study Point(시험 합격 전략):** 이 부분은 객관식 및 주관식 시험 대비의 핵심입니다. AI가 분석한 출제 경향, 핵심 키워드, 암기 사항, 다른 조문과의 비교 포인트 등을 집중적으로 학습하여 시험에 직접적으로 대비하세요. 각 조문별 Study Point에서 제시하는 학습 전략을 따라 중요 개념을 확실히 정리하십시오.
- **발표 면접 대비 상황 재구성:** 이론 학습 후, 이 부분을 통해 실전처럼 연습합니다.

3. 발표 면접 시뮬레이션 적극 활용하기:

- **상황자료 분석:** 제시된 가상의 상황을 실제 면접 문제처럼 여기고, 문제의 핵심 쟁점과 법적 근거를 파악하는 연습을 합니다.
- **과제 수행:** 주어진 상황처리 과제에 대해 자신만의 논리로 상황판단, 문제점 분석, 해결방안(단계별 조치)을 구체적으로 구상하고 발표하는 연습을 합니다. 발표 시간(3분)을 염두에 두고 핵심 내용을 간결하게 구성하는 훈련을 하십시오.
- **면접관 질의응답:** 이 책의 가장 특징적인 부분입니다. 가상의 면접관 4명(법률 전문가, 현장

지휘관, 인권·소통 전문가, 조직·정책 전문가)이 제시하는 날카로운 꼬리질문에 답하는 연습을 통해, 예상치 못한 질문에 대처하고 자신의 논리를 방어하며 사고를 확장하는 훈련을 하세요. 단순히 모범 답안을 암기하기보다, 왜 그런 답변이 나왔는지 그 논리 구조를 이해하는 데 집중하십시오.

- **실전처럼 연습:** 스터디 그룹과 함께 실제 면접처럼 시간(발표 준비 20분, 발표 3분, 질의응답 7분)을 재면서 연습하거나, 스스로 면접관 역할을 맡아 질문하고 답하는 연습을 해 보면 더욱 효과적입니다.

4. 능동적이고 비판적인 학습 자세:

- 제시된 해설과 모범 답안을 그대로 받아들이기보다, '왜 그럴까?', '다른 해결 방법은 없을까?'라고 질문하며 비판적으로 사고하는 훈련을 하십시오.
- AI가 제시한 분석이나 사례가 항상 완벽하지는 않을 수 있습니다. 의문이 드는 부분은 관련 법령, 판례, 다른 교재를 찾아보며 스스로 검증하고 지식을 확장해 나가시기 바랍니다.

이 책을 단순한 지식 전달서가 아닌, 여러분의 법률적 사고력과 문제 해결 능력을 키우는 **훈련 파트너**로 활용하시길 바랍니다. 꾸준한 학습과 연습을 통해 「경찰관 직무집행법」을 체계적으로 마스터하고, 경찰 채용 시험에서 좋은 결과를 얻으시기를 응원합니다.

# 교수 강의 가이드

이 책은「경찰관 직무집행법」을 가르치시는 교수님들께 효과적인 강의 도구를 제공하고자 기획되었습니다. 특히 생성형 AI를 활용한 새로운 교수법과 발표 면접 대비 실습을 통합하여, 학습 효과를 극대화할 수 있도록 다음과 같이 활용하시기를 제안합니다.

1. AI 기반 콘텐츠 활용:

- 이 책은 Google Gemini 2.5 Pro 유료 버전, Copilot 등 최신 AI를 활용하여 법 조문을 분석하고('조문 해부'), 시험 전략을 제시하며('Study Point'), 면접 시나리오를 생성했습니다. 강의 시 이러한 AI 분석 결과를 소개하고, AI가 법률 학습 및 해석에 어떻게 기여할 수 있는지 학생들과 토론해 볼 수 있습니다.
- AI가 생성한 가상 시나리오는 실제 법 적용과 다를 수 있음을 학생들에게 주지시키고, 비판적 사고를 바탕으로 학습하도록 지도해 주십시오.

2. 체계적 학습 구조 적용:

- **이론 강의:** '조문 원문', '조문 해부', 'Study Point' 섹션을 활용하여 각 조문의 핵심 내용, 법리, 판례, 시험 출제 포인트를 체계적으로 강의합니다. 특히 '조문 해부'의 세밀한 분석을 통해 조문에 대한 깊이 있는 이해를 유도할 수 있습니다.
- **발표 면접 시뮬레이션:** 이 책의 핵심 콘텐츠입니다. 각 조문 학습 후 해당 '발표 면접 대비 상황 재구성' 파트를 활용하여 실습 위주의 수업을 진행합니다.
  - **개인/조별 과제:** 학생들에게 특정 과제를 부여하고, 발표 준비 시간(20분)을 준 후, 실제 면접처럼 발표(3분) 및 질의응답(7분)을 진행합니다.
  - **면접관 역할:** 교수님 또는 학생들이 직접 4가지 유형의 가상 면접관(법률 전문가, 현장 지휘관, 인권·소통 전문가, 조직·정책 전문가) 역할을 맡아 꼬리질문을 던짐으로써, 학생들이 다양한 관점에서 자신의 논리를 방어하고 심화시키는 훈련을 할 수 있습니다.
  - **피드백:** 발표 내용, 논리성, 전달력, 질의응답 대처 능력 등에 대해 구체적인 피드백을 제공하여 실질적인 면접 능력 향상을 돕습니다.

3. 15주차 수업계획 활용:

- 제시된 15주차 수업계획(안)은 이론 학습과 면접 실습을 균형 있게 배분한 예시입니다. 실제 강의 시간, 학생 수준, 학사 일정 등을 고려하여 각 주차별 내용과 실습 비중을 유연하게 조정하여 활용하십시오.
- 중간고사 및 기말고사는 이론 평가와 함께, 면접 시뮬레이션 평가를 포함하여 종합적인 학습 성과를 측정하는 것을 권장합니다.

4. AI 활용 능력 함양 지도:

- 학생들이 이 책을 통해 AI를 학습 도구로 활용하는 방법을 자연스럽게 익히도록 지도합니다.
- 수업 중 관련 주제에 대해 학생들이 직접 AI(Gemini 등)에게 질문하고 답변을 얻어 발표하게 하거나, AI를 활용하여 자신만의 면접 시나리오를 생성해 보는 과제를 부여하는 등 능동적인 AI 활용 경험을 제공할 수 있습니다.

5. 강의 목표:

- 학생들이 「경찰관 직무집행법」의 이론적 지식을 습득하는 것을 넘어, 실제 상황에서 법적 근거에 기반한 판단을 내리고 논리적으로 해결 방안을 제시하는 **실무 역량**을 기르는 것을 최종 목표로 삼습니다.
- 특히 발표 면접에 대한 자신감을 높여 경찰 채용 시험에서 성공적인 결과를 얻도록 지원합니다.

이 책이 교수님들의 혁신적인 강의 설계와 학생들의 실질적인 역량 강화에 기여할 수 있기를 바랍니다.

# 이 책 사용 유의사항

이 책을 효과적으로 활용하시기 위해 다음 사항에 유의해 주시기 바랍니다.

- **AI 생성 콘텐츠:** 이 책의 상당 부분, 특히 발표 면접 대비 상황 재구성 파트의 시나리오는 생성형 AI(Google Gemini 2.5 Pro 유료 버전, Copilot 등)의 도움을 받아 작성된 가상의 내용입니다.
- **실제 법 적용과의 차이:** AI가 생성한 가상 시나리오 및 해설 내용은 학습 목적으로 구성되었으며, 실제 현장에서의 법 적용과는 다를 수 있습니다. 따라서 이 책의 내용을 실제 사건 처리의 절대적인 기준으로 삼기보다는, 법적 사고력과 문제 해결 능력을 기르는 참고 자료로 활용하시기 바랍니다.
- **강의 교재 목적:** 이 책은 기본적으로 경찰행정학과 'AI 활용 경찰행정' 과목의 강의 교재로 사용될 목적으로 작성되었습니다. 학습 목표와 내용 구성이 해당 과목에 맞춰져 있음을 참고해 주십시오.
- **면접 준비 활용:** 발표 면접 대비 파트는 실제 면접과 유사한 환경을 제공하고자 기획되었으나, 실제 면접 질문이나 평가 기준과는 차이가 있을 수 있습니다. 다양한 가능성을 염두에 두고 폭넓게 준비하는 것이 중요합니다.

경찰관 실무 적용상 주의사항

현직 경찰관 여러분께서 이 책을 실무에 참고하실 경우, 다음 사항에 특히 유의해 주시기 바랍니다.

- **AI 생성 가상 시나리오:** 이 책에 포함된 발표 면접 대비 상황들은 생성형 AI의 도움을 받아 작성된 가상의 시나리오입니다. 실제 현장에서 마주치는 복잡하고 미묘한 상황과는 차이가 있을 수 있습니다.
- **학습 목적의 해설:** 제시된 '상황판단' 및 '문제점 및 해결방안'은 교육적 목적과 발표 면접 대비를 위해 구성된 모범적인 예시입니다. 실제 법 집행은 개별 사안의 구체적인 사실관계, 최신 판례, 지휘관의 지침 등을 종합적으로 고려하여 이루어져야 합니다.
- **실제 법 적용과의 차이 가능성:** 이 책의 해설 내용은 저술 시점의 법령과 판례를 기준으로 하며, AI의 분석을 포함하고 있어 실제 법 적용과 다를 수 있음을 항상 염두에 두어야 합니다. 따라서 이 책의 내용을 절대적인 실무 지침으로 간주해서는 안 됩니다.
- **교육용 교재:** 이 책은 기본적으로 경찰행정학과 학생들의 학습 교재 및 경찰 채용 시험 준비용으로 저술되었습니다. 현장 대응 매뉴얼로 개발된 것이 아니므로, 실무 적용 시에는 반드시 공식적인 직무 매뉴얼, 관련 법령 해설, 법률 전문가 자문 등을 우선적으로 참고하시기 바랍니다.
- **경찰관의 최종 판단:** 모든 법 집행은 현장 경찰관 여러분의 전문적인 판단과 책임하에 이루어져야 합니다. 이 책은 법률 이해를 돕고 다양한 상황에 대한 간접 경험을 제공하는 참고 자료로 활용하시되, 최종적인 판단과 조치는 현장의 구체적인 상황과 제반 법규에 따라 신중하게 결정하시기 바랍니다.

제2부

경찰관 직무집행법 해설

⟲「경찰관 직무집행법」이란 무엇인가?

「경찰관 직무집행법」(이하 '경직법')은 경찰관이 국민의 자유와 권리를 보호하고 사회 공공의 질서를 유지하기 위해 직무를 수행하는 데 필요한 사항을 규정하는 핵심적인 법률입니다. 이 법은 경찰관의 모든 직무 수행에 있어 법적 근거를 제공하는 동시에, 권한 행사의 한계를 설정하는 중요한 역할을 합니다. 즉, 경찰관이 구체적인 상황에서 '무엇을 할 수 있는지'와 '어떻게 해야 하는지'에 대한 기준을 제시하는 **경찰작용법**의 기본법이라고 할 수 있습니다.

⟲ 왜「경찰관 직무집행법」이 중요한가?

- **경찰관 임용 시험의 필수 과목:** 경직법은 경찰공무원 채용 시험에서 합격을 좌우하는 필수 학습 과목입니다. 단순히 조문을 암기하는 것을 넘어, 각 조문이 실제 상황에서 어떻게 적용되는지 입체적으로 이해해야 고득점이 가능합니다.
- **현장 경찰관의 직무 수행 기준:** 급변하고 복잡한 치안 현장에서 경찰관이 마주하는 딜레마 상황에서 법적 근거에 기반한 최선의 판단을 내리는 기준이 됩니다. 경직법에 대한 깊이 있는 이해는 현장 대응 능력을 향상시키고, 위법하거나 부적절한 직무집행의 위험을 줄여 줍니다.
- **국민 권익 보호:** 이 법은 경찰권이 남용되지 않도록 비례의 원칙 등 통제 장치를 마련함으로써, 국민의 기본적 인권을 보호하는 중요한 기능을 수행합니다.

⟲「경찰관 직무집행법」의 조문 체계(순서별 설명)

경직법은 총 12개의 본조와 부칙으로 구성되어 있으며, 각 조문은 다음과 같은 내용을 규정하고 있습니다.

- **제1조(목적):** 이 법의 제정 목적(국민의 자유와 권리 보호, 사회공공의 질서 유지)과 경찰권 행사의 기본 원칙(비례의 원칙, 직권남용 금지)을 명시합니다.
- **제2조(직무의 범위):** 경찰관이 수행하는 구체적인 직무 범위를 열거합니다(예: 국민 보호, 범죄 예방·수사, 교통 단속 등).

- **제3조(불심검문):** 거동수상자 등을 정지시켜 질문하고, 필요한 경우 임의동행을 요구하며, 흉기 소지 여부를 조사할 수 있는 요건과 절차, 한계를 규정합니다.
- **제4조(보호조치 등):** 정신착란자, 주취자, 자살시도자 등 구호대상자를 발견했을 때 긴급구호를 요청하거나 경찰관서에 보호하는 등의 조치 요건과 절차, 시간제한(24시간) 등을 정합니다.
- **제5조(위험 발생의 방지 등):** 천재지변, 사고, 극도의 혼잡 등 위험한 사태 발생 시 필요한 경고, 대피, 이동 제한, 퇴거 조치 등의 근거를 마련합니다.
- **제6조(범죄의 예방과 제지):** 범죄행위가 목전에 행하여지려고 할 때 필요한 경고를 하고, 긴급한 경우 그 행위를 물리력으로 제지할 수 있는 요건을 규정합니다.
- **제7조(위험 방지를 위한 출입):** 임박한 위해 방지나 피해자 구조를 위해 타인의 토지·건물 등에 긴급히 출입하거나, 다중이용업소에 예방 목적으로 출입할 수 있는 요건과 절차를 정합니다.
- **제8조(사실의 확인 등):** 직무 수행상 필요한 경우 국가기관 등에 사실을 조회하거나, 특정 사유(미아 확인 등)에 한해 관계인에게 출석을 요구할 수 있는 근거를 마련합니다.
- **제8조의2(정보의 수집 등):** 공공안녕에 대한 위험 예방·대응을 위한 정보의 수집·작성·배포 활동의 법적 근거와 목적의 한계를 명시합니다.
- **제8조의3(국제협력):** 국제범죄 대응 등을 위해 외국 정부기관, 국제기구 등과 협력할 수 있는 근거를 규정합니다.
- **제9조(유치장):** 체포·구속된 사람 등을 수용하기 위해 경찰서 등에 유치장을 설치하는 근거를 마련합니다.
- **제10조(경찰장비의 사용 등):** 경찰장비의 정의와 일반적 사용 원칙, 위해성 경찰장비 사용 시 안전교육·검사 의무, 임의 개조 금지, 신규 도입 절차 등을 규정합니다.
- **제10조의2(경찰장구의 사용):** 수갑, 경찰봉, 방패 등 경찰장구의 종류와 사용 요건(중대범죄자 체포, 자위권, 항거 제지)을 구체적으로 정합니다.
- **제10조의3(분사기 등의 사용):** 분사기, 최루탄 등의 사용 요건(현장책임자 판단, 부득이한 경우)을 경찰장구보다 엄격하게 규정합니다.
- **제10조의4(무기의 사용):** 권총, 소총 등 무기의 사용 원칙(위해 사용 원칙적 금지)과 사람에게 위해를 가할 수 있는 매우 엄격하고 예외적인 요건 및 절차를 규정합니다.
- **제10조의5(경찰착용기록장치의 사용):** 바디캠을 사용할 수 있는 구체적인 상황(체포 시, 현장 수사, 대상자 요청 등)을 열거하여 제한적으로 허용합니다.
- **제10조의6(경찰착용기록장치의 사용 고지 등):** 바디캠 사용 시 사전 고지 원칙과 예외, 촬영된 영상의 사후 처리(신속 저장, 편집 금지 등) 방법을 규정합니다.

- **제10조의7(영상음성기록정보 관리체계의 구축·운영):** 바디캠 등으로 기록된 영상·음성 정보의 안전한 관리를 위한 시스템 구축·운영 의무를 경찰청장 등에게 부과합니다.
- **제11조(사용기록의 보관):** 살수차, 분사기, 최루탄, 무기 사용 시 그 기록을 작성하여 보관할 의무를 규정합니다.
- **제11조의2(손실보상):** 경찰관의 '적법한' 직무집행으로 인해 손실을 입은 국민에 대한 국가의 보상 책임 요건과 절차를 정합니다.
- **제11조의3(범인검거 등 공로자 보상):** 범인 검거 등에 공로가 있는 시민에게 보상금을 지급할 수 있는 근거와 절차를 마련합니다.
- **제11조의4(소송 지원):** 경찰관이 직무 수행 관련 소송을 당했을 경우 변호인 선임 등 필요한 지원을 할 수 있는 근거를 규정합니다.
- **제11조의5(직무 수행으로 인한 형의 감면):** 특정 중대범죄 상황에서 정당한 직무 수행 중 발생한 부수적 피해에 대해 경찰관의 형사 책임을 감경하거나 면제할 수 있는 요건을 정합니다.
- **제12조(벌칙):** 경찰관이 이 법의 의무를 위반하거나 직권을 남용하여 타인에게 해를 끼친 경우 처벌하는 규정을 둡니다.

✓ 이 책의 해설 체계

이 책은 경직법 각 조문에 대한 깊이 있는 이해와 실전 적용 능력 향상을 위해 다음과 같은 체계로 구성되었습니다.

1. **[조문 원문]:** 해당 조문의 정확한 법률 원문을 제시합니다.
2. **[조문 해부(항·목별)]:** 생성형 AI의 도움을 받아 각 조항을 항, 호, 목 단위로 세밀하게 분해하고, 법문의 의미, 핵심 요지를 명확하게 분석하여 제시합니다.
3. **[Study Point(시험 합격 전략)]:** 수험생의 효율적인 학습을 위해 AI가 시험 출제 경향을 분석하여 핵심 키워드, 암기 사항, 다른 조문과의 비교 포인트 등을 정리하여 제공합니다.
4. **[발표 면접 대비 상황 재구성]:** (해당 조문 관련) 실제 경찰 채용 시험의 발표 면접과 유사한 형태의 시뮬레이션 환경을 제공합니다.
   - **상황자료:** AI가 생성한 가상의 구체적인 상황을 제시합니다.
   - **상황처리 과제:** 제시된 상황에 대한 구체적인 과제를 부여합니다.

　　　　　　　　　　　　　　　　　　　　　AI 활용 경찰관 직무집행법 해설

- **상황판단(법적 근거 중심):** 과제에 대한 모범적인 법적 판단 근거를 제시합니다.
- **문제점 및 해결방안(단계별 조치):** 구체적인 실행 계획을 담은 단계별 조치를 체계적으로 서술합니다.
- **면접관과 질의응답(꼬리질문):** 법률 전문가, 현장 지휘관, 인권·소통 전문가, 조직·정책 전문가 등 4가지 시각의 가상 면접관이 던지는 날카로운 후속 질문과 모범 답변을 통해 심층적인 면접 대비가 가능하도록 구성했습니다.

제1조(목적)

[조문 원문]

① 이 법은 국민의 자유와 권리 및 모든 개인이 가지는 불가침의 기본적 인권을 보호하고 사회공공의 질서를 유지하기 위한 경찰관(경찰공무원만 해당한다. 이하 같다)의 직무 수행에 필요한 사항을 규정함을 목적으로 한다.

② 이 법에 규정된 경찰관의 직권은 그 직무 수행에 필요한 최소한도에서 행사되어야 하며 남용되어서는 아니 된다.

[조문 해부(항·목별)]

- **①항 해설:**
  - **"국민의 자유와 권리 및 모든 개인이 가지는 불가침의 기본적 인권을 보호하고"**: 이 법의 제1차적이고 가장 중요한 목적이 '국민의 기본권 보호'에 있음을 천명합니다. 이는 경찰권이 국민을 통제하기 위한 수단이 아니라, 국민을 보호하기 위해 존재한다는 민주적 이념을 반영합니다. 경찰 활동이 항상 인권 존중을 최우선 가치로 두어야 함을 명시한 것입니다.
  - **"사회공공의 질서를 유지하기"**: 기본권 보호와 함께 이 법의 또 다른 핵심 목적인 '공공질서 유지'를 규정합니다. 이는 사회의 안정과 평온을 확보하려는 경찰의 적극적 임무를 나타냅니다. 이 두 가지 목적은 때로 충돌하는 것처럼 보이지만, 실질적으로는 상호 보완적인 관계에 있으며, 경찰관은 이 두 가치를 조화시키는 역할을 수행해야 합니다.
  - **"경찰관(경찰공무원만 해당한다. 이하 같다)"**: 이 법의 적용을 받는 '경찰관'의 범위를 「국가공무원법」 및 「경찰공무원법」에 따른 특정직 공무원인 '경찰공무원'으로 한정합니다. 따라서 과거의 전투경찰순경이나 현재의 의무경찰, 청원경찰 등은 경직법상 '경찰관'에 포함되지 않습니다. 이는 법률 적용 대상을 명확히 하여 권한 남용을 방지하려는 취지입니다.
  - **"직무 수행에 필요한 사항을 규정함"**: 경직법이 경찰의 조직이나 임용에 관한 법률(조직법)이 아닌, 경찰관이 구체적인 직무를 '어떻게' 수행해야 하는지에 대한 절차와 요건을 정한 '작용법'임을 명확히 합니다.
- **②항 해설:**

- **"필요한 최소한도에서 행사되어야 하며"**: 경찰권 행사의 기본 원칙인 '비례의 원칙(과잉금지의 원칙)'을 명문화한 것입니다. 이는 경찰 조치가 ① 목적의 정당성, ② 수단의 적합성, ③ 피해의 최소성(필요성), ④ 법익의 균형성(상당성)을 모두 갖추어야 함을 의미합니다. 즉, 여러 수단 중 국민의 권리를 가장 적게 침해하는 방법을 선택해야 한다는 원칙입니다.
- **"남용되어서는 아니 된다"**: '경찰권 남용 금지의 원칙'을 규정한 것입니다. 비록 외형상으로는 적법한 직무 범위 내의 행위일지라도, 그 권한을 부여한 본래의 목적을 벗어나 부당한 의도로 행사하는 것을 금지합니다. 예를 들어, 개인적인 원한을 갚기 위해 불심검문을 하는 행위 등이 이에 해당합니다.

 **Study Point(시험 합격 전략)**

[이중적 목적: 대립 가치의 조화]

- 제1조 제1항은 '기본권 보호'와 '공공질서 유지'라는 두 가지 핵심 목적을 제시합니다. 시험에서는 이 두 가치가 충돌하는 사례를 제시하고 경찰관의 적법한 조치를 묻는 문제가 자주 출제됩니다. 예를 들어, '집회의 자유 보장(기본권)'과 '교통 소통 확보(공공질서)'가 충돌하는 상황을 기억해야 합니다. 두 목적은 대립 관계가 아닌, 상호 조화를 통해 달성해야 할 경찰의 궁극적 목표임을 이해하는 것이 중요합니다.

[적용 대상: '경찰관'의 범위 한정]

- '경찰관'의 정의를 '경찰공무원'으로 명확히 한정했다는 점은 객관식 문제의 단골 보기입니다. '청원경찰', '의무경찰' 등은 경직법의 주체가 될 수 없다는 것을 명확히 암기해야 합니다. 이는 경찰권 행사의 주체를 엄격히 제한하여 국민의 권익을 보호하기 위한 입법적 장치이므로, 그 취지를 함께 이해해 두는 것이 좋습니다.

[법률의 성격: 경찰작용법]

- 경직법은 경찰의 임무, 권한, 행사 절차 등 '작용'에 관한 일반법입니다. 이는 경찰의 설치, 조직, 직무범위 등을 정하는 「정부조직법」이나 「경찰법」과 같은 '조직법'과 구별됩니다. 따라서 "경찰관 직무집행법은 경찰의 조직에 관한 기본법이다"와 같은 보기는 명백한 오답입니다. 법률의 성격을 정확히 이해하는 것은 전체 법체계를 파악하는 첫걸음입니다.

[핵심원칙 1: 비례의 원칙]

- 제1조 제2항의 '필요 최소한도' 원칙은 모든 경찰권 행사를 관통하는 대원칙입니다. 면접이나 사례형 문제에서 특정 조치의 위법성을 판단할 때, 항상 이 원칙(적합성, 필요성, 상당성)에 따라 논리를 전개해야 합니다. 예를 들어, 단순히 흉기 소지 가능성이 있다는 이유만으로 과도한 물리력을 행사하는 것은 '필요성(최소침해)' 원칙에 위배될 수 있음을 지적할 수 있어야 합니다.

[핵심원칙 2: 직권남용 금지]

- '남용 금지'는 경찰권 행사의 내적 한계를 의미합니다. 외형상 권한 내의 행위라도 그 동기나 목적이 불순하다면 위법이 될 수 있습니다. 이는 제12조 벌칙 조항과 직접 연결되며, 형법 제123조 '직권남용죄'의 구성요건이 될 수 있음을 기억해야 합니다. 수험생은 '소극적 목적의 원칙'(위험 방지에 한정) 및 '평등의 원칙'과 함께 경찰권 행사의 한계를 다루는 중요한 개념으로 정리해 두어야 합니다.

제2부 • 경찰관 직무집행법 해설

제2조(직무의 범위)

[조문 원문]

경찰관은 다음 각 호의 직무를 수행한다.

1호. 국민의 생명·신체 및 재산의 보호

2호. 범죄의 예방·진압 및 수사

2의2. 범죄피해자 보호

3호. 경비, 주요 인사(人士) 경호 및 대간첩·대테러 작전 수행

4호. 공공안녕에 대한 위험의 예방과 대응을 위한 정보의 수집·작성 및 배포

5호. 교통 단속과 교통 위해(危害)의 방지

6호. 외국 정부기관 및 국제기구와의 국제협력

7호 그 밖에 공공의 안녕과 질서 유지

[조문 해부(항·목별)]

- **제1호(국민의 생명·신체·재산 보호):** 경찰의 존재 이유이자 모든 직무의 근간이 되는 최상위 임무입니다. 제1조의 '기본권 보호' 목적을 구체화한 조항으로, 다른 모든 경찰 활동은 궁극적으로 이 목적을 달성하기 위한 수단적 성격을 가집니다. 이는 경찰이 단순한 법 집행 기관을 넘어 국민을 보호하는 '서비스' 기관임을 명확히 합니다.

- **제2호(범죄의 예방·진압·수사):** 경찰의 가장 전통적이고 핵심적인 임무를 시간적 순서에 따라 규정합니다. '예방'은 범죄 발생을 미연에 방지하는 순찰, 방범진단 등의 활동, '진압'은 현재 발생 중인 범죄를 억제하고 범인을 제압하는 활동, '수사'는 발생한 범죄의 실체를 명백히 하여 범인을 검거하고 증거를 수집하는 활동을 의미합니다.

- **제2호의2(범죄피해자 보호):** 2018년에 신설된 조항으로, 범죄피해자를 단순한 증거나 수사 단서가 아닌, 보호와 지원의 주체로 인식하는 패러다임의 변화를 반영합니다. 이는 2차 피해 방지, 신변보호, 상담 연계 등 피해자의 인권과 회복을 위한 경찰의 적극적 역할을 법률상 독립된 직무로 명시한 것으로 매우 중요합니다.

- **제3호(경비·경호·대간첩·대테러 작전):** 국가의 중요 기능 및 사회 안정을 위협하는 중대 위

험에 대응하는 직무입니다. '경비'는 다중범죄, 재난 등으로부터 공공의 안녕을 확보하는 활동, '경호'는 국내외 주요 인사의 신변을 보호하는 활동, '대간첩·대테러 작전'은 국가안보를 위협하는 특수 상황에 대응하는 군사적 성격의 활동을 포함합니다.

- **제4호(정보의 수집·작성·배포):** '치안정보' 또는 '공공안녕정보' 활동의 법적 근거입니다. 핵심은 그 범위가 '공공안녕에 대한 위험의 예방과 대응'을 위한 목적으로 엄격히 한정된다는 점입니다. 합법적 단체의 동향 감시나 정책 반대 여론 수집 등은 이 범위를 벗어난 위법한 정보 활동이 될 수 있어 항상 논란의 중심에 있는 조항입니다. 2020년 신설된 제8조의2에서 구체화되었습니다.
- **제5호(교통 단속과 교통 위해의 방지):** 국민 생활과 가장 밀접한 경찰 활동 중 하나입니다. 교통법규 위반 단속을 통한 질서 유지뿐만 아니라, 교통사고 예방, 원활한 소통 확보, 교통 환경 개선 등 교통상의 모든 위험과 장해를 제거하는 적극적 활동을 포함합니다.
- **제6호(국제협력):** 초국가적 범죄(마약, 테러, 사이버 범죄 등)가 증가함에 따라 중요성이 커진 직무입니다. 인터폴(ICPO) 등 국제기구와의 공조, 해외 도피 사범 송환, 국제 수사 협력 등을 통해 국가의 경계를 넘어선 치안 수요에 대응합니다.
- **제7호(그 밖의 공공의 안녕과 질서 유지):** 개괄적 수권 조항으로서, 법률에 구체적으로 열거되지 않은 새로운 형태의 위험이나 예측 불가능한 상황에 경찰이 대응할 수 있도록 하는 보충적 근거 조항입니다. 다만, 이 조항을 근거로 경찰권을 발동할 때에는 제1조 제2항의 비례의 원칙과 남용금지 원칙이 더욱 엄격하게 적용되어야 합니다.

Study Point(시험 합격 전략)

[성격: 임무규정 vs. 수권규정]

- 제2조는 경찰의 '임무'가 무엇인지를 선언적으로 규정한 '임무규정'입니다. 각 임무를 수행하기 위해 국민에게 명령·강제할 수 있는 구체적인 '권한'은 제3조(불심검문), 제4조(보호조치) 등 이하의 조항들에서 나옵니다. "제2조는 경찰관에게 포괄적인 수사권을 부여하는 수권규정이다"라는 보기는 틀린 것입니다. 임무와 권한의 관계를 명확히 구별해야 합니다.

[제1호의 위상: 기본권 보호의 구체화]

- 제1호의 '국민 보호' 임무는 제1조 제1항의 '기본권 보호' 이념을 실현하는 최우선적 직무입니다. 시험에서 경찰 활동의 정당성을 묻는 문제가 나오면, 가장 먼저 해당 조치가 국민의 생명,

신체, 재산을 보호하기 위한 것인지(제1호)를 검토하는 것이 논리의 출발점이 됩니다. 이는 모든 경찰 작용의 목적적 정당성을 부여하는 근원 조항입니다.

[신설 조항의 중요성: 범죄피해자 보호]

- 제2호의2 '범죄피해자 보호'는 비교적 최근에 독립된 직무로 명시된 만큼 출제 가능성이 높습니다. "범죄피해자 보호는 범죄 수사 직무(제2호)에 당연히 포함되므로 별도로 규정할 실익이 없다"는 식의 보기는 틀린 것입니다. 수사 편의주의에 빠져 피해자의 인권을 소홀히 하지 않도록 독립적이고 중요한 직무로 격상시킨 입법 취지를 이해해야 합니다.

[한계 명확화: 정보 활동의 범위]

- 제4호 정보 활동의 범위가 '공공안녕에 대한 위험의 예방과 대응'으로 한정된다는 점을 반드시 암기해야 합니다. 정책 수립 참고자료 수집, 특정 단체 동향 파악 등은 이 목적을 벗어날 경우 위법한 사찰이 될 수 있습니다. 이는 경찰의 정치적 중립성과 인권 존중 의무와 직결되는 매우 민감하고 중요한 쟁점입니다.

[개괄 조항의 해석: 보충성과 비례의 원칙]

- 제7호 '그 밖의 공공의 안녕과 질서 유지'는 다른 조항으로 해결할 수 없는 비상적, 예측 불가능한 상황에 '보충적'으로만 적용됩니다. 이 조항을 근거로 함부로 경찰권을 확대 해석해서는 안 됩니다. 만약 이 조항을 근거로 조치했다면, 그 조치가 왜 긴급했으며 다른 수단은 없었는지 등 비례의 원칙을 더 엄격하게 입증해야 한다는 점을 기억해야 합니다.

제3조(불심검문)

[조문 원문]

① 경찰관은 다음 각 호의 어느 하나에 해당하는 사람을 정지시켜 질문할 수 있다.

　1호. 수상한 행동이나 그 밖의 주위 사정을 합리적으로 판단하여 볼 때 어떠한 죄를 범하였거나 범하려 하고 있다고 의심할 만한 상당한 이유가 있는 사람

　2호. 이미 행하여진 범죄나 행하여지려고 하는 범죄행위에 관한 사실을 안다고 인정되는 사람

② 경찰관은 제1항에 따라 같은 항 각 호의 사람을 정지시킨 장소에서 질문을 하는 것이 그 사람에게 불리하거나 교통에 방해가 된다고 인정될 때에는 질문을 하기 위하여 가까운 경찰서·지구대·파출소 또는 출장소(지방해양경찰관서를 포함하며, 이하 "경찰관서"라 한다)로 동행할 것을 요구할 수 있다. 이 경우 동행을 요구받은 사람은 그 요구를 거절할 수 있다.

③ 경찰관은 제1항 각 호의 어느 하나에 해당하는 사람에게 질문을 할 때에 그 사람이 흉기를 가지고 있는지를 조사할 수 있다.

④ 경찰관은 제1항이나 제2항에 따라 질문을 하거나 동행을 요구할 경우 자신의 신분을 표시하는 증표를 제시하면서 소속과 성명을 밝히고 질문이나 동행의 목적과 이유를 설명하여야 하며, 동행을 요구하는 경우에는 동행 장소를 밝혀야 한다.

⑤ 경찰관은 제2항에 따라 동행한 사람의 가족이나 친지 등에게 동행한 경찰관의 신분, 동행 장소, 동행 목적과 이유를 알리거나 본인으로 하여금 즉시 연락할 수 있는 기회를 주어야 하며, 변호인의 도움을 받을 권리가 있음을 알려야 한다.

⑥ 경찰관은 제2항에 따라 동행한 사람을 6시간을 초과하여 경찰관서에 머물게 할 수 없다.

⑦ 제1항부터 제3항까지의 규정에 따라 질문을 받거나 동행을 요구받은 사람은 형사소송에 관한 법률에 따르지 아니하고는 신체를 구속당하지 아니하며, 그 의사에 반하여 답변을 강요당하지 아니한다.

[조문 해부(항·목별)]

- **①항(불심검문의 대상자):** 불심검문의 개시 요건을 규정합니다.
  - **제1호:** '범죄 혐의자'가 대상입니다. 핵심 키워드는 '합리적 판단'과 '상당한 이유'입니다.

이는 경찰관의 주관적·자의적 추측이 아닌, 구체적인 사실(수상한 행동, 주변 상황)에 근거한 객관적인 혐의를 요구하는 것입니다. 예를 들어, 심야에 금은방 주변을 계속 배회하며 안을 살피는 행위 등이 해당될 수 있습니다.

  ◦ **제2호:** '참고인' 즉, 범죄 사실을 안다고 인정되는 사람이 대상입니다. 범죄 현장을 막 떠나는 사람이나, 비명소리를 듣고 창밖을 내다본 사람 등이 해당될 수 있습니다. 혐의자와 달리 강제력을 행사할 가능성이 현저히 낮습니다.

- **②항(질문을 위한 동행요구):** 현장 질문이 부적절할 경우(대상자에게 불리, 교통방해) 경찰관서로의 동행을 '요구'할 수 있음을 규정합니다. 가장 중요한 부분은 "그 요구를 거절할 수 있다"는 문장입니다. 이는 임의동행이 상대방의 자발적 승낙에 의해서만 가능한 '임의처분'임을 명확히 한 것으로, 사실상의 강제 연행이 되어서는 안 됨을 의미합니다.

- **③항(흉기조사):** 경찰관과 시민의 안전을 위해 대상자가 흉기를 소지했는지 '조사'할 수 있는 권한입니다. 이는 옷 위를 가볍게 두드려보는 '외표검사(frisk)'를 의미하며, 주머니 속을 뒤지거나 가방을 여는 '수색(search)'과는 엄격히 구별됩니다. 오로지 '흉기' 발견을 목적으로만 가능합니다.

- **④항(신분증 제시 및 사전고지 의무):** 불심검문과 동행요구 시 반드시 지켜야 할 절차적 요건입니다. ① **신분증 제시**, ② **소속과 성명 밝힘**, ③ **목적과 이유 설명**, ④ **(동행 시) 동행 장소 고지.** 이 네 가지는 하나라도 누락되어서는 안 되는 '필수적 고지사항'으로, 이를 위반한 불심검문은 위법합니다.

- **⑤항(동행 후의 권리 고지):** 임의동행에 응한 사람의 방어권을 보장하기 위한 조항입니다. 경찰은 ① **가족 등에게 연락할 의무 또는 본인이 연락할 기회를 줄 의무**와 ② **변호인의 조력을 받을 권리가 있음을 고지할 의무**를 집니다.

- **⑥항(시간제한):** 임의동행으로 경찰관서에 머물게 할 수 있는 시간은 **최대 6시간**을 초과할 수 없습니다. 이는 임의동행이 사실상의 체포로 변질되는 것을 막기 위한 중요한 시간적 한계입니다.

- **⑦항(기본권 보장):** 불심검문에 응한 사람의 지위를 명확히 합니다. 그는 피의자가 아니므로 ① 형사소송법에 의하지 않고는 신체를 구속당하지 않으며(신체의 자유), ② 의사에 반하여 답변을 강요당하지 않는다(진술거부권)는 대원칙을 재확인합니다.

[핵심요건: 합리적 · 객관적 혐의]

- '상당한 이유'는 시험에서 가장 중요하게 다루는 개념입니다. 경찰관의 '직감'이나 '느낌'은 요건이 될 수 없습니다. 특정 범죄와 관련된 구체적 사실, 시간과 장소의 특수성, 대상자의 행동 등 '객관적 · 합리적' 근거를 제시할 수 있어야 합니다. 판례를 통해 어떤 경우가 '상당한 이유'로 인정되었는지 학습하는 것이 필수적입니다.

[임의동행 vs. 체포: '거절권'의 중요성]

- 임의동행은 상대방의 '자발적 의사'에 따른 것이므로 '거절권'이 핵심입니다. 만약에 거절권을 고지하지 않았거나, 여러 명의 경찰관이 에워싸는 등 위압적인 분위기를 조성하여 동행했다면 사실상의 '불법체포'로 볼 수 있습니다. 임의동행의 적법성 판단 기준을 묻는 문제는 A급 출제 유형입니다.

[흉기조사: '수색'과의 구별]

- 흉기조사는 안전을 위한 '보호조치'이지, 증거를 찾기 위한 '강제수사'가 아닙니다. 옷 위를 두드려 보는 수준을 넘어서거나, 흉기가 아닌 물건(예: 지갑, 담배)을 확인하려 한다면 위법한 수색이 됩니다. 'Frisk(가벼운 외표검사)'와 'Search(수색)'의 개념적 차이를 명확히 이해해야 합니다.

[절차적 통제: 고지의무의 완벽 암기]

- 제4항의 고지의무 4가지(신분증 제시, 소속 · 성명, 목적 · 이유, 동행장소)는 불심검문의 적법성을 담보하는 생명선입니다. 수험생은 토씨 하나 틀리지 않고 암기해야 하며, 사례형 문제에서 경찰관이 이 중 하나라도 빠뜨렸다면 해당 불심검문은 위법하다고 즉시 판단할 수 있어야 합니다.

[권리보장: 3대 권리와 6시간 제한]

- 임의동행 된 사람에게 보장되는 권리(연락권, 변호인 조력권, 진술거부권)와 6시간의 시간제한은 세트로 묶어서 암기해야 합니다. 이는 인권 보호를 위한 최소한의 장치이며, 시험 보기에서 하나씩 변형하여 오답을 만드는 경우가 많습니다. 예를 들어, '4시간을 초과할 수 없다'거나 '변호인 조력권은 고지하지 않아도 된다'는 식의 보기에 속지 말아야 합니다.

경직법 제3조 상황 재구성

발표 면접 과제 1: [불심검문 불응과 물리력 행사의 한계]

1. 상황자료

당신은 심야 시간대 여성 1인 가구 밀집 지역을 순찰 중인 A순경입니다. 최근 이 지역에서 복면을 쓴 남성에게 가방을 날치기당했다는 신고가 3건 연속 접수되었습니다. 범인의 인상착의는 '검은색 후드티와 마스크를 착용한 20대 추정 남성'입니다. 순찰 중, 인적이 드문 골목길에서 비슷한 옷차림의 남성이 공원 벤치에 앉아 주변을 두리번거리는 것을 발견했습니다. A순경은 해당 남성에게 다가가 경직법 제3조에 따라 불심검문을 시도했습니다. 신분증을 제시하며 소속과 성명을 밝히고, 최근 발생한 날치기 사건 용의자와 인상착의가 비슷하여 몇 가지만 확인하겠다고 목적과 이유를 설명했습니다. 그러나 남성은 "내가 왜 당신한테 그런 걸 대답해야 하냐"며 신경질적으로 반응하며 신분증 제시를 거부하고 자리를 뜨려고 합니다. A순경이 남성의 앞을 가로막자, 남성은 "길 막지 마라, 불쾌하다"며 A순경의 어깨를 밀치고 계속 가려고 하는 상황입니다.

상황처리 과제

당신이 A순경이라면, 불심검문에 불응하고 어깨를 밀치는 남성에 대해 어느 수준까지 물리력을 행사할 수 있는지, 그 법적 근거와 단계별 조치 계획을 발표하시오.

2. 상황판단(법적 근거 중심)

이 상황은 정당한 불심검문(경직법 제3조 제1항 제1호)에 대상자가 불응하는 것을 넘어, 경찰관의 신체에 유형력을 행사한 복합적 상황입니다. 불심검문 자체는 임의처분이므로, 상대방이 거부하고 자리를 뜬다는 이유만으로 강제로 막거나 체포할 수는 없습니다. 그러나 경찰관의 어깨를 '밀친' 행위는 그 강도와 상황에 따라 공무집행방해죄(형법 제136조)에 해당할 수 있습니다. 따라서 이 시점부터 경찰의 대응은 '임의처분인 불심검문'의 차원을 넘어 '범죄의 제지 및 현행범 체포'라는 강제력 행사의 국면으로 전환될 수 있습니다.

3. 문제점 및 해결방안(단계별 조치)

1) 문제점: 불심검문 불응과 공무집행방해를 명확히 구분하지 못하고 초기부터 과도한 물리력을 행사할 경우, 적법한 불심검문이 불법체포로 변질될 위험이 있습니다.

2) 해결방안:

  (1) 1단계(구두 경고 및 법적 고지): 먼저 한 걸음 물러나 안전거리를 확보한 뒤, "선생님, 지금 제 어깨를 밀친 행위는 공무집행방해죄가 될 수 있습니다. 공무집행을 방해하면 현행범으로 체포될 수 있으니, 물리력 행사를 즉시 중단하십시오"라고 단호하고 명확하게 경고하겠습니다. 이는 상대방에게 자신의 행위가 범죄임을 인지시키고, 자제할 기회를 주기 위함입니다.

  (2) 2단계(최소한의 물리력 행사: 제지): 경고에도 불구하고 남성이 계속해서 밀치거나 폭행하려 한다면, 경직법 제6조(범죄의 예방과 제지) 및 제10조의2(경찰장구의 사용)에 근거하여 그의 팔을 잡는 등 범죄행위를 제지하기 위한 **'필요 최소한도'의 물리력**을 사용하겠습니다. 이 단계의 목표는 체포가 아닌, 눈앞의 범죄를 막는 것입니다.

  (3) 3단계(현행범 체포): 이러한 제지에도 불구하고 남성이 계속해서 폭력적으로 저항하여 공무집행방해죄의 현행범 요건(범죄의 명백성, 체포의 필요성 등)이 충족된다고 판단되면, 형사소송법 제212조에 따라 "공무집행방해 현행범으로 체포합니다. 당신은 변호인을 선임할 수 있고, 변명의 기회가 있으며, 묵비권을 행사할 수 있습니다"라고 미란다 원칙을 고지한 후 체포하겠습니다.

  (4) 4단계(사후 절차): 체포 후에는 즉시 상황실에 보고하고 지원을 요청하여 안전하게 관할 경찰서로 호송하겠습니다. 이 과정에서 불필요한 신체 접촉이나 언행을 삼가고, 모든 조치 과정을 바디캠 등으로 기록하여 대응의 정당성을 확보하겠습니다.

4. 면접관과 질의응답(꼬리질문)

1) 면접관 1(법률 전문가)

  (1) 질문 1: 남성이 어깨를 밀치지 않고, 단순히 욕설만 하면서 자리를 피했다면 어떻게 대응해야 합니까?

  (2) 답변 1: 욕설만 한 경우에는 공무집행방해죄의 '폭행·협박'에 해당한다고 보기 어려울 수 있습니다. 그럴 경우, 모욕죄(형법 제311조) 성립은 가능하나 현행범 체포의 요건인 '체포의 필요성(도망 또는 증거인멸의 염려)'을 충족하기 어렵습니다. 따라서 강제적인 체포보다는, 욕설 행위를 채증(바디캠 녹화 등)해 두고 추후 모욕죄로 입건하여 절차에 따라 수사하

는 것이 더 적법하고 현명한 대응이라고 생각합니다. 불심검문은 임의처분이므로 보내 주는 것이 원칙입니다.

(3) 질문 2: 공무집행방해로 현행범 체포했는데, 나중에 법원에서 그 밀친 행위가 '죄가 되지 않는다'고 판단하면, 경찰관은 독직폭행이나 불법체포로 처벌받을 수 있지 않습니까?

(4) 답변 2: 네, 그럴 위험이 있습니다. 그렇기 때문에 경찰관의 현장 판단이 매우 중요합니다. 판례는 공무집행방해죄의 '폭행'을 넓게 보면서도, 사회 통념상 용인될 수 있는 가벼운 행위까지 모두 범죄로 보지는 않습니다. 따라서 체포 당시의 모든 상황, 즉 행위의 강도, 장소, 경찰관의 대응 등을 종합적으로 고려하여 '합리적인 판단'을 내렸다면, 설령 나중에 무죄가 선고되더라도 경찰관의 행위 자체는 정당한 직무집행으로 인정받을 수 있습니다. 모든 과정을 기록하고 정당성을 입증하는 것이 중요합니다.

2) 면접관 2(현장 지휘관)

(1) 질문 1: 1인 순찰 중인 상황에서, 상대방이 나보다 체격이 훨씬 크고 위협적이라면, 보고한 대로 단계적으로 대응하는 것이 현실적으로 가능할까요?

(2) 답변 1: 1인 근무 시에는 경찰관 자신의 안전 확보가 최우선입니다. 상대방이 위협적이라면 무리하게 직접 제압을 시도하기보다는, 즉시 무전으로 지원을 요청하고 상대방과 안전거리를 유지하며 대치하는 것이 기본 원칙입니다. 제가 보고드린 단계적 대응은 지원 인력이 있다는 전제하에 이상적인 절차이며, 1인 상황에서는 1단계인 '경고 및 고지'를 하면서 시간을 벌고, 지원 인력이 도착하면 함께 2, 3단계 조치를 실행하는 것이 가장 현실적이고 안전한 방법입니다.

(3) 질문 2: 그 남성을 체포해서 조사해 보니, 결국 날치기 사건의 진범이 맞았습니다. 그렇다면 초기에 불응하고 도망가려 할 때 바로 강제력을 써서 제압하는 것이 결과적으로 더 효율적이지 않았을까요?

(4) 답변 2: 결과가 좋다고 해서 과정의 위법성이 정당화될 수는 없다는 것이 '위법수집증거배제법칙'의 기본 정신입니다. 만약 초기 단계에서 불법적으로 제압하여 체포했다면, 설령 그가 진범이라 할지라도 이후 수사 과정에서 확보된 모든 증거의 능력이 부정될 수 있습니다. 이는 오히려 범인을 처벌할 수 없게 만드는 최악의 결과를 낳을 수 있습니다. 따라서 과정의 적법성을 지키는 것이 단기적으로는 비효율적으로 보여도, 결국 가장 확실하고 정의로운 길이라 생각합니다.

3) 면접관 3(인권·소통 전문가)

(1) 질문 1: 애초에 그 남성이 왜 그렇게 신경질적으로 반응했다고 생각합니까? 경찰관의 접근

방식에 문제는 없었을까요?

(2) 답변 1: 충분히 그럴 수 있다고 생각합니다. 제가 법적 절차를 모두 준수했다고 하더라도, 심야에 경찰관이 다가오는 것 자체만으로 시민은 위축되거나 불쾌감을 느낄 수 있습니다. 따라서 법적 고지뿐만 아니라 "늦은 시간에 죄송합니다", "잠깐이면 됩니다"와 같이 부드럽고 정중한 언어를 사용하여 상대방의 불안감을 낮추려는 노력이 필요합니다. 저의 접근 방식이 혹시라도 권위적으로 비치지는 않았는지 항상 되돌아보는 자세를 갖겠습니다.

(3) 질문 2: 결국 체포라는 강제력을 사용했습니다. 이 과정에서 훼손될 수 있는 경찰과 시민의 신뢰 관계를 회복하기 위해 어떤 노력이 필요할까요?

(4) 답변 2: 강제력 행사는 불가피했지만, 그 이후의 절차가 신뢰 회복의 핵심이라고 생각합니다. 조사 과정에서 그의 인권을 철저히 보장하고, 왜 그를 체포할 수밖에 없었는지 법적 근거를 차분히 설명하여 그의 억울함을 최소화해야 합니다. 또한, 이번 일을 계기로 관내 주민들에게 '불심검문은 범죄 예방을 위한 꼭 필요한 활동이며, 항상 인권을 존중하는 방식으로 진행된다'는 점을 순찰 중 대화나 SNS 등을 통해 적극적으로 홍보하여 경찰 활동에 대한 공감대를 형성하는 노력이 필요합니다.

4) 면접관 4(조직 · 정책 전문가)

(1) 질문 1: 본인이 생각하는 '바람직한 불심검문'이란 무엇인지 한 문장으로 정의해 보십시오.

(2) 답변 1: 제가 생각하는 바람직한 불심검문이란 '범죄 혐의에 대한 확신은 높이고 시민의 불안감은 낮추는, 인권 친화적인 예방 경찰 활동'입니다.

(3) 질문 2: 최근 경찰의 불심검문이 줄어드는 추세인데, 범죄 예방을 위해 다시 활성화해야 한다는 주장에 대해 어떻게 생각합니까?

(4) 답변 2: 불심검문은 범죄 예방에 효과적인 수단임이 분명하지만, 무분별한 활성화는 인권 침해 논란을 야기할 수 있습니다. 따라서 양적인 확대보다는 질적인 개선에 초점을 맞춰야 한다고 생각합니다. CCTV, 범죄 통계 등 데이터를 기반으로 범죄 발생 가능성이 높은 시간과 장소를 특정하여 '선택과 집중'을 통해 불심검문을 실시하고, 모든 과정을 바디캠으로 기록하여 투명성을 높인다면, 인권 침해 우려를 줄이면서도 범죄 예방 효과는 극대화할 수 있을 것입니다.

발표 면접 과제 2: [임의동행의 자발성 훼손 논란]

1. 상황자료

당신은 경찰서 형사팀 소속 B경위입니다. 관내에서 발생한 사기 사건의 용의자 C씨의 소재를 파악하여 그의 자택으로 출동했습니다. C씨는 문을 열어 주었으나 "나는 모르는 일이다. 변호사와 이야기하겠다"며 모든 질문에 답변을 거부하고 있습니다. B경위는 현장에서의 질문이 어렵고, 추가적인 증거자료를 제시하며 추궁할 필요가 있다고 판단하여 경직법 제3조 제2항에 따라 경찰서까지 임의동행할 것을 요구했습니다. 하지만 C씨는 "내가 왜 가야 하냐, 안 간다"며 명백히 거부 의사를 밝혔습니다. 이에 B경위는 동료 경찰관들과 함께 C씨를 둘러싼 채, "지금 협조하지 않으면 나중에 더 불리해질 수 있다", "잠깐 가서 이야기만 들으면 된다. 이렇게 버티면 우리가 영장 신청해서 강제로 데려갈 수도 있다"고 말하며 10분간 동행을 설득했습니다. 결국 C씨는 마지못해 "알겠다"고 하며 경찰관들과 함께 경찰서로 이동한 상황입니다.

상황처리 과제

이 사례에서 C씨의 경찰서 동행이 경직법 제3조에 따른 '적법한 임의동행'으로 볼 수 있는지 판단하고, 만약 문제가 있다면 어떤 점이 문제인지, 그리고 형사로서 가장 바람직한 대응은 무엇이었는지 설명하시오.

2. 상황판단(법적 근거 중심)

이 사례에서 C씨의 동행은 적법한 임의동행으로 보기 어렵습니다. 비록 C씨가 마지막에 "알겠다"고 말하여 외형상 승낙의 형식을 갖추었지만, 그 과정에 문제가 있습니다. 경직법 제3조 제2항에 따른 임의동행은 완전한 의미의 '자발성'과 '임의성'이 보장되어야 합니다. 판례에 따르면, 동행을 거부하는 사람을 여러 경찰관이 둘러싸거나, 심리적으로 압박하는 언행('불리해질 수 있다', '강제로 데려갈 수 있다')을 사용하여 얻어낸 승낙은 자발적인 의사에 의한 것으로 보기 어렵다고 판단합니다. 이는 사실상 영장 없는 불법적인 강제 연행에 해당할 수 있습니다.

3. 문제점 및 해결방안(단계별 조치)

1) 문제점: 수사 편의를 위해 임의동행의 본질인 '임의성'을 훼손하였고, 이는 위법수집증거배제법칙에 따라 경찰서에서 C씨에게 받은 모든 진술의 증거능력을 상실시킬 수 있는 심각한 절차적 위법입니다.

2) 해결방안:

(1) **1단계(임의동행의 원칙 준수):** C씨가 최초에 동행을 거부했을 때, 즉시 동행 요구를 중단했어야 합니다. 임의동행은 상대방의 'Yes'라는 대답을 끈질기게 요구하는 절차가 아니라, 거절할 권리가 있음을 명확히 전제로 하는 제도임을 명심해야 합니다.

(2) **2단계(다른 수사 방법으로 전환):** 임의동행이 불가능하다면, 즉시 다른 수사 방법으로 전환해야 합니다. B경위는 현장에서 철수하고, 신속하게 C씨의 혐의를 입증할 수 있는 객관적 증거(계좌 거래 내역, 통신 기록 등)를 보강하여 검사에게 체포영장 또는 구속영장을 신청하는 것이 정석적인 절차입니다.

(3) **3단계(출석요구서 활용):** 만약 C씨의 혐의가 영장을 발부받을 만큼 명확하지 않거나, 신병 확보의 긴급성이 없다면, 형사소송법에 따라 정식으로 '피의자 출석요구서'를 발부하여 자진 출석을 유도하는 방법을 사용할 수 있습니다. 출석요구서에는 출석 일시, 장소, 출석 요구 사유를 명확히 기재해야 합니다.

(4) **4단계(변호인 조력권의 실질적 보장):** C씨가 "변호사와 이야기하겠다"고 말했을 때, 이를 C씨의 방어권 행사로 존중하는 자세가 필요했습니다. "변호사를 선임하여 함께 경찰서에 출석하시면 조사를 받으실 수 있습니다"라고 안내하는 것이 피의자의 방어권을 보장하고 적법절차를 준수하는 경찰의 모습입니다.

4. 면접관과 질의응답(꼬리질문)

1) 면접관 1(법률 전문가)

(1) **질문 1:** 만약 경찰관들이 C씨에게 '거절할 수 있다'는 사실을 명확히 고지한 후에 설득했다면, 그 동행은 적법하다고 볼 수 있습니까?

(2) **답변 1:** '거절권' 고지는 임의동행의 중요한 요건이지만, 그것만으로 모든 행위가 적법해지는 것은 아닙니다. 거절권을 형식적으로 고지했더라도, 여러 명이 둘러싸고 위압감을 주거나 심리적 압박을 가하는 등 실질적으로 C씨가 자유롭게 의사를 결정할 수 없는 상황을 만들었다면, 여전히 그 동행은 위법하다고 판단될 가능성이 높습니다. 중요한 것은 형식적 고지를 넘어 실질적인 '임의성'의 보장 여부입니다.

(3) **질문 2:** C씨가 동행 과정에서 순순히 범행을 자백했습니다. 이 자백을 법정에서 증거로 사용할 수 있습니까?

(4) **답변 2:** 사용할 수 없다고 생각합니다. 대법원 판례에 따르면, 불법적인 강제 연행 상태에서 얻어진 자백은 '위법수집증거'에 해당하여 증거능력이 없습니다. 또한, 그 불법적인 상태

가 계속되는 동안 작성된 피의자신문조서 등도 마찬가지로 증거로 사용할 수 없습니다. 이는 위법한 수사를 통해 얻은 증거로 유죄를 인정할 수 없다는 '독수의 과실 이론'에 따른 것입니다.

2) 면접관 2(현장 지휘관)

(1) **질문 1:** 현실적으로 모든 피의자에게 영장을 발부받는 것은 어렵습니다. 신속한 사건 해결을 위해 어느 정도의 설득은 필요하지 않을까요?

(2) **답변 1:** 물론 신속한 사건 해결도 중요하지만, 그 과정이 적법하지 않다면 아무런 의미가 없다고 생각합니다. 수사의 효율성과 적법절차의 원칙이 충돌할 때는, 국민의 기본권을 보장하는 적법절차가 우선되어야 합니다. 당장은 번거롭고 시간이 걸리더라도, 원칙에 따라 증거를 수집하고 영장을 발부받는 것이 결국 가장 확실하고 빠른 길이라는 인식이 현장 경찰관들에게 필요하다고 생각합니다.

(3) **질문 2:** 동료 형사가 관행적으로 이런 식으로 피의자를 동행해 온 베테랑이라면, 신참인 본인이 어떻게 그 관행이 잘못되었다고 지적하겠습니까?

(4) **답변 2:** 직접적으로 선배의 방식을 비난하기보다는, 존중하는 태도로 접근하겠습니다. "선배님, 최근 판례를 보니 임의동행의 요건을 매우 엄격하게 판단하는 경향이 있는 것 같습니다. 우리가 어렵게 수사한 사건이 절차 문제로 무죄가 나면 너무 억울할 것 같습니다. 앞으로는 이런 부분을 조금 더 신경 써서 진행하는 것이 어떻겠습니까?"와 같이, 개인의 잘못을 지적하기보다는 조직 전체의 이익과 사건의 성공을 위한 제안의 형태로 말씀을 드려 공감대를 형성하도록 노력하겠습니다.

3) 면접관 3(인권·소통 전문가)

(1) **질문 1:** 왜 경찰관들은 무리하게 임의동행을 하려고 했을까요? 그 근본적인 원인이 무엇이라고 생각합니까?

(2) **답변 1:** 몇 가지 원인이 복합적으로 작용했다고 생각합니다. 첫째는 피의자를 빨리 조사하여 사건을 해결하려는 실적 중심의 조직 문화, 둘째는 과거부터 이어져 온 잘못된 수사 관행, 셋째는 임의동행의 법적 요건과 위법성 문제에 대한 교육 부족 때문일 수 있습니다. 근본적으로는 인권보다 수사 편의를 우선시하는 인식이 기저에 깔려 있다고 생각합니다.

(2) **질문 2:** 피의자의 '인권'과 '실체적 진실 발견'이라는 두 가치가 충돌할 때, 경찰관은 어떤 자세를 가져야 합니까?

(3) **답변 2:** 경찰관은 두 가치 모두를 추구해야 하지만, 그 순서와 방법을 명확히 해야 한다고 생각합니다. 즉, '인권을 보장하는 적법한 절차를 통해 실체적 진실을 발견한다'는 자세를

가져야 합니다. 인권을 무시하고 발견된 '진실'은 사법 정의의 관점에서 진정한 진실로 인정받을 수 없습니다. 따라서 적법절차는 실체적 진실 발견을 위해 반드시 거쳐야 할 과정이지, 선택하거나 포기할 수 있는 대상이 아니라고 생각합니다.

4) 면접관 4(조직·정책 전문가)

(1) **질문 1:** 이러한 잘못된 임의동행 관행을 근절하기 위해 경찰 조직 차원에서 어떤 노력이 필요하다고 봅니까?

(2) **답변 1:** 제도적, 교육적 노력이 병행되어야 합니다. 제도적으로는 수사 과정의 적법성을 평가하는 '수사 적법성 심사' 제도를 내실화하고, 위법수사 사례를 성과 평가에 강력하게 반영해야 합니다. 교육적으로는 신임 경찰관 교육부터 현장 수사관 직무 교육에 이르기까지, 임의동행 관련 최신 판례와 인권 교육을 반복적으로 실시하여 '적법절차가 가장 유능한 수사'라는 인식이 조직 문화로 정착되도록 노력해야 합니다.

(3) **질문 2:** 본인이 만약 이 사건의 수사 지휘관이라면, B경위의 행동을 어떻게 평가하고 조치하겠습니까?

(4) **답변 2:** B경위의 사건 해결 의지는 높이 평가하겠지만, 그 방법은 명백히 잘못되었음을 지적하겠습니다. 우선 C씨를 즉시 귀가 조치시켜 불법적인 상태를 해소하고, B경위를 포함한 수사팀 전원에게 이번 사례를 공유하여 임의동행의 법적 한계에 대해 명확히 교육하겠습니다. 징계보다는 재발 방지를 위한 교육과 지도에 초점을 맞추되, 만약 이러한 위법 행위가 반복된다면 그때는 엄중한 책임을 묻는 것이 지휘관의 역할이라고 생각합니다.

📑 발표 면접 과제 3: [흉기조사의 범위와 우연한 증거 발견]

1. 상황자료

당신은 마약 사건을 전담하는 형사 D경사입니다. 최근 청소년들 사이에 신종마약이 유통되고 있다는 첩보를 입수하고, 주요 거래 장소로 의심되는 공원 주변을 잠복 중입니다. 그때, 첩보 내용과 인상착의가 매우 유사한 청소년 E군이 나타나 누군가를 초조하게 기다리는 듯한 행동을 보였습니다. D경사는 E군에게 접근하여 신분을 밝히고 불심검문을 시작했습니다. 마약사범은 저항 과정에서 주사기 등 흉기를 사용할 위험이 높다고 판단한 D경사는 경직법 제3조 제3항에 따라 E군의 동의를 얻어 흉기 소지 여부를 조사하기로 했습니다. E군의 잠바 주머니 부분을 옷 위에서 가볍게 만져 보던 중, 딱딱하고 기다란 흉기와는 전혀 다른, 작고 각진 형태의 물건 여러 개가 만져졌습니다. D경사는 직감적으로 이것이 마약(필로폰)을 소분해 놓은 봉투 묶음이라고 판단했습니다.

상황처리 과제
이 상황에서 D경사는 E군의 주머니에 있는 물건을 꺼내서 확인해 볼 수 있습니까? 그 법적 근거와 허용되는 범위, 그리고 이후의 조치에 대해 구체적으로 설명하시오.

2. 상황판단(법적 근거 중심)
이 상황의 핵심 쟁점은 경직법 제3조 제3항에 따른 '흉기조사'의 범위를 넘어서는 행위가 허용되는지 여부입니다. 흉기조사, 즉 외표검사(frisk)는 오직 '흉기'를 발견하기 위한 목적으로만 허용됩니다. D경사는 옷 위를 만져보는 과정에서 그것이 흉기가 아님을 명백히 인지했습니다. 그럼에도 불구하고 주머니 속 내용물을 꺼내 확인하는 행위는 흉기조사의 범위를 벗어난 별도의 '수색'에 해당합니다. 원칙적으로 이러한 수색은 영장에 의해야 합니다. 다만, 판례는 외표검사 과정에서 흉기가 아닌 다른 불법 소지품(마약 등)을 발견한 경우, '플레인 필 독트린(Plain Feel Doctrine, 명백한 촉감의 원칙)'을 제한적으로 인정할 여지를 두고 있습니다. 즉, 만져 보는 것만으로 그 물건이 마약임이 거의 명백하게 느껴진다면, 이를 근거로 현행범 체포 등 다음 단계로 나아갈 수 있습니다.

3. 문제점 및 해결방안(단계별 조치)
1) 문제점: 흉기조사를 빌미로 사실상의 증거 수집을 위한 수색을 할 경우, 위법수사가 되어 증거 능력이 부정될 위험이 매우 큽니다.

2) 해결방안:

(1) 1단계(흉기조사의 중단 및 상황 판단): 옷 위를 만져 본 결과 흉기가 아니라고 판단된 시점에서, 경직법 제3조 제3항에 근거한 흉기조사는 즉시 중단해야 합니다. 그리고 만져본 촉감("작고 각진 형태의 물건 여러 개")과 주변 정황(첩보 내용, E군의 행동)을 종합하여, 주머니 속 물건이 마약이라는 '합리적 의심'이 '범죄의 명백성' 수준에 이르렀는지 판단합니다.

(2) 2단계(임의제출 요구): 강제로 주머니 속 물건을 꺼내기 전에, E군에게 "주머니 안에 있는 물건이 무엇인지 보여 줄 수 있겠습니까?"라고 질문하여 '임의제출'을 유도하는 것이 가장 안전하고 적법한 방법입니다. 만약 E군이 자발적으로 마약을 꺼낸다면, 그 마약은 적법한 증거가 됩니다.

(3) 3단계(현행범 체포 및 체포 현장에서의 수색): 만약 E군이 임의제출을 거부하지만, D경사가 그 물건이 마약임을 확신할 수 있다면(명백한 촉감의 원칙), 마약류관리법 위반(소지)죄

의 **현행범으로 체포**를 먼저 할 수 있습니다. 그리고 형사소송법 제216조 제1항 제2호에 따라, **'체포 현장에서' 영장 없이** 그를 수색하고 주머니 속 마약을 압수할 수 있습니다. 중요한 것은 '수색 후 체포'가 아니라 '체포와 동시에 이루어지는 수색'이라는 점입니다.

(4) **절차의 순수성 유지:** 모든 과정에서 '흉기조사'의 목적을 넘어선 행위는 별도의 법적 근거(임의제출, 현행범 체포)가 필요하다는 점을 명확히 인식하고, 절차의 순서를 반드시 지켜야 위법수사 논란을 피할 수 있습니다.

4. 면접관과 질의응답(꼬리질문)

1) 면접관 1(법률 전문가)

(1) **질문 1:** '플레인 필 독트린'이라는 것이 우리나라 법원에 의해 명확히 인정된 법리입니까? 적용에 신중해야 하지 않을까요?

(2) **답변 1:** 매우 정확한 지적이십니다. '플레인 필 독트린'은 미국 연방대법원 판례에서 유래한 법리로, 아직 우리나라 대법원이 명시적으로 전면 채택한 바는 없습니다. 따라서 이 법리를 직접적인 근거로 삼기보다는, '촉감'을 통해 알게 된 정보를 '현행범 체포의 요건인 범죄의 명백성을 판단하는 하나의 중요한 정황 증거'로 활용하는 접근이 더 안전합니다. 즉, 촉감만으로 수색하는 것이 아니라, 촉감을 근거로 현행범 체포를 하고, 그 체포에 부수하여 수색하는 논리 구조를 갖추는 것이 핵심입니다.

(3) **질문 2:** E군의 동의를 얻어 흉기조사를 했다고 했는데, 만약 E군이 미성년자라면 그 동의의 효력을 그대로 인정할 수 있습니까?

(4) **답변 2:** 미성년자의 동의라도 의사능력이 있다면 원칙적으로 유효합니다. 하지만 수사 실무상 미성년자를 상대로 동의를 받을 때에는 더욱 신중해야 합니다. 위압적인 분위기에서 충분한 설명 없이 얻은 동의는 그 효력이 부정될 수 있습니다. 따라서 미성년자에게는 조사의 목적과 범위를 더 쉽고 명확하게 설명하고, 가능하면 부모 등 신뢰관계인의 동석하에 동의를 얻는 것이 추후 발생할 수 있는 절차적 위법성 논란을 피하는 가장 좋은 방법입니다.

2) 면접관 2(현장 지휘관)

(1) **질문 1:** 현장은 순식간에 변합니다. 그렇게 복잡한 법리 판단을 거쳐 단계적으로 대응하는 것이 현실적으로 가능하다고 생각합니까?

(2) **답변 1:** 물론 현장에서 즉각적인 판단은 매우 어렵습니다. 하지만 이러한 복잡한 법리는 결국 '국민의 인권을 침해하지 말라'는 하나의 대원칙으로 수렴된다고 생각합니다. 따라서 현장에서는 '내가 지금 하려는 이 행위가 원래 목적을 벗어나는가?', '상대방의 동의를 진정으

로 받았는가?', '더 인권적인 다른 방법은 없는가?'라는 세 가지 질문을 스스로에게 던지는 습관을 들이는 것이 중요합니다. 반복적인 훈련과 학습을 통해 이러한 판단을 신속하고 정확하게 내릴 수 있는 역량을 키우겠습니다.

(3) **질문 2:** 임의제출을 요구했는데 E군이 주머니에 손을 넣는 척하며 갑자기 도주한다면 어떻게 하겠습니까?

(4) **답변 2:** E군의 도주는 마약 소지에 대한 강력한 '범죄 혐의'를 뒷받침하는 정황이자, '체포의 필요성(도주의 우려)'을 충족시키는 명백한 행위입니다. 따라서 즉시 E군을 마약류관리법 위반 혐의로 추적하여 현행범으로 체포하겠습니다. 도주 행위 자체가 경찰의 강제력 행사를 정당화하는 중요한 근거가 되므로, 주저 없이 필요한 물리력을 사용하여 검거하겠습니다.

3) 면접관 3(인권·소통 전문가)

(1) **질문 1:** 잠복근무 중인 사복경찰관이 갑자기 다가가 검문하면 청소년 입장에서는 매우 위협적으로 느낄 수 있습니다. 어떻게 하면 인권침해 소지를 줄일 수 있을까요?

(2) **답변 1:** 우선, 접근 시 절대 위압적인 태도를 보이지 않고 부드러운 말투로 말을 거는 것이 중요합니다. 그리고 가장 먼저 공무원증을 명확히 제시하며 제 신분을 밝혀 상대방을 안심시켜야 합니다. 불심검문의 목적과 이유를 설명할 때도 전문적인 법률 용어보다는, "최근 이 근처에서 안 좋은 일이 있어서 학생들 안전을 위해 순찰 중인데, 몇 가지만 확인 차 여쭤봐도 될까요?" 와 같이 쉽고 이해하기 편한 언어를 사용하여 심리적 저항감을 줄이는 노력이 필요합니다.

(3) **질문 2:** 결국 E군을 마약 소지 현행범으로 체포했습니다. 미성년자인 E군을 조사할 때, 성인 피의자와는 다르게 특별히 신경 써야 할 점은 무엇입니까?

(4) **답변 2:** 미성년자 피의자는 여러 면에서 특별한 보호가 필요합니다. 첫째, 체포 사실을 부모 등 법정대리인에게 즉시 통지해야 합니다. 둘째, 조사를 할 때에는 반드시 부모나 교사 등 신뢰관계인이 동석하도록 해야 합니다. 셋째, 심야 조사는 원칙적으로 금지되며, 조사 과정에서 위압적이거나 회유하는 언행을 절대 사용해서는 안 됩니다. 그의 미래를 고려하여, 처벌보다는 치료와 재활의 관점에서 접근하는 자세가 중요하다고 생각합니다.

4) 면접관 4(조직·정책 전문가)

(1) **질문 1:** 청소년 마약 범죄가 급증하고 있습니다. 경찰의 단속 강화만으로 이 문제를 해결할 수 있을까요? 근본적인 해결책은 무엇이라고 생각합니까?

(2) **답변 1:** 단속 강화만으로는 한계가 명확합니다. 마약에 대한 접근 자체를 차단하는 것이 더 중요합니다. 이를 위해, 다크웹이나 SNS를 통한 온라인 마약 유통을 차단하는 사이버 수사

역량을 강화해야 합니다. 동시에, 학교·가정·지역사회가 연계하여 마약의 위험성을 알리는 예방 교육을 획기적으로 늘리고, 호기심에 마약에 손을 댄 청소년들이 쉽게 상담받고 치료받을 수 있는 전문 기관을 대폭 확충하는 등 '수요 억제'와 '치료·재활' 정책이 병행되어야 근본적인 해결이 가능하다고 생각합니다.

(3) 질문 2: 본인이 마약수사팀에 배치된다면, 가장 중요하게 갖춰야 할 역량은 무엇이라고 생각하며, 이를 위해 어떤 노력을 하겠습니까?

(4) 답변 2: 마약수사팀 형사에게 가장 필요한 역량은 '끈질긴 추적 능력'과 '엄격한 준법정신'이라는 두 가지라고 생각합니다. 마약 범죄는 점조직 형태로 이루어져 추적이 매우 어렵기 때문에, 작은 단서 하나도 놓치지 않고 끝까지 파고드는 끈기가 필요합니다. 이를 위해 데이터 분석 및 디지털 포렌식 기법을 꾸준히 학습하겠습니다. 동시에, 마약수사는 함정수사 등 위법수사 유혹에 빠지기 쉽기 때문에, 항상 적법절차를 준수하려는 강한 준법정신과 윤리의식이 필요합니다. 관련 최신 판례를 계속 학습하고 인권 교육에 적극적으로 참여하여 스스로를 단련하겠습니다.

제4조(보호조치 등)

[조문 원문]

① 경찰관은 수상한 행동이나 그 밖의 주위 사정을 합리적으로 판단해 볼 때 다음 각 호의 어느 하나에 해당하는 것이 명백하고 응급구호가 필요하다고 믿을 만한 상당한 이유가 있는 사람(이하 "구호대상자"라 한다)을 발견하였을 때에는 보건의료기관이나 공공구호기관에 긴급구호를 요청하거나 경찰관서에 보호하는 등 적절한 조치를 할 수 있다.

1호. 정신착란을 일으키거나 술에 취하여 자신 또는 다른 사람의 생명·신체·재산에 위해를 끼칠 우려가 있는 사람

2호. 자살을 시도하는 사람

3호. 미아, 병자, 부상자 등으로서 적당한 보호자가 없으며 응급구호가 필요하다고 인정되는 사람. 다만, 본인이 구호를 거절하는 경우는 제외한다.

② 제1항에 따라 긴급구호를 요청받은 보건의료기관이나 공공구호기관은 정당한 이유 없이 긴급구호를 거절할 수 없다.

③ 경찰관은 제1항의 조치를 하는 경우에 구호대상자가 휴대하고 있는 무기·흉기 등 위험을 일으킬 수 있는 것으로 인정되는 물건을 경찰관서에 임시로 영치(領置)하여 놓을 수 있다.

④ 경찰관은 제1항의 조치를 하였을 때에는 지체 없이 구호대상자의 가족, 친지 또는 그 밖의 연고자에게 그 사실을 알려야 하며, 연고자가 발견되지 아니할 때에는 구호대상자를 적당한 공공보건의료기관이나 공공구호기관에 즉시 인계하여야 한다.

⑤ 경찰관은 제4항에 따라 구호대상자를 공공보건의료기관이나 공공구호기관에 인계하였을 때에는 즉시 그 사실을 소속 경찰서장이나 해양경찰서장에게 보고하여야 한다.

⑥ 제5항에 따라 보고를 받은 소속 경찰서장이나 해양경찰서장은 대통령령으로 정하는 바에 따라 구호대상자를 인계한 사실을 지체 없이 해당 공공보건의료기관 또는 공공구호기관의 장 및 그 감독행정청에 통보하여야 한다.

⑦ 제1항에 따라 구호대상자를 경찰관서에서 보호하는 기간은 24시간을 초과할 수 없고, 제3항에 따라 물건을 경찰관서에 임시로 영치하는 기간은 10일을 초과할 수 없다.

[조문 해부(항·목별)]

- **①항(보호조치의 대상과 방법):** 보호조치의 요건과 실행 방법을 규정합니다.
  - **공통 요건:** 조치의 대상이 되려면 '수상한 행동이나 주위 사정'을 **합리적으로 판단**할 때, 아래 3가지 유형 중 하나에 해당하는 것이 **명백**하고, **'응급구호'가 필요**하다는 **상당한 이유**가 있어야 합니다. 이 모든 요건이 충족되어야 합니다.
  - **제1호(정신착란자·주취자):** 단순히 술에 취하거나 정신이 온전치 않다고 해서 바로 조치할 수는 없습니다. 반드시 '자신 또는 타인의 생명·신체·재산에 **위해를 끼칠 구체적인 우려**'가 있어야 합니다. 길에서 고성방가하는 주취자는 경범죄처벌법 대상일 뿐 보호조치 대상은 아닐 수 있습니다.
  - **제2호(자살시도자):** 명백히 자살을 시도하고 있는 사람이 대상입니다. 생명에 대한 위험이 가장 급박한 경우로, 경찰의 즉각적인 개입이 정당화됩니다.
  - **제3호(미아·병자·부상자 등):** 보호자가 없는 상태에서 긴급한 구호가 필요한 사람들이 대상입니다. 가장 중요한 특징은 "본인이 구호를 거절하는 경우는 제외한다"는 단서 조항입니다. 즉, 의사능력이 있는 성인이 구호를 거부하면 강제로 조치할 수 없는 것이 원칙입니다.
  - **조치 방법:** ① **보건의료기관/공공구호기관에 긴급구호 요청**이 원칙이며, ② **경찰관서 보호**는 보충적, 예외적으로 허용됩니다.
- **②항(구호기관의 수용 의무):** 경찰의 긴급구호 요청에 대해 병원 등이 '정당한 이유 없이' 거절할 수 없도록 하여, 보호조치의 실효성을 확보하는 규정입니다.
- **③항(임시영치):** 보호조치 대상자의 안전과 타인에 대한 위해 방지를 위해, 대상자가 소지한 무기, 흉기 등 위험한 물건을 경찰관서에 임시로 보관(영치)할 수 있는 근거입니다.
- **④항(연고자 통지 및 인계 의무):** 보호조치 후 **'지체 없이'** 가족 등에게 통지해야 하는 **필수적인 절차**입니다. 연고자를 찾을 수 없을 경우, 경찰관서에 무한정 보호하는 것이 아니라 즉시 공공구호기관 등에 인계해야 합니다.
- **⑤항 & ⑥항(보고 및 통보 절차):** 조치 경찰관은 소속 서장에게 보고하고, 보고를 받은 서장은 해당 구호기관과 그 감독행정청에 통보하는 등 기관 간 협력 및 책임 소재를 명확히 하는 행정 절차를 규정합니다.
- **⑦항(시간제한):** 보호조치의 남용을 막기 위한 핵심적인 통제 장치입니다. **경찰관서 보호 기간은 24시간, 임시영치 기간은 10일**을 초과할 수 없습니다. 이 시간은 반드시 암기해야 합니다.

[보호조치 vs. 임의동행: 목적과 강제력의 차이]

- 제4조 보호조치는 대상자의 '생명·신체 보호'가 목적이므로, 그의 의사에 반하는 '최소한의 물리력 행사'가 가능합니다. 반면, 제3조 임의동행은 '질문'이 목적이므로 상대방의 '자발적 동의'가 필수이며 강제력 행사가 절대 불가합니다. 이 둘의 목적, 대상, 강제력 유무를 비교하는 문제는 시험의 단골 출제 유형입니다.

[핵심요건: '자타해 위험'의 구체성]

- 단순히 만취했거나 이상행동을 보인다는 이유만으로 보호조치를 할 수는 없습니다. '자신 또는 다른 사람의 생명·신체·재산에 위해를 끼칠 우려'가 칼을 들고 위협하거나, 달리는 차도에 뛰어드는 등 구체적이고 명백해야 합니다. 추상적인 가능성만으로는 요건을 충족하지 못하며, 이는 과잉보호 및 인권침해 논란으로 이어질 수 있습니다.

[제3호의 함정: '구호 거절권'과 의사능력]

- 제3호 대상자(병자, 부상자 등)의 '구호 거절권'은 매우 중요한 예외입니다. 시험에서는 '모든 구호대상자는 본인이 거절해도 보호조치할 수 있다'는 식의 오답 보기가 자주 나옵니다. 단, 실무적으로는 대상자가 명백히 의사결정 능력이 없는 상태(치매, 쇼크 등)라면 거절의사를 그대로 받아들이기 어려우므로, 의사능력 유무에 대한 현장 경찰관의 합리적인 판단이 중요합니다.

[시간제한 숫자 암기: 24시간과 10일]

- 보호조치의 시간제한은 객관식 문제에서 숫자를 바꾸어 출제하기 가장 좋은 부분입니다. '보호'는 사람에 대한 것이므로 짧게 24시간(1일), '영치'는 물건에 대한 것이므로 비교적 길게 10일로 연상하여 암기하면 효과적입니다. '보호기간은 48시간', '영치기간은 30일' 등의 보기에 속지 않도록 정확히 암기해야 합니다.

[절차적 정당성: 통지 및 보고 의무의 중요성]

- 제4항의 '연고자 통지 의무'와 제5, 6항의 '보고 및 통보 의무'는 보호조치의 적법성을 담보하는 중요한 절차적 통제 장치입니다. 아무리 보호조치의 실체적 요건을 갖추었더라도, 이러한 사후 절차를 이행하지 않으면 위법한 직무집행이라는 비판을 받을 수 있습니다. 경찰권 행사는 항상 절차적 정당성이 뒷받침되어야 함을 기억해야 합니다.

경직법 제4조 상황 재구성

📑 발표 면접 과제 1: [구호를 거부하는 주취자]

1. 상황자료

당신은 한겨울 밤 11시, 기온이 영하 10도까지 떨어진 날씨에 순찰 중인 A순경입니다. 인적이 드문 버스정류장 벤치에 한 남성이 잠들어 있다는 신고를 받고 출동했습니다. 현장에 도착하니 50대 남성 B씨가 얇은 외투만 걸친 채 몸을 웅크리고 누워 자고 있었고, 온몸에서 심한 술 냄새가 났습니다. A순경은 이대로 둘 경우 저체온증으로 생명이 위험할 수 있다고 판단하여 B씨를 깨웠습니다. B씨는 잠에서 깨어나 "내가 여기서 자든 말든 무슨 상관이야, 그냥 놔두고 가!"라며 화를 내고 다시 누우려고 합니다. A순경이 경직법 제4조에 따라 위험하니 경찰서나 병원에서 보호를 받아야 한다고 설명했지만, B씨는 "내 몸은 내가 알아서 해, 어떤 도움도 필요 없으니 당장 꺼져!"라며 명확히 구호를 거부하고 있는 상황입니다. B씨는 비틀거리기는 하지만 의사소통은 가능한 상태입니다.

상황처리 과제

당신이 A순경이라면, 명확히 구호를 거부하는 주취자 B씨에 대해 경직법 제4조에 근거하여 어떻게 조치할 것인지, 그 판단 근거와 구체적인 실행 계획을 발표하시오.

2. 상황판단(법적 근거 중심)

이 상황은 경직법 제4조 제1항 제1호의 '술에 취하여 자신에게 위해를 끼칠 우려가 명백한 사람'에 해당하는 동시에, 대상자가 구호를 거부하고 있어 경찰권 발동의 정당성이 충돌하는 복잡한 사례입니다. B씨는 저체온증으로 생명을 잃을 명백하고 현존하는 위험에 처해 있습니다. 비록 제3호와 같이 주취자에게 명시적인 '구호 거절권' 규정은 없지만, 헌법상 자기결정권은 존중되어야 합니다. 그러나 그 자기결정권 행사가 생명을 포기하는 결과로 이어지는 것을 방치하는 것은 국민의 생명 보호라는 경찰의 제1 임무(경직법 제2조 제1호)를 저버리는 것입니다. 따라서 이 경우, B씨의 자기결정권보다 생명권 보호라는 더 우월한 법익을 위해 최소한의 강제력을 사용하여 보호조치하는 것이 타당하다고 판단됩니다.

3. 문제점 및 해결방안(단계별 조치)

1) 문제점: 주취자의 거부 의사를 무시하고 강제로 연행할 경우, 인권침해 및 과잉대응 논란이 발생할 수 있습니다. 반대로, 거부 의사를 존중하여 방치했다가 실제 사망사고가 발생하면 경찰의 직무유기 책임 문제가 제기될 수 있습니다.

2) 해결방안:

  (1) 1단계(지속적 설득 및 위험 고지): 즉시 강제력을 행사하기보다, B씨의 눈높이에 맞춰 "선생님, 지금 주무시면 정말 큰일 납니다. 저희가 책임지고 따뜻한 곳까지만 모셔다 드리겠습니다"와 같이 반복적으로 설득하겠습니다. 저체온증의 위험성을 구체적으로 설명하여 B씨가 스스로 상황의 심각성을 인지하고 마음을 바꾸도록 유도하겠습니다.

  (2) 2단계(가족 연락 시도): B씨의 소지품을 확인하여 신분증이나 휴대폰이 있다면, 가족에게 연락하여 현재 상황을 알리고 인계받을 수 있는지 확인하겠습니다. 가족의 설득이 경찰의 설득보다 효과적일 수 있으며, 이는 가장 인권 친화적인 해결 방법입니다.

  (3) 3단계(최소 강제력 행사 및 응급구호 요청): 설득과 가족 연락이 모두 실패하고 B씨가 계속 현장에 머물려 한다면, B씨의 생명 보호를 위해 보호조치를 실행하겠습니다. 119 구급대에 공동대응을 요청하고, B씨의 저항이 있더라도 팔을 부축하는 등 부드럽지만 단호한 물리력을 사용하여 순찰차에 태워 인근 응급의료기관으로 후송하겠습니다. 경찰서 보호는 의료적 조치가 불가능하므로 이 상황에서는 최선이 아닙니다.

  (4) 4단계(사후 조치 및 기록 유지): B씨를 병원에 인계한 후, 조치 경위, B씨의 거부 의사, 강제력을 행사할 수밖에 없었던 이유(생명의 위험성), 조치 결과 등을 6하 원칙에 따라 상세히 보고서로 작성하고 바디캠 영상을 확보하여 조치의 정당성을 명확히 입증할 수 있도록 하겠습니다.

4. 면접관과 질의응답(꼬리질문)

1) 면접관 1(법률 전문가)

  (1) 질문 1: 제4조 제1항 제3호에는 명시적으로 '구호 거절' 시 조치할 수 없다고 되어 있는데, 제1호 주취자에게는 왜 그 규정을 유추 적용하면 안 됩니까?

  (2) 답변 1: 입법 취지의 차이 때문이라고 생각합니다. 제3호의 병자·부상자는 일반적으로 합리적인 의사결정이 가능한 상태임을 전제로 하지만, 제1호의 주취자는 알코올 등으로 인해

합리적인 판단 능력이 현저히 저하된 상태인 경우가 많습니다. 따라서 자신의 생명에 대한 명백한 위험 앞에서도 이를 제대로 인지하지 못하고 내리는 거부 의사는 진정한 자기결정권의 행사로 보기 어렵습니다. 이처럼 보호의 필요성이 훨씬 높은 대상의 특성을 고려하여 입법자가 두 경우를 다르게 규율한 것이라고 판단됩니다.

(3) **질문 2:** B씨를 병원으로 데려갔는데, 병원에서 '주취자는 진료에 방해된다'며 수용을 거부한다면 어떻게 하겠습니까?

(4) **답변 2:** 경직법 제4조 제2항은 보건의료기관이 정당한 이유 없이 긴급구호를 거절할 수 없다고 규정하고 있습니다. B씨는 단순 주취자가 아니라 저체온증이라는 응급 의료가 필요한 상태이므로, 병원의 수용 거부는 '정당한 이유'에 해당하지 않음을 명확히 고지하겠습니다. 계속 거부할 시, 관련 법령(응급의료에 관한 법률 등) 위반으로 행정처분 대상이 될 수 있음을 알리고, 경찰서장에게 즉시 보고하여 시군구 당직실 등 상급 감독기관을 통해 병원이 환자를 수용하도록 협조를 구하겠습니다.

2) 면접관 2(현장 지휘관)

(1) **질문 1:** B씨가 순찰차에 타는 것을 완강히 거부하며 심하게 저항한다면, 수갑과 같은 경찰장구를 사용해도 됩니까?

(2) **답변 1:** 보호조치는 원칙적으로 범죄자를 대상으로 하는 것이 아니므로, 경찰장구 사용은 극히 예외적인 경우에만 허용되어야 합니다. 만약 B씨의 저항이 자신이나 경찰관의 신체에 심각한 위해를 가할 정도로 격렬하다면, 안전을 확보하기 위한 최후의 수단으로 수갑을 사용하는 것을 고려할 수는 있겠습니다. 하지만 그 전에 팔을 잡거나 부축하는 등 더 낮은 단계의 물리력을 우선적으로 시도해야 하며, 수갑을 사용하더라도 그 목적과 절차의 정당성을 명확히 기록으로 남겨야 합니다.

(3) **질문 2:** 이런 신고는 매우 빈번합니다. 모든 주취자를 이렇게 적극적으로 조치하다 보면 경찰의 행정력이 너무 낭비되는 것 아닐까요?

(4) **답변 2:** 행정력의 효율성도 중요하지만, 국민의 생명을 보호하는 것보다 더 중요한 경찰의 임무는 없다고 생각합니다. 당장은 비효율적으로 보일 수 있지만, 단 한 명의 시민이라도 비극적인 사고로부터 구해 낼 수 있다면 그것은 결코 행정력 낭비가 아닙니다. 다만, 근본적으로는 지자체와 협력하여 '주취자 응급의료센터'를 확충하는 등 경찰이 모든 주취자 문제에 개입하지 않도록 사회 안전망을 강화하는 정책적 노력이 병행되어야 한다고 생각합니다.

3) 면접관 3(인권·소통 전문가)

(1) **질문 1:** B씨가 다음 날 술이 깨서 '경찰이 나를 강제로 끌고 갔다'며 인권위에 진정을 넣는다

면 어떻게 설명하겠습니까?

(2) 답변 1: 당시 상황을 기록한 바디캠 영상과 구체적인 상황 보고서를 바탕으로, B씨의 생명을 구하기 위한 불가피한 조치였음을 정중하고 상세하게 설명하겠습니다. 강압적인 연행이 아니라, 선생님의 생명을 보호하기 위한 구호 활동이었음을 강조하겠습니다. 또한, 조치 과정에서 불필요한 물리력이나 모욕적인 언행이 없었음을 객관적인 자료를 통해 입증하여 저희 조치의 진정성을 이해시키도록 노력하겠습니다.

(3) 질문 2: 본인의 조치가 결국 B씨의 '자기결정권'이라는 기본권을 침해한 것은 사실입니다. 이에 대해 개인적으로 어떻게 생각합니까?

(4) 답변 2: 네, 기본권을 제한한 것은 사실이며 그 점에 대해 무겁게 생각합니다. 경찰권 행사는 항상 기본권 제한을 수반하기에 신중해야 합니다. 하지만 이번 경우는 '자기결정권'과 '생명권'이라는 두 기본권이 충돌한 상황이었고, 저는 모든 법익의 전제가 되는 생명권을 보호하는 것이 더 중요하다고 판단했습니다. 완벽한 정답이 없는 어려운 상황이었지만, 경찰관으로서 시민의 생명을 지키는 방향으로 결단하는 것이 저의 책무라고 생각했습니다.

2) 면접관 4(조직·정책 전문가)

(1) 질문 1: 보호조치 대상자를 경찰서가 아닌 병원으로 우선 인계해야 한다고 보고했습니다. 그 이유는 무엇입니까?

(2) 답변 1: 경찰서는 의료 장비나 전문 인력이 없는 비의료시설이기 때문입니다. B씨와 같은 저체온증 의심 환자나 정신착란자, 자살시도자 등은 언제 상태가 급변할지 모르는 응급환자일 수 있습니다. 이들을 경찰서에 보호하는 것은 적절한 의료 조치의 '골든타임'을 놓치게 할 위험이 매우 큽니다. 따라서 대상자의 안전과 생명 보호라는 보호조치의 근본 목적을 달성하기 위해서는 병원 등 전문기관에 우선적으로 인계하는 것이 원칙이 되어야 합니다.

(3) 질문 2: 이 사례를 통해 본인이 경찰관으로서 가져야 할 가장 중요한 자세는 무엇이라고 느꼈습니까?

(4) 답변 2: '책임감'과 '균형감각'이라고 느꼈습니다. 눈앞의 시민이 위험에 처했을 때 '내 책임'으로 여기고 외면하지 않는 적극적인 책임감이 첫 번째로 필요합니다. 동시에, 인권 보호와 질서 유지, 법의 원칙과 현장의 위험성 사이에서 어느 한쪽에 치우치지 않고 최선의 결정을 내릴 수 있는 냉철한 '균형감각'을 갖추는 것이 국민의 신뢰를 받는 경찰관의 가장 중요한 자세라고 생각합니다.

1. 상황자료

당신은 지구대 경찰관 C경장입니다. "어떤 여자가 공원 중앙에서 혼자 소리를 지르며 이상한 춤을 추고 있다"는 신고를 받고 출동했습니다. 현장에는 30대로 보이는 여성 D씨가 있었는데, 행인들을 향해 직접적인 위협을 가하지는 않지만, 알아들을 수 없는 말을 계속 외치며 허공에 주먹을 휘젓는 등 예측 불가능한 행동을 하고 있습니다. 주변에는 아이들을 포함한 시민 수십 명이 모여 불안한 표정으로 D씨를 지켜보고 있어 공원의 평온이 깨지고 있는 상황입니다. D씨의 인상착의를 조회해 보니, 과거 정신질환으로 치료받은 기록이 있는 인근 주민으로 확인되었습니다. C경장이 D씨에게 다가가 말을 걸자, D씨는 갑자기 C경장을 노려보며 "나를 해치려는 악마다!"라고 소리치며 뒷걸음질 치고 있습니다.

상황처리 과제

당신이 C경장이라면, 현재 D씨의 행위가 경직법 제4조 제1항 제1호의 '정신착란으로 자타에 위해를 끼칠 우려가 있는 경우'에 해당하는지 판단하고, 향후 조치 계획을 단계별로 발표하시오.

2. 상황판단(법적 근거 중심)

D씨의 행위는 현재 직접적인 물리적 위해를 가하고 있지는 않지만, 경직법 제4조 제1항 제1호의 보호조치 요건에 해당할 가능성이 높다고 판단됩니다. 판단 근거는 다음과 같습니다. 첫째, D씨는 과거 병력이 있고 현재 명백한 '정신착란' 상태로 보입니다. 둘째, 허공에 주먹을 휘두르고 경찰관을 '악마'로 인식하는 등 피해망상 증세를 보여, 그 공격성이 언제든 자신이나 주변 시민에게 향할 수 있는 '구체적이고 잠재적인 위해의 우려'가 충분합니다. 셋째, 이미 다수의 시민이 불안을 느끼고 공공의 평온이 깨지는 등 '공공안녕에 대한 위험'도 발생하고 있습니다. 따라서 D씨 자신과 시민들을 보호하기 위한 경찰의 개입이 필요한 상황입니다.

3. 문제점 및 해결방안(단계별 조치)

1) 문제점: 정신질환자에 대한 편견을 가지고 섣불리 과잉 대응할 경우, 인권침해 논란과 함께 대상자를 자극하여 오히려 더 위험한 상황을 초래할 수 있습니다.

2) 해결방안:

  (1) 1단계(안전거리 확보 및 환경 통제): 즉시 추가 인력 지원을 요청하고, D씨를 자극하지 않

도록 안전거리를 유지하겠습니다. 동시에, 구경하는 시민들을 안전한 곳으로 이동시켜 D 씨와 분리하고, 불필요한 자극(촬영, 고함 등)을 주지 않도록 현장을 통제하겠습니다. 이는 D씨의 심리적 안정을 돕고 시민의 안전을 확보하기 위한 우선 조치입니다.

(2) 2단계(비자극적 대화 시도): D씨와 눈을 맞추고, 위협적이지 않은 자세(몸을 낮추고 손바닥을 보이는 등)로 천천히 접근하겠습니다. "저는 선생님을 도와드리러 온 경찰관입니다. 무엇 때문에 힘드신지 이야기해 주실 수 있나요?"와 같이 부드럽고 차분한 어조로 대화를 시도하여 D씨를 안정시키고 신뢰를 형성하는 데 주력하겠습니다.

(3) 3단계(전문가 및 가족 연계): 관할 정신건강복지센터 등에 연락하여 전문가의 현장 출동을 요청하겠습니다. 동시에, D씨의 신원을 확인했으므로 가족에게 연락하여 D씨를 안정시킬 수 있도록 협조를 구하겠습니다. 정신질환 문제는 경찰 단독으로 대응하기보다 전문가와 가족의 협력이 필수적입니다.

(4) 4단계(응급입원 절차 진행): 만약 D씨의 상태가 호전되지 않고 자해나 공격 행위를 시도하는 등 위험이 급박해지면, 정신건강복지법 제50조에 따른 '응급입원' 절차를 진행하겠습니다. 이는 정신과 전문의의 진단에 따라 정신의료기관의 장의 권한으로 강제 입원시키는 제도로, 경찰은 그 과정에서 대상자의 신병을 확보하고 병원까지 안전하게 호송하는 역할을 수행합니다.

4. 면접관과 질의응답(꼬리질문)

1) 면접관 1(법률 전문가)

(1) 질문 1: D씨가 아직 아무도 때리지 않았는데, '위해의 우려'가 있다고 판단하는 것은 너무 확대해석 아닙니까? '명백한 위험'이 있을 때만 개입해야 하는 것 아닌가요?

(2) 답변 1: '위해의 우려'는 반드시 물리적 충돌이 발생해야만 인정되는 것은 아니라고 생각합니다. D씨의 피해망상적 발언과 예측 불가능한 행동은 그 자체로 일촉즉발의 위험을 내포하고 있으며, 이는 시민들에게 상당한 공포와 불안감을 주고 있습니다. 위험이 현실화된 후에 개입하는 것은 너무 늦습니다. 경찰의 보호조치는 이러한 위험이 현실화되는 것을 막기 위한 '예방적' 성격이 강하므로, 잠재적 위험의 구체성과 개연성이 충분하다면 개입하는 것이 타당하다고 봅니다.

(3) 질문 2: D씨를 강제로 응급입원 시켰는데, 나중에 가족들이 '과잉대응이자 불법감금'이라며 소송을 제기한다면 어떻게 대응하시겠습니까?

(4) 답변 2: 저희의 모든 조치가 법률에 근거한 정당한 직무집행이었음을 입증하는 데 주력하

겠습니다. D씨의 현장 상태를 촬영한 바디캠 영상, 주변 시민들의 진술, 정신건강복지센터 전문가의 의견, 응급입원 당시의 의사 소견서 등 객관적인 자료를 통해 당시 D씨를 보호하고 치료받게 하는 것이 꼭 필요했던 상황임을 증명하겠습니다. 또한, 가족들에게 D씨를 처벌하려는 목적이 아니라 보호하고 치료하려는 선의의 목적이었음을 진정성 있게 설명하여 오해를 풀도록 노력하겠습니다.

2) 면접관 2(현장 지휘관)

(1) **질문 1:** 지원 인력이 도착하기 전에 D씨가 갑자기 아이를 향해 달려든다면 어떻게 하겠습니까?

(2) **답변 1:** 그 즉시 D씨와 아이 사이에 제 몸으로 끼어들어 아이의 안전을 확보하는 것이 최우선입니다. 이는 경찰관으로서 당연한 본분입니다. 동시에, 삼단봉이나 테이저건 등 경찰장구를 사용하여 D씨의 공격을 최소한의 물리력으로 제지하겠습니다. 이 경우는 잠재적 위험이 명백한 현실적 위험으로 전환된 것이므로, 시민의 생명·신체를 보호하기 위한 즉각적이고 단호한 물리력 행사가 정당화됩니다.

(3) **질문 2:** 정신질환자 대응은 매우 전문적인 기술을 요합니다. 현장 경찰관들의 대응 역량을 강화하기 위해 어떤 노력이 필요하다고 봅니까?

(4) **답변 2:** 두 가지가 필요하다고 생각합니다. 첫째, '정신질환자 위기 협상 기법'에 대한 전문적이고 반복적인 실습 교육이 필요합니다. 단순 이론 교육이 아닌, 실제와 같은 시뮬레이션 훈련을 통해 현장 대응 능력을 체득해야 합니다. 둘째, 정신건강복지센터, 의료기관, 소방 등 유관기관과의 정기적인 합동 훈련을 통해 유기적인 공동대응 체계를 구축하고, 각 기관의 역할과 법적 절차를 명확히 숙지하는 것이 중요합니다.

3) 면접관 3(인권·소통 전문가)

(1) **질문 1:** D씨를 '정신질환자'로 낙인찍고 잠재적 범죄자 취급하는 것은 인권침해적 시각 아닐까요?

(2) **답변 1:** 중요한 지적이십니다. 저는 D씨를 '정신질환자'라는 낙인으로 보는 것이 아니라, '도움이 필요한 시민'이자 '보호의 대상'으로 보고자 합니다. 저의 개입 목적은 D씨를 사회로부터 격리하거나 처벌하는 것이 아니라, D씨가 적절한 치료를 받아 안정된 상태로 다시 사회에 복귀하도록 돕는 첫 단계의 역할을 하는 것입니다. 경찰관은 항상 편견 없는 시각으로 모든 시민을 대해야 한다고 생각합니다.

(3) **질문 2:** 현장에서 D씨의 가족과 통화가 되었습니다. 가족이 "원래 저런 사람이니 그냥 내버려 두라"고 비협조적으로 나온다면 어떻게 설득하겠습니까?

(4) **답변 2**: 먼저 가족의 고충에 대해 충분히 공감하는 자세를 보이겠습니다. 그리고 "지금 D씨를 방치하면, D씨 본인의 안전은 물론이고 다른 시민과의 불필요한 마찰로 인해 더 큰 법적 문제로 비화될 수 있습니다. 지금 저희와 전문가가 함께 개입해서 병원 치료를 받도록 돕는 것이 D씨를 위한 최선의 길입니다"라고 설득하겠습니다. 가족의 책임을 추궁하기보다는, D씨의 장래를 함께 걱정하는 파트너로서 협조를 구하는 자세로 임하겠습니다.

4) 면접관 4(조직·정책 전문가)

(1) **질문 1**: 최근 정신질환 관련 범죄가 이슈가 되고 있습니다. 이 문제에 대한 경찰의 역할은 어디까지라고 생각합니까?

(2) **답변 1**: 경찰의 역할은 '급박한 위험'에 대한 현장 대응과 사후 관리 지원에 있다고 생각합니다. 즉, 범죄 발생 위험이 임박했을 때 현장에서 신병을 확보하고 응급입원 등 행정적·의료적 절차로 안전하게 연계하는 것이 경찰의 핵심 역할입니다. 하지만 예방과 치료, 퇴원 후의 사회 복귀 지원 등 근본적인 문제는 보건복지부, 지자체 등 사회 전체의 안전망 속에서 해결되어야 할 문제입니다. 경찰은 이 안전망의 한 부분으로서 유관기관과 긴밀히 협력하는 역할을 해야 합니다.

(3) **질문 2**: 본인이 이런 상황을 능숙하게 처리할 수 있는 자신만의 강점이 있다면 무엇입니까?

(4) **답변 2**: 저의 강점은 '경청하는 자세'와 '차분함'입니다. 저는 상대방이 흥분한 상태일수록 그 사람의 이야기에 귀를 기울여 불안의 원인을 파악하려고 노력합니다. D씨와 같은 분을 대할 때도 섣불리 제압하려 하기보다, 그의 혼란스러운 말속에서라도 도움을 요청하는 신호를 찾아내려 노력할 것입니다. 또한, 돌발 상황에서도 쉽게 흥분하지 않고 차분함을 유지하여 상황을 이성적으로 판단하고 가장 안전한 해결책을 찾아낼 수 있는 침착함이 저의 큰 강점이라고 생각합니다.

📋 발표 면접 과제 3: [구호 거절과 의사능력 판단]

1. 상황자료

당신은 파출소에 근무하는 E순경입니다. "할머니 한 분이 길에 쓰러져 있다"는 신고를 받고 공원으로 출동했습니다. 현장에는 80대로 보이는 F할머니가 넘어져 있었고, 이마에서는 피가 흐르고 있었습니다. E순경이 할머니의 상태를 살피고 119에 신고하려 하자, 할머니는 "나는 괜찮아, 병원 안 가도 돼. 집에 갈 거야"라며 손사래를 쳤습니다. 할머니는 자신의 이름과 집 방향은 어렴풋이 기억하는 듯했지만, 지금이 몇 월 며칠인지, 왜 넘어졌는지 등 기본적인 질문에는 횡설수설하며 제대로 대답하지 못했습니다. E순경은 할머니의 출혈이 심상치 않고, 명백히 의학적 조치가 필요하다고 판단했습니다. 하지만 할머니는 "내 몸 내가 아는데 병원은 무슨 병원이냐"며 계속해서 병원 이송 및 구호를 완강하게 거부하고 있는 상황입니다.

상황처리 과제

당신이 E순경이라면, 경직법 제4조 제1항 제3호의 '본인이 구호를 거절하는 경우'의 예외 규정에도 불구하고 F할머니를 병원으로 이송하는 등 보호조치를 할 수 있는지, 그 법적 근거와 판단 기준, 구체적인 조치 계획을 발표하시오.

2. 상황판단(법적 근거 중심)

이 사례는 경직법 제4조 제1항 제3호의 '구호 거절 시 조치 불가' 원칙을 어떻게 해석하고 적용할 것인지가 핵심입니다. 할머니는 명백히 '부상자'이며 '응급구호가 필요한 사람'에 해당합니다. 비록 외형상으로는 구호를 거부하고 있지만, 시간·장소·상황에 대한 인지 능력이 현저히 떨어지고 횡설수설하는 등 합리적인 의사결정을 할 수 있는 '의사능력'이 없다고 판단할 만한 충분한 사정이 있습니다. 법에서 말하는 '구호 거절'은 자유롭고 합리적인 판단에 따른 의사표시를 전제로 합니다. 따라서 F할머니의 거부 의사는 진정한 의미의 거절로 보기 어려우므로, 이 예외 규정은 적용되지 않는다고 판단됩니다. 할머니의 생명과 신체를 보호하기 위해 그의 의사에 반하더라도 보호조치를 실행하는 것이 적법하고 타당합니다.

3. 문제점 및 해결방안(단계별 조치)

1) 문제점: 의사능력 유무에 대한 경찰관의 자의적인 판단으로 노인의 자기결정권을 침해했다는 비판을 받을 수 있으며, 강제 이송 과정에서 2차 부상이 발생할 위험이 있습니다.

2) 해결방안:

  (1) 1단계(119 구급대 우선 출동 및 공동 대응): 즉시 119 구급대에 출동을 요청하여 구급대원이 할머니의 상태를 전문적으로 판단하도록 하겠습니다. 경찰의 단독 판단보다는 의료 전문가의 소견이 의사능력 부재를 판단하는 데 더 객관적인 근거가 될 수 있습니다.

  (2) 2단계(의사능력 판단을 위한 구체적 질문 및 기록): 구급대를 기다리는 동안, 할머니를 안심시키며 "오늘 아침은 뭘 드셨어요?", "여기가 어디인 줄 아세요?", "가족분 연락처를 아세요?" 등 의사능력을 판단할 수 있는 구체적인 질문을 하고 그 반응을 상세히 기록하겠습니

다. 이는 추후 조치의 정당성을 입증할 중요한 자료가 됩니다.

(3) 3단계(최소한의 물리력을 이용한 병원 이송): 구급대원이 도착하여 병원 이송이 시급하다고 판단하면, 할머니의 거부에도 불구하고 보호조치를 실행하겠습니다. 할머니가 다치지 않도록 구급대원과 협력하여 조심스럽게 들것에 옮기는 등 최소한의 물리력을 사용하여 구급차에 탑승시키고, 병원까지 동행하여 안전하게 인계하겠습니다.

(4) 4단계(가족 수배 및 사후 설명): 할머니의 소지품 등을 통해 신원을 파악하고, 신속하게 가족을 찾아 연락하겠습니다. 가족에게는 할머니의 상태와 병원으로 이송하게 된 경위를 상세히 설명하고, 당시 할머니가 합리적인 판단을 하기 어려운 상태여서 부득이하게 조치했음을 알려 가족의 이해와 동의를 구하겠습니다.

4. 면접관과 질의응답(꼬리질문)

1) 면접관 1(법률 전문가)

(1) 질문 1: '의사능력' 유무는 의사가 최종적으로 판단할 문제이지, 경찰관이 현장에서 자의적으로 판단할 수 있는 것이 아니지 않습니까?

(2) 답변 1: 물론 최종적인 의학적 판단은 의사의 몫입니다. 하지만 경찰관은 현장의 급박한 위험에 대응해야 할 의무가 있습니다. 저는 법률적·의학적 의미의 '의사무능력'을 최종 확정하려는 것이 아니라, 경직법상 보호조치 개시 요건으로서 '진정한 거부 의사로 보기 어려운 명백한 정황'이 있는지를 판단하려는 것입니다. 횡설수설하는 언행, 심각한 부상 상태 등 구체적인 객관적 징후에 근거한 합리적인 추정은 현장 경찰관의 재량 범위 내에 있다고 생각합니다.

(3) 질문 2: 할머니의 가족이 나중에 나타나 "우리 어머니는 원래 좀 횡설수설하신다. 왜 마음대로 병원에 데려갔냐"며 강력히 항의한다면, 법적으로 어떻게 대응해야 합니까?

(4) 답변 2: 저희의 조치가 할머니의 생명과 신체를 보호하기 위한 선의의 직무집행이었고, 법적 요건을 충족했음을 법리와 증거를 통해 대응하겠습니다. 즉, ① 당시 할머니의 부상 상태와 위급성, ② 할머니의 비합리적인 언행을 기록한 바디캠 영상, ③ 현장에 출동했던 119 구급대원의 소견 등을 제시하여, 당시 상황에서는 누구라도 응급조치가 필요하다고 판단했을 것이라는 '상당성'을 입증하겠습니다.

2) 면접관 2(현장 지휘관)

(1) 질문 1: 요즘은 노인 학대 문제도 심각합니다. 할머니의 부상이 추락이 아닌, 다른 원인(학대 등)일 가능성은 염두에 두어야 하지 않을까요?

(2) 답변 1: 네, 반드시 염두에 두어야 합니다. 할머니를 병원으로 이송하여 응급처치를 받게 한 후, 의사에게 상처의 종류나 형태에 대해 문의하고, 할머니가 안정을 되찾으면 조심스럽게 다치게 된 경위를 여쭤보겠습니다. 만약 할머니의 진술이나 상처의 형태 등에서 학대가 의심되는 정황이 발견된다면, 즉시 노인보호전문기관에 통보하고 정식으로 수사에 착수하여야 합니다.

(3) 질문 2: 파출소에는 처리할 신고가 쌓여 있습니다. 할머니를 병원에 인계했으면 빨리 복귀해야지, 언제까지 병원에서 기다리고 있어야 합니까?

(4) 답변 2: 경찰의 임무는 대상자를 병원 문 앞에 내려놓는 것에서 끝나지 않는다고 생각합니다. 가족 등 보호자에게 안전하게 인계될 때까지가 경찰의 보호조치 범위에 포함됩니다. 만약 가족 연락이 바로 닿지 않는다면, 병원 원무과와 협조하여 할머니가 안정적으로 진료받을 수 있도록 조치하고, 경찰서 여청과 등 관련 부서와 협력하여 신속하게 가족을 찾은 후에야 현장에 복귀하는 것이 원칙에 맞다고 생각합니다.

3) 면접관 3(인권·소통 전문가)

(1) 질문 1: 할머니의 입장에서 보면, 낯선 경찰관이 자신을 강제로 병원에 끌고 가는 공포스러운 경험일 수 있습니다. 어떻게 하면 할머니의 불안감을 덜어 줄 수 있을까요?

(2) 답변 1: 조치 내내 할머니를 인격적으로 대하는 것이 가장 중요합니다. "할머니", "어르신"과 같은 존칭을 사용하고, "많이 놀라셨죠, 괜찮습니다", "저희가 안전하게 도와드릴게요"와 같이 지속적으로 안심시키는 말을 건네겠습니다. 이송 중에는 손을 잡아드리는 등 신체적 접촉을 통해 안정감을 드리고, 왜 병원에 가야만 하는지를 아이에게 설명하듯 쉽고 차분하게 반복해서 설명해 드리는 노력이 필요합니다.

(3) 질문 2: 할머니가 치매 노인인 것으로 확인되었습니다. 치매 노인 실종이나 사고 예방을 위해 경찰은 지역사회와 어떻게 협력해야 할까요?

(4) 답변 2: 경찰 단독으로는 한계가 명확하므로, 지역사회와의 촘촘한 협력 네트워크 구축이 필수적입니다. 첫째, 지자체와 협력하여 치매 노인분들께 배회감지기(GPS)를 보급하고, 경찰 시스템과 연동하는 '사전지문등록' 제도를 적극 홍보해야 합니다. 둘째, 통장, 편의점 점주, 우체부 등 지역 주민들로 구성된 '치매 노인 지킴이' 네트워크를 활성화하여, 평소와 다른 행동을 보이는 어르신이 있으면 즉시 경찰에 신고하도록 하는 시스템을 구축하는 것이 중요하다고 생각합니다.

4) 면접관 4(조직·정책 전문가)

(1) 질문 1: 이런 상황에서 경찰관이 소극적으로 대응하게 되는 가장 큰 이유는 무엇이라고 생

각합니까?

(2) 답변 1: '적극적으로 조치했다가 문제가 생기면 나만 책임진다'는 두려움 때문이라고 생각합니다. 선의의 조치가 나중에 과잉대응이나 인권침해로 비난받고, 소송에 휘말리게 될 경우 조직이 제대로 보호해 주지 못할 것이라는 불신이 현장 경찰관들을 소극적으로 만드는 가장 큰 원인이라고 생각합니다.

(3) 질문 2: 그렇다면, 현장 경찰관들이 이런 상황에서 더 적극적으로 나설 수 있도록 조직 차원에서 어떤 지원이 필요하다고 봅니까?

(4) 답변 2: 두 가지 지원이 필요합니다. 첫째, '직무수행 중 발생한 문제에 대한 법률 지원 및 책임 감면 제도'를 실질적으로 강화해야 합니다. 고의나 중과실이 없는 한, 선의의 적극적인 직무수행 결과에 대해 조직이 끝까지 책임지고 보호해 준다는 강력한 신뢰를 주어야 합니다. 둘째, 다양한 위기 상황에 대한 구체적인 '표준 대응 매뉴얼'을 제작·보급하고, 반복적인 시뮬레이션 훈련을 통해 경찰관들이 법적·절차적 확신을 가지고 현장에 임할 수 있도록 전문성을 높여 주는 지원이 필요합니다.

제5조(위험 발생의 방지 등)

[조문 원문]

① 경찰관은 사람의 생명 또는 신체에 위해를 끼치거나 재산에 중대한 손해를 끼칠 우려가 있는 천재(天災), 사변(事變), 인공구조물의 파손이나 붕괴, 교통사고, 위험물의 폭발, 위험한 동물 등의 출현, 극도의 혼잡, 그 밖의 위험한 사태가 있을 때에는 다음 각 호의 조치를 할 수 있다.

1호. 그 장소에 모인 사람, 사물(事物)의 관리자, 그 밖의 관계인에게 필요한 경고를 하는 것

2호. 긴급한 경우에는 위해를 입을 우려가 있는 사람을 필요한 한도에서 이동을 제한하거나 대피시키는 것

3호. 위험한 상황의 원인을 제공한 사람을 그 장소에서 퇴거시키거나 그 장소에의 접근을 금지시키는 것

4호. 그 장소에 있는 사람, 사물의 관리자, 그 밖의 관계인에게 위해를 방지하기 위하여 필요하다고 인정되는 조치를 하게 하거나 직접 그 조치를 하는 것

[공통 조항]

② 경찰관서의 장은 대간첩 작전의 수행이나 소요(騷擾) 사태의 진압을 위하여 필요하다고 인정되는 상당한 이유가 있을 때에는 대간첩 작전지역이나 경찰관서·무기고 등 국가중요시설에 대한 접근 또는 통행을 제한하거나 금지할 수 있다.

③ 경찰관은 제1항의 조치를 하였을 때에는 지체 없이 그 사실을 소속 경찰관서의 장에게 보고하여야 한다.

④ 제2항의 조치를 하거나 제3항의 보고를 받은 경찰관서의 장은 관계 기관의 협조를 구하는 등 적절한 조치를 하여야 한다.

[조문 해부(항·목별)]

- **①항(위험방지 조치):**
    - ◦ **발동 요건:** 천재지변, 대형사고, 극도의 혼잡 등 **사람의 생명·신체나 재산에 중대한 위해**를 끼칠 우려가 있는 '위험한 사태'가 발생했을 때 발동 가능합니다. 이는 이미 발생한 위

험뿐만 아니라 발생이 임박한 위험을 예방하기 위한 조치입니다.

- **조치의 종류(현행법 vs. 개정법):**
  - **제1호(경고):** 위험 상황과 대피 필요성 등을 알리는 가장 기본적인 조치로, 개정법에서도 동일합니다.
  - **제2호(억류·피난 → 이동제한·대피):(현행)** '억류'라는 표현은 신체의 자유를 과도하게 침해하는 용어라는 비판이 있었습니다. **(개정)** 이를 '이동을 제한'하는 것으로 순화하고, '피난'을 '대피'로 용어를 명확히 하여 조치의 성격을 구체화했습니다. 이는 이태원 참사 이후 군중 관리의 법적 근거를 명확히 하려는 취지입니다.
  - **제3호(위험 유발자 퇴거):** 위험 상황을 유발한 사람(예: 고의로 군중 쏠림을 유도하는 사람)을 현장에서 **퇴거**시키거나 **접근을 금지**시키는 권한이 신설되었습니다. 위험의 근원을 직접 제거할 수 있는 강력하고 구체적인 수단이 마련된 것입니다.
- **②항(경찰관서장의 조치):** 제1항의 조치가 현장 경찰관의 권한인 것과 달리, 이 조항은 '경찰관서의 장'만이 행사할 수 있는 권한입니다. **대간첩 작전, 소요 사태**라는 매우 특수한 상황에서 **국가중요시설** 등에 대한 접근 및 통행을 제한·금지하는 보다 광범위한 조치입니다.
- **③항 & ④항(보고 및 협조 의무):** 현장 경찰관이 제1항의 조치를 한 경우, 즉시 소속 관서장에게 보고해야 합니다. 보고를 받은 관서장은 소방, 지자체 등 다른 관계 기관에 협조를 요청하여 위험 사태에 공동으로 대응해야 할 의무를 집니다. 이는 경찰의 단독 대응이 아닌, 통합적 재난 관리 시스템의 일환임을 보여 줍니다.

Study Point(시험 합격 전략)

[성격 규정: 즉시강제]

- 제5조의 조치는 의무 불이행을 전제로 하는 '강제집행'이 아니라, 목전의 급박한 위험을 제거하기 위해 곧바로 실력을 행사하는 '즉시강제'에 해당합니다. 이는 행정법상 중요한 개념으로, 경찰행정법 문제에서 그 성격을 묻는 질문이 자주 출제됩니다. '의무를 부과할 시간적 여유가 없을 때' 사용하는 것이 핵심입니다.

[권한의 주체 구별: '경찰관' vs. '경찰관서의 장']

- 제1항의 조치는 현장에 출동한 '모든 경찰관'이 자신의 판단하에 발동할 수 있습니다. 반면 제2항의 조치는 '경찰관서의 장'만이 발동할 수 있는 더 무거운 권한입니다. 권한의 주체를 뒤바꾸

어 "경찰관은 소요사태 진압을 위해 국가중요시설 접근을 금지할 수 있다"는 식의 오답 보기에
유의해야 합니다.

[발동의 한계: 비례의 원칙]

• 모든 즉시강제는 비례의 원칙을 엄격히 준수해야 합니다. 예를 들어, 경미한 위험 상황에 대해
무리하게 통행을 전면 금지하거나, 단순히 시끄럽다는 이유로 퇴거 조치를 발동할 수는 없습
니다. 조치는 '사람의 생명·신체에 대한 위해나 재산에 대한 중대한 손해'를 막기 위한 '필요 최
소한도'에 그쳐야 합니다.

[사후 절차의 중요성: 보고 및 협조 의무]

• 제3항의 '보고 의무'와 제4항의 '협조 의무'는 즉시강제라는 강력한 권한 행사에 대한 사후 통제
장치입니다. 현장 조치 후 보고를 누락하거나, 관계 기관과 협력하지 않는 것은 그 자체로 절차
적 위법이 될 수 있습니다. 이는 경찰권 행사의 투명성과 책임성을 확보하기 위한 필수 절차임
을 기억해야 합니다.

경직법 제5조 상황 재구성

발표 면접 과제 1: [압사 위험이 임박한 군중 관리]

1. 상황자료

당신은 연말 축제가 열리고 있는 번화가 골목을 순찰 중인 A순경입니다. 유명 연예인이 인근 상점에 예고 없이 방문했다는 소문이 SNS를 통해 퍼지면서, 폭 4m 정도의 좁은 내리막길 골목에 순식간에 수백 명의 인파가 몰려들었습니다. 양방향에서 밀려드는 인파로 인해 골목은 완전히 정체되었고, 사람들은 서로에게 밀려 비명을 지르기 시작했습니다. 일부 사람들은 중심을 잃고 넘어지려 하고 있으며, "숨을 못 쉬겠어요!", "밀지 마세요!"라는 고함이 터져 나오는 등 이태원 참사와 유사한 압사 사고 발생의 위험이 매우 높은 상황입니다. 현장에는 현재 당신과 동료 경찰관 단 두 명뿐이며, 사람들은 흥분한 상태로 경찰의 통제에 잘 따르지 않고 계속해서 골목 안으로 진입하려고 시도하고 있습니다.

상황처리 과제

당신이 A순경이라면, 이처럼 급박한 위험 상황에서 압사 사고를 방지하기 위해 경직법 제5조에 근거하여 어떤 조치를 취할 것인지 구체적인 계획을 단계별로 발표하시오. (개정법 내용 포함하여 답변)

2. 상황판단(법적 근거 중심)

이 상황은 경직법 제5조 제1항의 '극도의 혼잡'으로 인해 '사람의 생명·신체에 대한 위해'가 임박한 전형적인 위험 사태입니다. 따라서 현장 경찰관은 제5조 제1항 각 호에 규정된 모든 조치를 즉시 발동할 수 있습니다. 특히, 2025년 8월 시행될 개정법에 따르면, '억류'보다 명확한 '이동 제한'과 '대피' 조치의 근거가 마련되었고, 고의로 혼잡을 유발하는 사람이 있다면 '퇴거' 조치까지 가능합니다. 시민의 생명을 구하는 것이 최우선이므로, 다소의 재산상 손실이나 통행의 불편을 감수하더라도 즉각적이고 강제적인 조치가 필요한 상황입니다.

3. 문제점 및 해결방안(단계별 조치)

1) 문제점: 소수의 경찰력만으로 흥분한 군중을 통제하기 어렵고, 잘못된 조치는 오히려 군중의 패닉을 가중시켜 더 큰 참사로 이어질 수 있습니다.

2) 해결방안:

(1) 1단계(즉시 보고 및 지원 요청): 즉시 112상황실에 현장 상황의 심각성(압사 위험 임박)을 보고하고, 가용 가능한 모든 경찰력, 교통 통제 인력 및 소방(구조·구급), 지자체(재난관리)의 총력 지원을 요청하겠습니다. 정확한 위치와 상황 전파가 가장 중요합니다.

(2) 2단계(경고 및 이동 통제): 확성기를 이용하여 "여러분, 압사 위험이 있습니다! 골목 안으로 절대 진입하지 마십시오! 뒤로 물러나 주십시오!"라고 **강력하게 경고**(제1호)하겠습니다. 동료와 함께 골목 입구를 몸으로 막고 폴리스라인을 설치하여 추가적인 인파 유입을 차단하는 **이동 제한**(개정법 제2호) 조치를 실시하겠습니다.

(3) 3단계(대피 유도 및 위험 유발자 퇴거): 골목 내 사람들에게는 "내리막길 아래쪽으로 천천히 이동하십시오! 넘어지지 않게 조심하십시오!"라고 외치며 안전한 방향으로 **대피**(개정법 제2호)를 유도하겠습니다. 만약 이 와중에 고의로 사람을 밀거나 혼란을 가중시키는 '위험 유발자'가 식별된다면, "당신 때문에 사람이 다칩니다! 즉시 여기서 나가십시오!"라고 명령하고 불응 시 물리력을 사용해 **퇴거**(개정법 제3호)시켜 위험의 근원을 제거하겠습니다.

(4) 4단계(필요 조치 실행): 지원 인력이 도착하면, 골목과 연결된 인근 상점의 협조를 구해 출입문을 개방하여 사람들이 분산 대피할 수 있는 공간을 확보하고(제4호), 넘어진 사람이 있다면 즉시 구조하여 구급대에 인계하는 등 질서가 회복될 때까지 현장을 관리하겠습니다.

4. 면접관과 질의응답(꼬리질문)

1) 면접관 1(법률 전문가)

(1) 질문 1: 개정법의 '이동 제한' 조치는 영장 없이 신체의 자유를 제한하는 것인데, 어느 수준까지 허용된다고 보십니까?

(2) 답변 1: '이동 제한'은 범죄 수사를 위한 체포와는 성격이 다릅니다. 이는 목전의 급박한 위험으로부터 개인의 생명을 보호하기 위한 예방적 조치이므로, 그 위험이 해소될 때까지만 '필요 최소한도'로 허용되어야 합니다. 예를 들어, 압사 위험이 있는 골목 진입을 막는 것은 허용되지만, 위험과 무관한 지역까지 통행을 막거나 몇 시간씩 붙잡아 두는 것은 허용될 수 없습니다. 위험의 정도와 조치의 비례성이 엄격하게 유지되어야 합니다.

(2) 질문 2: 위험 유발자를 퇴거시키는 과정에서 그가 경미한 부상을 입었다면, 경찰관은 형사

상 책임을 져야 합니까?

(3) 답변 2: 그렇지 않다고 생각합니다. 다수의 생명을 구하기 위한 정당한 법 집행 과정에서 발생한 경미한 부상이라면, 형법 제20조의 '정당행위'에 해당하여 위법성이 조각될 가능성이 매우 높습니다. 물론 불필요한 과잉 폭력은 안 되겠지만, 퇴거에 필요한 최소한의 물리력 행사는 법적으로 보장된다고 보아야 합니다.

2) 면접관 2(현장 지휘관)

(1) 질문 1: 지원 병력이 도착하려면 최소 10분 이상 걸립니다. 단 두 명이서 흥분한 군중을 막는 것이 현실적으로 가능하다고 봅니까?

(2) 답변 1: 물리적으로 완벽히 막는 것은 불가능할 수 있습니다. 하지만 경찰관이 그 자리에 존재하는 것만으로도 강력한 '상징적 효과'가 있습니다. 저희가 확성기로 위험을 계속 알리고, 필사적으로 진입을 막으려는 모습을 보이면, 군중의 심리에 경각심을 주어 흐름을 조금이라도 늦추고, 선량한 시민들의 자발적인 협조를 이끌어 낼 수 있습니다. 단 1분을 버는 것이 수십 명의 생명을 구할 수 있기에, 지원 도착 전까지 최선을 다해 현장을 유지하는 것이 저희의 임무입니다.

(3) 질문 2: 대피를 유도하는데, 인근 상점 주인이 '장사 망친다'며 문을 열어 주지 않고 비협조적으로 나온다면 어떻게 하겠습니까?

(4) 답변 2: 먼저 "사장님, 지금 사람 목숨이 달린 일입니다. 잠시만 협조해 주시면 나중에 재산상 손실에 대해서는 정당한 보상 절차가 있음을 알려 드리겠습니다"라고 설득하겠습니다. 그럼에도 불구하고 완강히 거부한다면, 경직법 제5조 제1항 제4호에 따라 '직접 그 조치를 하는 것'이 가능하므로, 시민의 생명을 구하기 위한 최후의 수단으로 잠금장치를 파손하고 문을 강제로 개방하여 대피로를 확보하겠습니다. 이는 긴급피난에 해당하는 정당한 조치입니다.

3) 면접관 3(인권 · 소통 전문가)

(1) 질문 1: 경찰이 너무 강압적으로 통제하면, 오히려 군중이 반발하여 더 큰 혼란이 발생할 수도 있지 않을까요?

(2) 답변 1: 네, 맞는 말씀입니다. 따라서 물리적 통제와 심리적 안정을 위한 소통을 병행해야 합니다. 단순히 "안 됩니다! 물러나세요!"라고 명령만 할 것이 아니라, "여러분, 사랑하는 가족을 생각해서 질서를 지켜 주십시오! 저희가 안전하게 안내해 드리겠습니다!"와 같이 감성적인 호소를 통해 공감대를 형성하고, 경찰이 자신들을 보호하기 위해 노력하고 있다는 신뢰를 주는 것이 중요합니다.

(3) 질문 2: 참사가 예방된 후, 일부 시민들이 '경찰의 과도한 통제로 축제를 망쳤다'고 민원을 제기한다면 어떻게 설명하겠습니까?

(4) 답변 2: 우선, 축제를 즐기지 못한 불편에 대해 공감과 유감을 표하겠습니다. 그리고 당시 상황을 촬영한 영상 자료 등을 제시하며, "저희의 조치가 없었다면 자칫 인명 사고로 이어질 수 있었던 매우 위험한 상황이었습니다. 시민 여러분의 안전을 확보하는 것이 저희의 최우선 임무였음을 이해해 주시기 바랍니다"라고 설명하겠습니다. 비난을 감수하더라도 안전을 지킨 경찰의 노력을 진정성 있게 전달하여 이해를 구하겠습니다.

4) 면접관 4(조직 정책 전문가)

(1) 질문 1: 이런 군중 밀집 사고를 예방하기 위해, 경찰은 사전에 어떤 준비를 해야 한다고 생각합니까?

(2) 답변 1: '예측-대비-대응'의 3단계 시스템 구축이 필요합니다. **(예측)** 빅데이터와 AI를 활용하여 특정 시간과 장소의 예상 인파 밀집도를 과학적으로 예측해야 합니다. **(대비)** 예측 결과에 따라 사전에 충분한 경찰력을 배치하고, 지자체·소방과 합동으로 안전 관리 계획을 수립하며, 위험 지역에는 일방통행로나 우회로를 설정하는 등 선제적 조치를 해야 합니다. **(대응)** 위험 징후가 보이면 즉시 현장에서 교통과 인파 흐름을 통제할 수 있는 권한과 매뉴얼을 현장 지휘관에게 부여해야 합니다.

(3) 질문 2: 이번 경험을 통해 느낀, 재난 상황에서 경찰관이 가져야 할 가장 중요한 덕목은 무엇입니까?

(4) 답변 2: '책임감 있는 결단력'이라고 생각합니다. 재난 상황에서는 누구도 정답을 알려 주지 않으며, 짧은 순간의 결정이 수많은 사람의 생사를 가를 수 있습니다. 비난받을 것을 두려워하여 결정을 미루는 것이 아니라, 오직 국민의 생명을 지킨다는 책임감 하나로, 주어진 법률적 권한 내에서 과감하게 결단하고 행동하는 용기가 재난 현장의 경찰관에게 가장 필요한 덕목이라고 생각합니다.

💬 발표 면접 과제 2: [위험한 유튜버와 신설된 퇴거 조치]

1. 상황자료

당신은 주말 오후 한강공원을 순찰 중인 B경장입니다. 많은 시민과 관광객이 오가는 다리 위에서 한 20대 남성 유튜버가 "조회수 10만 돌파 미션!"이라며 다리 난간 바깥쪽 좁은 공간에 서서 아슬

아슬하게 줄넘기를 하는 인터넷 방송을 진행하고 있습니다. 그의 위험한 행동을 보기 위해 수십 명의 사람들이 다리 한가운데 멈춰 서서 스마트폰으로 촬영하며 환호와 비명을 지르고 있습니다. 이로 인해 보행자들의 통행이 완전히 막혔고, 일부 아이들은 인파에 밀려 넘어질 뻔하는 등 안전사고 위험이 커지고 있습니다. 당신이 다가가 방송을 중단하고 내려오라고 경고했지만, 유튜버는 "이건 내 콘텐츠다, 직업의 자유를 방해하지 말라"며 거부하고, 구경꾼들 역시 "재미있는데 왜 막느냐"며 경찰의 개입에 불만을 표하는 상황입니다.

상황처리 과제

당신이 B경장이라면, 이 상황을 해결하기 위해 어떤 법적 조치를 취할 수 있는지 2025년 8월 시행 경직법 제5조를 중심으로 설명하고, 구체적인 대응 계획을 발표하시오.

2. 상황판단(법적 근거 중심)

이 상황은 유튜버 개인의 추락 위험과, 그로 인해 발생한 '극도의 혼잡' 및 보행자들의 2차 사고 위험이 결합된 복합적인 위험 사태입니다. 이는 경직법 제5조 제1항의 적용 대상입니다. 특히, 이 위험의 '원인을 제공한 사람'은 명백히 유튜버 본인입니다. 따라서 2025년 8월부터 시행될 개정 경직법 제5조 제1항 제3호(위험한 상황의 원인을 제공한 사람을 그 장소에서 퇴거시키거나 그 장소에의 접근을 금지시키는 것)를 직접적으로 적용할 수 있는 전형적인 사례입니다. 유튜버가 주장하는 직업의 자유는 타인의 생명과 안전이라는 공공의 이익보다 우선할 수 없으므로, 경찰의 적극적인 개입이 정당화됩니다.

3. 문제점 및 해결방안(단계별 조치)

1) 문제점: 위험의 직접적인 원인 제공자인 유튜버와 그에 동조하는 군중의 저항으로 인해, 효과적인 안전 조치를 취하기 어렵고 경찰의 정당한 공권력이 무력화될 수 있습니다.

2) 해결방안:

    (1) 1단계(명확한 경고 및 법적 근거 고지): 먼저 확성기를 사용하여 유튜버와 군중 모두에게 "여러분, 이 사람의 위험한 행동과 여러분의 밀집으로 인해 사람이 넘어지거나 다리 아래로 추락하는 등 큰 인명사고가 발생할 수 있습니다. 즉시 해산해 주십시오!"라고 **강력히 경고**(제1호)하겠습니다. 특히, 유튜버에게는 "당신의 행동은 위험 발생의 원인이므로, 개정 경직법 제5조에 따라 즉시 퇴거 조치될 수 있으며, 불응 시 물리력을 사용할 수 있습니다"라고 명확히 법적 근거를 고지하겠습니다.

(2) **2단계(군중 해산 및 안전 구역 확보):** 추가 지원을 요청하여, 유튜버를 중심으로 폴리스라인을 설치하고 군중을 안전한 곳으로 **대피 및 이동 제한**(개정법 제2호) 조치를 하겠습니다. 위험 상황을 구경거리로 만드는 환경 자체를 차단하는 것이 중요합니다.

(3) **3단계(퇴거 명령 및 불응 시 강제 조치):** 유튜버에게 "지금 즉시 난간에서 내려와 다리 밖으로 나가십시오"라고 **퇴거를 명령**(개정법 제3호)하겠습니다. 만약 그가 계속 불응한다면, 소방구조대와 협력하여 안전장비를 갖춘 후, 그의 신병을 확보하여 강제로 안전한 장소로 이동시키는 퇴거 조치를 실행하겠습니다.

(4) **4단계(사후 입건 및 재발 방지):** 유튜버를 안전하게 조치한 후, 그의 행위가 경범죄처벌법(불안감 조성)이나 일반교통방해죄(형법)에 해당하는지 검토하여 엄정하게 입건 조치하도록 하겠습니다. 또한, 해당 인터넷 방송 플랫폼에 공문을 보내 해당 영상의 위험성을 알리고, 유사 콘텐츠가 재발하지 않도록 자율 규제를 강화해 달라고 요청하겠습니다.

4. 면접관과 질의응답(꼬리질문)

1) 면접관 1(법률 전문가)

(1) **질문 1:** 개정법의 '퇴거 조치'는 사실상 신체의 자유를 침해하는 강제처분인데, 법원의 영장 없이 경찰관의 판단만으로 가능한 것이 과도한 권한은 아닐까요?

(2) **답변 1:** '퇴거 조치'는 눈앞의 급박하고 명백한 위험을 예방·제거하기 위한 행정상 즉시강제로서, 사전에 영장을 받을 시간적 여유가 없는 비상 상황을 전제로 합니다. 따라서 영장주의의 예외가 인정될 수밖에 없습니다. 물론 남용의 위험이 있으므로, '위험 발생의 원인을 명백히 제공'하고 '퇴거 외에는 위험을 막을 다른 수단이 없는' 경우에만 보충적으로 사용되어야 한다는 엄격한 요건 하에 운용되어야 할 것입니다.

(3) **질문 2:** 퇴거 조치에 불응하는 유튜버를 현행범으로 체포할 수도 있습니까?

(4) **답변 2:** 퇴거 명령 불응 자체는 범죄가 아니므로 그것만으로 현행범 체포는 어렵습니다. 하지만 퇴거를 집행하는 경찰관을 폭행·협박한다면 공무집행방해죄의 현행범이 될 수 있습니다. 또한, 그의 최초 행위가 불특정 다수의 통행을 현저히 곤란하게 하여 일반교통방해죄의 구성요건을 충족하고 그 범죄가 명백하다면, 이를 근거로 현행범 체포하는 것도 가능하다고 판단됩니다.

2) 면접관 2(현장 지휘관)

(1) **질문 1:** 유튜버를 강제로 제압하다가 그가 균형을 잃고 정말로 추락하면 모든 책임은 경찰이 져야 합니다. 그런 위험을 감수하고 직접 제압에 나서는 것이 맞습니까?

(2) **답변 1:** 매우 위험하고 어려운 상황임은 분명합니다. 따라서 경찰 단독으로 섣불리 제압해서는 안 됩니다. 반드시 소방구조대에 공동대응을 요청하여, 다리 아래에 에어매트를 설치하고 안전로프를 갖춘 전문 구조인력이 함께 접근하여 만일의 사태에 대비한 후에 조치를 실행하는 것이 원칙입니다. 최악의 상황까지 대비하는 것이 현장 지휘의 기본이라고 생각합니다.

(3) **질문 2:** 군중들이 경찰의 조치에 반발하며 "독재경찰 물러가라"고 외치고, 경찰의 폴리스라인을 무너뜨리려 한다면 어떻게 대응하겠습니까?

(4) **답변 2:** 군중의 안전을 위한 법 집행임을 지속적으로 알리면서도, 공권력을 무력화하려는 시도에 대해서는 단호히 대응해야 합니다. 즉시 채증조를 편성하여 불법 행위자의 증거를 확보하고, "공무집행을 방해하는 행위는 처벌받습니다. 즉시 중단하십시오!"라고 반복 경고하겠습니다. 경고에도 불구하고 폴리스라인을 침범하는 등 적극적인 방해 행위자는 공무집행방해죄로 현장에서 검거하여 공권력의 엄중함을 보여 줄 필요가 있습니다.

2) 면접관 3(인권 · 소통 전문가)

(1) **질문 1:** 유튜버의 행동은 분명 잘못됐지만, 그 역시 표현의 자유를 가진 시민입니다. 그의 자유를 존중하면서 상황을 해결할 방법은 없었을까요?

(2) **답변 1:** 표현의 자유는 타인의 생명과 안전을 위협하지 않는 범위 내에서 보장되는 것입니다. 그의 행위는 자유의 범위를 넘어선 '위험한 방종'에 해당합니다. 저는 그의 자유를 최대한 존중하기 위해, 강제 조치에 앞서 먼저 위험성을 충분히 설명하고 자발적으로 내려올 기회를 주는 등 '설득'의 과정을 거쳤습니다. 그럼에도 불구하고 위험한 행동을 고집한다면, 더 큰 비극을 막기 위해 그의 자유를 일부 제한하는 것은 불가피하다고 생각합니다.

(3) **질문 2:** 이런 '관종' 유튜버들은 경찰에 단속되는 것마저 자신의 콘텐츠로 활용하며 즐깁니다. 이들의 근본적인 인식을 바꿀 방법은 없을까요?

(4) **답변 2:** 강력하고 실질적인 불이익을 주는 것이 가장 효과적이라고 생각합니다. 형사처벌은 물론, 그의 위험한 행동으로 인해 발생한 모든 행정 비용(경찰 · 소방 출동 비용 등)에 대해 구상권을 청구하는 민사소송을 적극적으로 제기해야 합니다. 또한, 방송 플랫폼 사업자에게도 사회적 책임을 물어, 위험 방송으로 수익을 창출한 유튜버의 계정을 영구 정지시키는 등 강력한 제재를 가하도록 협력한다면, 위험한 행동이 돈이 되지 않는다는 인식을 심어 줄 수 있을 것입니다.

4) 면접관 4(조직 · 정책 전문가)

(1) **질문 1:** 경찰이 이런 신종 위험 상황에 효과적으로 대응하기 위해, 조직 차원에서 어떤 역량

을 강화해야 한다고 봅니까?

(2) 답변 1: '미디어 리터러시'와 '신속한 법률 개정 건의' 노력이 필요합니다. 경찰은 이제 온라인 플랫폼의 특성과 SNS의 파급력을 이해하고, 온라인에서 시작된 위험이 어떻게 현실 세계로 이어지는지를 분석할 수 있는 미디어 리터러시를 갖춰야 합니다. 또한, 이번 퇴거 조항 신설처럼, 기존의 법률로는 대응하기 어려운 새로운 유형의 위험이 나타났을 때, 이를 신속하게 분석하여 국회 등에 적극적으로 법률 개정을 건의하고 제도적 공백을 메워 나가는 입법 정책 노력도 강화해야 합니다.

💬 발표 면접 과제 3: [건물 붕괴 위험과 재산권의 충돌]

1. 상황자료

당신은 관내 순찰 중인 C경위입니다. 며칠간 이어진 폭우로 지반이 약해진 상황에서, 5층짜리 노후 상가 건물의 외벽에 거대한 균열이 생기고 일부 파편이 아래로 떨어지고 있다는 신고를 받고 출동했습니다. 현장은 보기에도 매우 위험하여 즉각적인 통제와 대피가 필요해 보입니다. C경위는 건물 내 상인들과 손님들을 대피시키려 했지만, 건물주인 D씨가 나타나 "30년 동안 아무 문제 없던 건물이다. 경찰이 유난 떨어서 영업 방해하고 재산 가치를 떨어뜨린다"며 강력하게 저항하고 있습니다. 그는 상인들에게 "내 허락 없이는 아무도 못 나간다"며 대피를 막아서고, 건물 앞으로 접근하는 경찰과 소방관들에게 "내 건물에 손대면 고소하겠다"며 고함을 치고 있는 상황입니다.

상황처리 과제

당신이 현장 지휘관인 C경위라면, 건물주의 재산권 주장과 영업권 방해 항의에도 불구하고 시민의 생명을 보호하기 위해 경직법 제5조에 따라 어떤 강제 조치를 취할 수 있는지 설명하고, 구체적인 실행 계획을 발표하시오.

2. 상황판단(법적 근거 중심)

이 상황은 경직법 제5조 제1항의 '인공구조물의 파손이나 붕괴'로 인해 '사람의 생명·신체에 위해를 끼칠 우려'가 명백하고 급박한 위험 사태입니다. 건물주 D씨가 주장하는 재산권이나 영업의 자유도 존중되어야 하지만, 이는 국민의 생명권이라는 절대적 가치보다 우선할 수 없습니다. 특히 D씨는 위험 방지 조치를 해야 할 '사물의 관리자'임에도 불구하고, 오히려 대피를 막아서는 등 위험을 가중시키고 있습니다. 따라서 경찰은 D씨의 의사에 반하더라도 경직법 제5조 제1항 각 호에 규정된 모든 강제 조치를 발동하여 시민과 상인들의 생명을 보호해야 할 의무와 책임이 있습니다.

3. 문제점 및 해결방안(단계별 조치)

1) 문제점: 건물주의 격렬한 저항에 부딪혀 신속한 대피 조치가 지연될 경우, 실제 붕괴 사고로 이어져 대규모 인명 피해가 발생할 수 있습니다. 또한, 조치 과정에서 재산상 손실이 발생하면 추후 과잉 대응 및 손실보상과 관련된 복잡한 법적 분쟁에 휘말릴 수 있습니다.

2) 해결방안:

(1) 1단계(강력한 경고 및 통제선 설정): 즉시 건물 주변에 폴리스라인을 설치하여 일반 시민의 접근을 전면 **금지**하고, 건물주 D씨에게 "지금 당장 대피를 방해하는 행위를 중단하지 않으면 공무집행방해로 현행범 체포될 수 있습니다. 건물이 붕괴될 수 있는 매우 위급한 상황입니다"라고 **강력히 경고**(제1호)하겠습니다.

(2) 2단계(강제 대피 및 피난 조치): 건물주 D씨의 저항을 무릅쓰고, 경찰력을 투입하여 건물 내 상인과 손님 등 모든 인원을 건물 밖 안전한 장소로 **강제로 대피·피난**(제2호)시키겠습니다. D씨가 물리적으로 대피를 막아선다면, 최소한의 물리력을 사용하여 그를 제지하고 위험 구역 밖으로 이동시키겠습니다.

(3) 3단계(직접 조치 및 관계기관 협조): 건물주가 위험 방지 조치를 명백히 거부하고 있으므로, 경직법 제5조 제1항 제4호(개정법 기준)에 따라 경찰이 '직접 그 조치'를 하겠습니다. 즉, 관할 구청 건축과에 즉시 연락하여 전문가의 안전 진단을 받게 하고, 그 결과에 따라 건물 출입구를 폐쇄하거나 위험 요소를 제거하는 등의 조치를 하겠습니다.

(4) 4단계(사후 절차 및 법적 근거 확보): 모든 조치 과정을 바디캠과 사진으로 상세히 기록하여 조치의 긴급성과 정당성을 입증할 자료를 확보하겠습니다. 또한, 건물주 D씨에게는 추후 정당한 재산상 손실이 있다면 경직법 제11조의2에 따라 국가에 손실보상을 청구할 수 있는 절차가 있음을 안내하여 불필요한 마찰을 줄이도록 하겠습니다.

4. 면접관과 질의응답(꼬리질문)

1) 면접관 1(법률 전문가)

(1) 질문 1: 건물주의 동의 없이 경찰이 건물 출입구를 강제로 폐쇄하는 조치는 재산권에 대한 심각한 침해인데, 정말로 영장 없이 가능합니까?

(2) 답변 1: 네, 가능합니다. 이는 범죄 수사를 위한 압수·수색과는 성격이 다른, 목전의 급박

한 위험을 막기 위한 '행정상 즉시강제'이기 때문입니다. 사람의 생명 보호라는 매우 중대한 공익을 위해, 건물이 붕괴될 명백한 위험이 있는 긴급한 상황에서는 영장 없이 재산권을 일시적으로 제한하는 것이 허용됩니다. 물론 그 조치는 위험이 해소될 때까지만 필요한 최소한도에 그쳐야 할 것입니다.

(3) **질문 2:** 경찰의 강제 대피 조치 때문에 한 상인이 가게에 있던 고가의 물건을 미처 챙기지 못해 도난당했다면, 국가가 이를 배상해야 합니까?

(4) **답변 2:** 경직법 제11조의2에 따른 손실보상 대상이 될 수 있다고 생각합니다. 경찰의 '적법한' 직무집행으로 인해 특별한 희생을 입은 경우에 해당하기 때문입니다. 물론, 경찰의 조치와 손실 발생 사이에 직접적인 인과관계가 있는지, 상인에게 과실은 없었는지 등은 손실보상심의위원회에서 구체적으로 심사하여 보상 여부와 범위를 결정하게 될 것입니다.

2) 면접관 2(현장 지휘관)

(1) **질문 1:** 건물주 D씨가 흥분해서 경찰관에게 흉기를 휘두르며 저항한다면 어떻게 대응하겠습니까?

(2) **답변 1:** 그 즉시 상황의 성격은 '위험 방지 조치'에서 '특수공무집행방해'라는 흉악범죄 진압 상황으로 전환됩니다. 흉기 버리도록 경고, 경찰봉 등 제압 노력 후, 테이저건 등 경찰장구를 사용하여 신속하고 단호하게 범인을 제압하고 현행범으로 체포하겠습니다. 경찰관과 시민의 생명이 위협받는 상황에서는 주저 없이 엄정한 물리력을 사용하여야 합니다.

(3) **질문 2:** 건물 안에 거동이 불편한 노인이나 장애인이 남아 있을 수도 있습니다. 어떻게 확인하고 구조하겠습니까?

(4) **답변 2:** 경찰 단독으로 진입하기보다는, 반드시 소방구조대와 함께 진입하는 것이 원칙입니다. 저희 경찰은 외부의 질서를 통제하고, 전문 인명구조 장비와 기술을 갖춘 소방관들이 건물 내부를 수색하며 인명을 구조하는 역할 분담이 필요합니다. 상인이나 건물 관리인 등을 통해 평소 거동 불편자의 거주 여부를 신속히 파악하여 구조 활동에 정보를 제공하는 역할도 수행하겠습니다.

3) 면접관 3(인권·소통 전문가)

(1) **질문 1:** D씨 입장에서는 평생의 재산이 무너질 수도 있다는 공포 때문에 이성적인 판단을 못 하는 것일 수 있습니다. 그를 무조건 범죄자 취급하는 것이 맞을까요?

(2) **답변 1:** 맞습니다. D씨 역시 보호하고 설득해야 할 시민입니다. 따라서 그를 제지하는 과정에서도 그의 절박한 심정을 이해하려는 노력을 병행하겠습니다. "사장님, 저희도 사장님 재산을 지켜드리고 싶습니다. 그래서 더 큰 피해가 발생하기 전에 전문가의 진단을 먼저 받게

하려는 것입니다. 저희를 믿고 협조해 주십시오"와 같이, 그의 입장에서 공감하고 경찰이 적이 아님을 설득하는 노력을 끝까지 포기하지 않겠습니다.

(3) 질문 2: 이런 위험한 노후 건물이 관내에 더 있을 수 있습니다. 이번 사건을 계기로 지역사회와 경찰이 어떻게 협력하여 예방 활동을 할 수 있을까요?

(4) 답변 2: 경찰은 순찰 활동 중 파악한 위험 시설 정보를 지자체 건축과 등 전문 부서에 즉시 통보하는 '위험 정보 공유 시스템'을 구축해야 합니다. 또한, 지역 주민들을 대상으로 건물 이상 징후 발견 시 즉시 112나 구청에 신고하도록 홍보하고, 지자체·소방·가스안전공사 등과 함께 정기적으로 노후 건물 밀집 지역에 대한 합동 안전 점검을 실시하여 잠재적 위험을 사전에 찾아내고 개선하는 노력이 필요합니다.

4) 면접관 4(조직·정책 전문가)

(1) 질문 1: 재난 상황에서 현장 경찰관에게 가장 필요한 권한은 무엇이라고 생각하며, 현행법에 보완할 점이 있다면 무엇일까요?

(2) 답변 1: 현장 경찰관에게 가장 필요한 것은 '신속한 현장 통제권'이라고 생각합니다. 이번에 '이동 제한'이나 '퇴거 조치'가 신설된 것처럼, 위험 상황에서 질서 유지를 위해 필요한 조치를 즉각적으로 할 수 있는 명확하고 구체적인 법적 권한이 중요합니다. 보완할 점이 있다면, 재난 상황에서 경찰의 조치로 인해 발생한 재산상 손실에 대해 경찰관 개인이 책임지지 않도록 '고의·중과실이 없는 직무수행 결과에 대한 면책 규정'을 더 강화하여, 현장 경찰관들이 책임의 두려움 없이 소신껏 조치할 수 있도록 보장해 주는 것이 필요합니다.

(3) 질문 2: 본인은 이처럼 이해관계가 첨예하게 대립하고 일촉즉발의 위기 상황을 통제해야 하는 지휘관의 자질을 갖추고 있다고 생각합니까? 본인의 강점을 들어 설명해 보십시오.

(4) 답변 2: 네, 갖추고 있다고 생각합니다. 저의 강점은 '원칙에 기반한 신속한 판단력'입니다. 저는 복잡하고 위급한 상황일수록 가장 기본이 되는 원칙이 무엇인지 먼저 생각합니다. 이 상황에서의 원칙은 '시민의 생명 보호가 최우선'이라는 것입니다. 이 확고한 원칙을 기반으로, 법률이 제게 부여한 권한이 무엇인지 신속하게 판단하고, 주변의 반발이나 비난에 흔들리지 않고 그 원칙을 실행에 옮길 수 있는 결단력이 있습니다. 이러한 강점은 위기 상황에서 현장을 안정시키고 올바른 방향으로 이끌어야 하는 지휘관에게 반드시 필요한 자질이라고 생각합니다.

제6조(범죄의 예방과 제지)

[조문 원문]

경찰관은 범죄행위가 목전(目前)에 행하여지려고 하고 있다고 인정될 때에는 이를 예방하기 위하여 관계인에게 필요한 경고를 하고, 그 행위로 인하여 사람의 생명·신체에 위해를 끼치거나 재산에 중대한 손해를 끼칠 우려가 있는 긴급한 경우에는 그 행위를 제지할 수 있다.

[조문 해부(항·목별)]

- **전반부(경고 조치):**
  - **요건:** **"범죄행위가 목전(目前)에 행하여지려고 하고 있다고 인정될 때"**. 이 조항의 핵심 요건입니다. '목전'이란 '눈앞에서', '막 일어나려는 찰나'를 의미하며, 추상적이거나 미래의 위험이 아닌 **구체적이고 임박한 범죄의 위험**을 뜻합니다. 경찰관의 합리적인 판단에 따라 이러한 임박성이 인정되어야 합니다.
  - **조치:** **"관계인에게 필요한 경고를 하고"**. 이는 범죄를 예방하기 위한 1차적이고 비례의 원칙에 부합하는 조치입니다. "그만두지 않으면 처벌받을 수 있다"고 알리는 등 구두 또는 행동으로 위험성을 알리고 범죄 의사를 단념시키는 활동을 말합니다.

- **후반부(제지 조치):**
  - **가중된 요건:** 경고 조치의 요건에 더하여, **"그 행위로 인하여 사람의 생명·신체에 위해를 끼치거나 재산에 중대한 손해를 끼칠 우려가 있는 긴급한 경우"**여야 합니다. 즉, ① **결과의 중대성**(생명·신체 위해 또는 재산에 '중대한' 손해)과 ② **시간의 급박성**(긴급한 경우)이라는 두 가지 요건이 추가로 충족되어야 합니다. 단순 폭행 시비나 경미한 재물손괴 우려만으로는 제지권 발동이 어려울 수 있습니다.
  - **조치:** **"그 행위를 제지할 수 있다"**. 이는 범죄 실행을 막기 위해 직접적인 실력, 즉 물리력을 행사할 수 있음을 의미합니다. 팔을 붙잡거나, 흉기를 빼앗는 행위 등이 여기에 해당하며, 행정상 '즉시강제'의 일종입니다.

[단계적 구조: '경고' 우선의 원칙]

- 제6조는 '경고 후 제지'라는 단계적 구조를 명확히 하고 있습니다. 모든 임박한 범죄에 대해 곧바로 물리력을 행사할 수 있는 것이 아니라, 우선 경고를 통해 예방을 시도하는 것이 원칙입니다. 시험에서는 이 두 조치의 요건을 혼합하여 "범죄행위가 목전에 행하여지려고 하면 즉시 제지할 수 있다"는 식의 오답 보기를 만드므로, 제지권 발동에는 '긴급성'과 '결과의 중대성'이라는 가중 요건이 필요함을 반드시 기억해야 합니다.

[요건의 구체성: '목전'의 의미]

- '목전'의 위험은 경찰관의 주관적 추측이 아닌, 객관적 상황에 근거해야 합니다. 예를 들어, 두 사람이 심하게 말다툼을 하는 것을 넘어 주먹을 쥐고 들어 올리는 순간은 '목전'의 위험이라 볼 수 있습니다. "두 사람이 사이가 안 좋으니 언젠가 싸울 것 같다"는 막연한 예상은 제6조의 발동 요건이 될 수 없습니다. 이 '임박성'의 개념을 명확히 이해하는 것이 중요합니다.

[제지권 발동의 핵심: 긴급성 + 중대성]

- 제지권이 인정되려면, 반드시 '긴급성'과 '중대성'이 모두 충족되어야 합니다. 예를 들어, 누군가 기념물에 낙서를 하려는 행위는 '재물손괴'라는 범죄가 목전에 있지만, '재산에 중대한 손해'라고 보기 어렵고 '긴급히' 막지 않으면 회복 불가능한 피해가 발생하는 경우도 아니므로, 제지보다는 경고가 우선되어야 합니다. 생명·신체에 대한 위험은 대부분 긴급성과 중대성이 인정됩니다.

[제5조와의 비교: 위험의 원천]

- 제5조(위험 발생의 방지)와 제6조(범죄의 예방과 제지)는 모두 위험을 다루지만, 그 원천이 다릅니다. 제5조는 천재지변, 사고, 극도의 혼잡 등 비범죄적 원인에 의한 위험을 다루는 반면, 제6조는 오로지 '범죄행위'라는 인위적이고 불법적인 원인에 의한 위험을 대상으로 합니다.

['제지'와 '체포'의 구별]

- '제지'는 범죄행위 자체를 중단시키는 데 목적이 있는 예방적 조치입니다. 반면, '체포'는 이미 범행을 저질렀거나 실행 중인 범인의 신병을 확보하여 수사 절차로 나아가는 것을 목적으로

합니다. 물론, 범죄를 제지하는 과정에서 상대방이 저항하면 공무집행방해죄 현행범으로 '체포'할 수도 있지만, 두 조치의 목적과 법적 성격은 엄연히 다릅니다.

경직법 제6조 상황 재구성

💬 발표 면접 과제 1: [가정폭력 현장에서의 제지권 발동]

1. 상황자료

당신은 "부부싸움이 너무 심하고, 물건 깨지는 소리가 들린다"는 112 신고를 받고 현장에 출동한 지구대 경찰관 A순경입니다. 현관문이 살짝 열려 있어 안을 살펴보니, 남편 B씨가 아내 C씨의 머리채를 잡고 흔들며 "너 오늘 죽고 나도 죽자!"고 고함을 지르고 있었습니다. B씨는 흥분한 상태로, 바로 옆 식탁 위에 놓인 유리컵을 집어 들어 C씨의 머리를 내리치려는 순간이었습니다. C씨는 겁에 질려 비명을 지르며 저항하고 있으며, B씨의 행동은 명백히 특수폭행 또는 특수상해로 이어질 수 있는 일촉즉발의 상황입니다. A순경이 "멈추세요! 경찰입니다!"라고 외쳤지만, B씨는 이를 무시하고 유리컵을 든 팔을 더 높이 치켜들고 있습니다.

상황처리 과제

당신이 A순경이라면, 이처럼 피해자의 생명·신체에 대한 위해가 임박한 상황에서 경직법 제6조에 근거하여 어떻게 B씨의 행위를 제지할 것인지, 그 법적 근거와 단계별 실행 계획을 발표하시오.

2. 상황판단(법적 근거 중심)

이 상황은 경직법 제6조의 제지권 발동 요건을 완벽하게 충족하는 명백하고 긴급한 사례입니다. 첫째, B씨가 유리컵(위험한 물건)을 들고 C씨를 내려치려는 행위는 특수상해라는 '범죄행위가 목전에' 있는 경우입니다. 둘째, 경찰의 경고를 무시하고 있어 '경고'만으로는 예방이 불가능합니다. 셋째, 유리컵으로 머리를 내리칠 경우 C씨의 '생명·신체에 중대한 위해'를 끼칠 우려가 명백하며, 찰나의 순간에 범행이 이루어질 수 있어 '긴급성' 또한 충족됩니다. 따라서 피해자의 생명을 보호하기 위해 즉각적이고 단호한 물리력(제지)을 행사하는 것이 정당하며, 이는 경찰관의 의무이기도 합니다.

3. 문제점 및 해결방안(단계별 조치)

1) 문제점: 제압 과정에서 B씨나 C씨, 혹은 경찰관이 부상을 입을 수 있는 혼란스러운 상황이며, B씨를 제지한 이후에도 피해자 보호, 현장 보존 등 후속 조치를 신속하고 체계적으로 진행해야 합니다.

2) 해결방안:

 (1) 1단계(신속 진입 및 즉시 제지): 더 이상의 경고는 무의미하므로, 즉시 현관문을 열고 실내로 진입하겠습니다. 동료 경찰관과 함께 B씨의 시선을 분산시킨 후, 유리컵을 든 팔을 최우선으로 제압하여 흉기를 빼앗겠습니다. 이 과정에서 삼단봉을 사용하여 팔을 가격하거나, 관절 꺾기 등 경찰 물리력을 사용하여 B씨의 공격 행위를 **완벽하게 제지**(제6조)하겠습니다.

 (2) 2단계(가해자·피해자 분리 및 현행범 체포): B씨를 제압한 후, 즉시 피해자 C씨로부터 B씨를 분리하여 안전을 확보하겠습니다. B씨의 행위는 특수상해 미수에 해당하므로, "특수상해 미수 현행범으로 체포합니다"라고 미란다 원칙을 명확히 고지한 후 수갑을 사용하여 체포하겠습니다.

 (3) 3단계(피해자 보호 조치): 동료 경찰관에게 B씨를 감시하게 하고, 저는 피해자 C씨의 상태를 살피겠습니다. C씨가 입은 부상을 확인하고, 119 구급대를 요청하여 병원 치료를 받게 하겠습니다. 또한, 심리적 충격이 클 것이므로 안정시키고, 향후 스마트워치 지급, 임시숙소 제공 등 가정폭력처벌법에 따른 피해자 보호 제도가 있음을 안내하겠습니다.

 (4) 4단계(현장 보존 및 사후 처리): 지원 인력을 요청하여 현장을 보존하고, 깨진 유리컵 등 증거물을 수집하겠습니다. B씨를 경찰서로 호송한 후에는, 가정폭력처벌법에 따라 재발 방지를 위한 '긴급임시조치'를 신청하는 등 법적 절차를 신속하게 진행하겠습니다.

4. 면접관과 질의응답(꼬리질문)

1) 면접관 1(법률 전문가)

 (1) 질문 1: B씨를 제지하는 과정에서 그가 팔에 골절상을 입었다면, 경찰관은 과잉진압이나 독직폭행으로 처벌받을 수 있지 않습니까?

 (2) 답변 1: 정당방위 또는 정당행위로 위법성이 조각될 가능성이 매우 높다고 생각합니다. B씨는 C씨의 생명을 위협하는 급박하고 부당한 공격을 하고 있었고, 이를 막기 위한 물리력 행사는 C씨와 경찰관 자신을 보호하기 위한 최소한의 방어 조치였습니다. 물론 불필요한 추가 가격 등은 안 되겠지만, 위험을 제거하는 과정에서 발생한 불가피한 부상이라면 그 정당성이 충분히 인정될 것입니다.

                       제2부 • 경찰관 직무집행법 해설

(3) 질문 2: 만약 문이 잠겨 있었다면, 영장 없이 문을 부수고 들어갈 수 있습니까? 그 근거는 무엇입니까?

(4) 답변 2: 네, 가능합니다. 경직법 제7조 '위험 방지를 위한 출입' 규정에 따르면, 제6조의 위험한 사태가 발생하여 사람의 생명·신체에 대한 위해가 임박한 때에는 그 위해를 방지하기 위해 부득이한 경우 타인의 건물에 출입할 수 있습니다. 비명소리가 들리고 명백한 범죄가 발생하고 있는 상황이므로, 영장 없이 문을 강제로 개방하고 진입하여 피해자를 구조하는 것은 정당한 법 집행입니다.

2) 면접관 2(현장 지휘관)

(1) 질문 1: 동료 경찰관이 신임이라 겁을 먹고 주저하고 있습니다. 1인 상황이나 마찬가지인데, 혼자서 어떻게 B씨를 제압하겠습니까?

(2) 답변 1: 1인 상황이라면 저의 안전도 고려해야 하므로 더 신중하게 접근하겠습니다. 즉시 무전으로 지원을 요청하는 동시에, 삼단봉이나 테이저건 등 사용 가능한 경찰장구를 준비하겠습니다. B씨의 정면보다는 측면이나 후방으로 접근하여 기습적으로 흉기를 든 팔을 제압하는 것을 최우선 목표로 삼겠습니다. 만약 정면 대치가 불가피하다면, 테이저건을 사용하여 B씨를 신속하게 무력화시킨 후 흉기를 제거하고 피해자를 보호하는 것이 가장 현실적인 방법입니다.

(3) 질문 2: B씨를 체포한 후, 피해자인 아내 C씨가 갑자기 "남편을 처벌하지 말아 달라"며 선처를 호소한다면 어떻게 하겠습니까?

(4) 답변 2: 가정폭력은 반의사불벌죄가 아니므로, 피해자의 처벌불원 의사와 상관없이 수사와 처벌은 원칙대로 진행되어야 함을 C씨에게 설명하겠습니다. "선생님의 마음은 충분히 이해하지만, 오늘의 폭력은 앞으로 더 큰 비극으로 이어질 수 있습니다. 선생님과 남편 분 모두를 위해 이번에는 법의 개입과 전문가의 도움이 필요합니다"라고 설득하겠습니다. 피해자의 의사를 존중하되, 폭력의 악순환을 끊는 것이 경찰의 책무임을 잊지 않겠습니다.

3) 면접관 3(인권·소통 전문가)

(1) 질문 1: B씨 역시 알코올 문제나 스트레스 등으로 이성적인 판단을 못 하는 상태일 수 있습니다. 그를 단순 폭력범으로만 보는 것이 맞을까요?

(2) 답변 1: 물론 B씨의 폭력 행위는 절대 정당화될 수 없습니다. 하지만 그 이면에 있는 근본적인 원인을 파악하고 해결하려는 노력도 중요하다고 생각합니다. B씨를 조사하는 과정에서 알코올 중독이나 정신적인 문제가 확인된다면, 검찰과 협의하여 치료명령이나 상담 조건부 기소유예 등 치료적 사법 조치가 이루어질 수 있도록 관련 정보를 적극적으로 제공하겠

습니다. 처벌과 치료가 병행되어야 근본적인 재범 방지가 가능하다고 봅니다.

(3) **질문 2:** 그 집에 어린 자녀가 함께 있었다면, 경찰관으로서 추가적으로 어떤 조치를 해야 합니까?

(4) **답변 2:** 아동이 부모의 폭력 현장에 노출된 것 자체가 '아동학대(정서적 학대)'에 해당합니다. 따라서 즉시 아동학대처벌법에 따라 아동을 가해자인 B씨로부터 분리하는 '응급조치'를 실시해야 합니다. 또한, 관할 지자체 아동학대전담공무원에게 이 사실을 즉시 통보하여 아동보호전문기관의 심리 상담 및 보호 조치가 연계되도록 해야 합니다. 아이에게 "괜찮아, 이제 안전해"라고 말해 주며 안심시키는 것이 최우선입니다.

4) 면접관 4(조직·정책 전문가)

(1) **질문 1:** 가정폭력 신고를 받고 출동했을 때, 경찰관이 가장 빠지기 쉬운 함정이나 실수는 무엇이라고 생각합니까?

(2) **답변 1:** '부부 싸움은 칼로 물 베기'라는 안일한 생각으로, 현장에서 가해자와 피해자를 제대로 분리하지 않고 화해를 종용하며 소극적으로 사건을 마무리하려는 것이 가장 위험한 함정이라고 생각합니다. 이는 폭력의 심각성을 간과하고 잠재적인 살인 사건의 전조를 놓치는 결과로 이어질 수 있습니다. 가정폭력은 '사적인 다툼'이 아니라 '중대한 범죄'라는 인식을 가지고 엄정하게 대응해야 합니다.

(3) **질문 2:** 본인이 만약 지구대 팀장이라면, 팀원들의 가정폭력 사건 대응 역량을 강화하기 위해 어떤 노력을 하겠습니까?

(4) **답변 2:** 두 가지 노력을 하겠습니다. 첫째, '교육과 훈련'입니다. 정기적으로 최신 판례와 법령, 피해자 심리 이해, 제압 훈련 등을 교육하고, 실제와 같은 모의 훈련(Role-Playing)을 통해 현장 대응력을 높이겠습니다. 둘째, '인식의 전환'입니다. 아침 회의 등에서 가정폭력 사건의 위험성과 적극 대응의 중요성을 계속 강조하고, 우수 대응 사례를 공유하며, 소극적으로 처리한 사례에 대해서는 그 문제점을 함께 토론하여, '가정폭력은 중대범죄'라는 인식이 팀의 문화로 자리 잡도록 만들겠습니다.

📑 발표 면접 과제 2: [재물손괴 시도와 제지권의 한계]

1. 상황자료

당신은 광화문 광장 주변을 순찰 중인 경찰관 B순경입니다. 최근 사회적 논란이 되고 있는 정책에 불만을 품은 50대 남성 D씨가 이순신 장군 동상에 접근하는 것을 발견했습니다. D씨는 붉은색 래커 스프레이를 꺼내 들고 동상을 향해 막 뿌리려는 자세를 취하고 있습니다. 동상은 국가적으로 중요한 문화유산이자 상징물이며, 래커가 뿌려질 경우 원상 복구에 상당한 비용과 시간이 소요될 것으로 예상됩니다. 당신이 "멈추세요! 그러면 재물손괴죄로 처벌받습니다!"라고 소리치며 달려가자, D씨는 "이건 국민의 뜻을 보여 주는 예술 행위다!"라고 외치며 계속해서 스프레이를 뿌리려고 합니다. D씨가 직접적으로 사람에게 위해를 가하려는 행동은 보이지 않고 있습니다.

상황처리 과제

당신이 B순경이라면, D씨의 행위를 제지하기 위해 물리력을 사용할 수 있는지 경직법 제6조를 근거로 판단하고, 가장 적절하고 비례의 원칙에 맞는 대응 방안을 설명하시오.

2. 상황판단(법적 근거 중심)

이 상황은 D씨가 '재물손괴'라는 '범죄행위를 목전에' 두고 있어 제6조의 '경고' 조치 요건은 명백히 충족합니다. 그러나 물리력을 동원한 '제지' 조치가 가능한지는 신중한 판단이 필요합니다. 제지권이 발동되려면 '재산에 중대한 손해를 끼칠 우려'가 있고 '긴급한' 경우여야 합니다. 이순신 장군 동상은 국가적 상징물로서 그 손상은 단순한 재산 피해 이상의 의미를 가지므로 '중대한 손해'로 볼 여지가 충분합니다. 또한, 한번 뿌려지면 즉각적인 피해가 발생하는 '긴급성'도 인정됩니다. 따라서 경고에 불응할 시, 제지권을 발동할 수 있다고 판단됩니다. 다만, 상대방이 비폭력 상태이므로 그 제지의 방법은 '필요 최소한도'에 그쳐야 합니다.

3. 문제점 및 해결방안(단계별 조치).

1) **문제점:** 상대방이 비폭력 상태임에도 불구하고 과도한 물리력을 행사하여 제지할 경우, 공권력 남용 및 과잉진압이라는 비판을 받을 수 있으며, 정치적 표현의 자유를 억압했다는 논란으로 비화될 수 있습니다.

해결방안:

1) **1단계(반복 및 추가 경고):** 1차 경고에 불응했으므로, D씨에게 접근하면서 "선생님의 주장은 충분히 알겠습니다. 하지만 동상에 래커를 뿌리는 것은 명백한 불법입니다. 다시 한번 경고합니다. 즉시 스프레이를 내려놓으십시오. 불응 시 물리력을 사용하여 제지하겠습니다"라고 반복하여 경고하고, 제지 조치가 임박했음을 명확히 알리겠습니다.

2) **2단계(최소한의 물리력을 통한 제지):** 추가 경고에도 D씨가 스프레이를 뿌리려 한다면, 신속하

게 접근하여 래커를 쥔 손목이나 팔을 잡아 분사하지 못하도록 하는 **'소극적이고 방어적인'** 물**리력**을 사용하겠습니다. D씨를 넘어뜨리거나 관절을 꺾는 등 공격적인 제압은 지양하고, 오직 범죄 실행을 막는 데 필요한 최소한의 힘만 사용하겠습니다.

3) **3단계(증거물 압수 및 체포 여부 판단):** 사용한 래커 스프레이를 D씨로부터 분리하여 임의제출 받거나, 거부 시 압수(형사소송법 제218조) 검토하겠습니다. 이후 D씨를 현행범으로 즉시 체포 할지, 아니면 신원이 확실하고 도주 우려가 없다면 불구속 상태에서 재물손괴 혐의로 입건하여 조사할지를 현장 상황을 고려하여 판단하겠습니다. 이 경우, 불구속 조사가 더 비례의 원칙에 맞을 수 있습니다.

4) **4단계(상황 설명 및 군중 관리):** D씨를 조치한 후, 주변에 모인 시민들에게 D씨의 행위가 왜 불 법이며 경찰이 개입할 수밖에 없었는지를 간략하게 설명하여, 경찰 조치의 정당성에 대한 공감 대를 형성하고 불필요한 오해가 확산되지 않도록 관리하겠습니다.

4. 면접관과 질의응답(꼬리질문)

1) 면접관 1(법률 전문가)

(1) **질문 1:** D씨가 '예술 행위'라고 주장하는데, 그의 행위가 형법 제20조의 '정당행위'로 인정될 가능성은 없습니까?

(2) **답변 1:** 가능성은 거의 없다고 생각합니다. 판례에 따르면, 정당행위로 인정되려면 그 행위 의 목적과 동기가 정당하고, 수단과 방법이 상당하며, 보호하려는 이익과 침해되는 이익 사 이에 균형이 맞아야 합니다. D씨의 목적이 순수하더라도, 국가적 문화유산에 직접적인 손 상을 가하는 방법은 사회 통념상 용인될 수 있는 범위를 명백히 벗어났으므로 정당행위로 인정받기 어렵습니다.

(3) **질문 2:** '재산에 중대한 손해'라는 기준이 매우 모호합니다. 경찰관이 현장에서 이를 판단하 는 구체적인 기준은 무엇이라고 생각합니까?

(4) **답변 2:** 몇 가지 기준을 종합적으로 고려해야 한다고 생각합니다. 첫째, **경제적 가치**입니 다. 피해액이 얼마나 큰지, 원상복구가 가능한지, 가능하다면 그 비용이 얼마나 드는지를 고려해야 합니다. 둘째, **사회적·상징적 가치**입니다. 이순신 장군 동상처럼 경제적 가치를 넘어선 역사적, 상징적 의미를 갖는 대상이라면 손해의 중대성이 더 크다고 볼 수 있습니 다. 셋째, **공공의 기능**입니다. 신호등이나 공공시설물처럼 파손 시 다수의 불편을 초래하는 경우에도 중대성이 인정될 수 있습니다.

2) 면접관 2(현장 지휘관)

(1) **질문 1:** D씨가 여러 명의 동료와 함께 동시에 여러 방향에서 동상에 접근하며 래커를 뿌리려 한다면 어떻게 대응하겠습니까?

(2) **답변 1:** 즉시 지원을 요청하여 다수의 경찰력으로 대응해야 합니다. 소수의 인원으로 분산 대응하다가는 모두 막지 못하고 일부의 범행을 허용하게 될 수 있습니다. 지원이 도착할 때까지는 가장 상징성이 높고 피해가 클 것으로 예상되는 동상의 정면 등을 우선적으로 방어하고, 도착한 인력과 함께 모든 범행 시도자를 동시에 제지하여 검거하는 작전을 펼치겠습니다.

(3) **질문 2:** D씨를 제지하는 과정이 촬영되어 SNS에 '표현의 자유를 억압하는 폭력경찰'이라는 제목으로 유포된다면 어떻게 대처해야 할까요?

(4) **답변 2:** 경찰의 공식적인 채널을 통해 전체 상황이 담긴 바디캠 영상이나 주변 CCTV 영상을 공개하여 악의적인 편집에 대응하겠습니다. 영상과 함께 D씨의 행위가 법적으로 어떤 범죄에 해당하며, 경찰의 조치는 문화유산을 보호하기 위한 정당한 법 집행이었음을 명확히 설명하는 입장 자료를 신속하게 배포하여 부정적인 여론이 확산되는 것을 차단해야 합니다.

3) 면접관 3(인권·소통 전문가)

(1) **질문 1:** D씨의 주장에 동조하는 시민들이 주변에서 "경찰은 빠져라!"고 외치며 D씨를 옹호한다면, 그 시민들은 어떻게 설득해야 합니까?

(2) **답변 1:** 시민들과 직접적으로 대립하기보다는, 그들의 의견 표출은 존중하되 불법행위는 용납할 수 없다는 점을 명확히 하겠습니다. "선생님들의 주장과 표현의 자유는 존중합니다. 하지만 법을 위반하는 방식으로 주장을 표현하는 것까지 허용될 수는 없습니다. 문화유산을 훼손하는 행위는 우리 모두의 재산을 파괴하는 것입니다"라고 설득하며, 합법적인 방법으로 의견을 개진하도록 안내하겠습니다.

(3) **질문 2:** D씨를 조사하는 과정에서, 경찰관으로서 가장 중점을 둬야 할 부분은 무엇이라고 생각합니까?

(4) **답변 2:** 그의 범행 동기를 정확히 파악하는 데 중점을 두겠습니다. 단순히 개인의 일탈인지, 아니면 특정 단체의 사주를 받은 조직적인 행위인지, 혹은 사회에 대한 깊은 불만과 좌절감에서 비롯된 것인지를 파악해야 합니다. 이를 통해 유사 범행의 재발을 막기 위한 근본적인 대책을 수립하는 데 정보를 제공할 수 있기 때문입니다. 또한, 조사 과정에서 그의 주장을 경청하고 인격적으로 대우하여, 경찰이 단순히 처벌만 하려는 기관이 아님을 보여 주는 것도 중요합니다.

4) 면접관 4(조직·정책 전문가)

(1) **질문 1:** 이와 같이 사회적 갈등이 물리적 충돌로 이어지는 것을 예방하기 위해, 경찰의 '예방적 경찰활동'은 어떤 방향으로 나아가야 할까요?

(2) **답변 1:** '소통 중심의 정보 활동'과 '갈등관리 전문가'로서의 역할 강화가 필요하다고 생각합니다. 경찰의 정보 활동이 감시와 통제에 머무는 것이 아니라, 사회의 다양한 불만과 갈등 요인을 사전에 파악하고, 갈등 당사자들 간의 대화와 타협을 주선하는 '중재자' 역할을 적극적으로 수행해야 합니다. 이를 통해 갈등이 극단적인 물리적 충돌로 비화되기 전에 평화적으로 관리하는 역량을 키워 나가야 합니다.

(3) **질문 2:** 본인은 경찰로서 다양한 신념과 가치가 충돌하는 복잡한 상황을 공정하게 처리할 자신이 있습니까? 본인의 어떤 점이 그렇다고 생각합니까?

(4) **답변 2:** 네, 자신 있습니다. 저의 가장 큰 강점은 '균형 감각'과 '법과 원칙에 대한 확신'입니다. 저는 특정 가치나 주장에 치우치기보다, 양측의 입장을 모두 경청하고 이해하려는 열린 자세를 가지고 있습니다. 하지만 최종적인 판단의 기준은 저의 개인적인 신념이 아닌, 국민 모두가 동의한 '법과 원칙'이어야 한다는 확고한 신념을 가지고 있습니다. 이러한 균형감각과 원칙주의를 바탕으로, 어떤 복잡한 상황에서도 헌법과 법률에 따라 공정하게 직무를 수행할 수 있다고 생각합니다.

🗨 발표 면접 과제 3: [집단 패싸움 직전 상황 개입]

1. 상황자료

당신은 청소년 강력 사건을 담당하는 형사 C경위입니다. "오늘 밤 10시, A고등학교와 B고등학교 폭력 서클 학생들이 OO공원에서 집단 패싸움을 할 것이다"라는 첩보를 입수했습니다. 현장에 미리 출동하여 잠복하던 중, 양쪽 학교 학생들로 보이는 20여 명의 무리가 공원 광장으로 모여드는 것을 확인했습니다. 그들은 서로를 향해 거친 욕설을 하며 대치하고 있고, 일부 학생들의 손에는 야구방망이와 각목이 들려 있는 것이 보입니다. 아직 물리적 충돌은 시작되지 않았지만, 한 학생이 "먼저 치는 놈이 이기는 거다!"라고 외치는 등 금방이라도 대규모 폭력 사태가 벌어질 것 같은 일촉즉발의 상황입니다.

상황처리 과제

당신이 현장 지휘관인 C경위라면, 대규모 폭력 사태를 미연에 방지하기 위해 경직법 제6조를 어떻게 적용할 것인지, 구체적인 현장 대응 및 사후 조치 계획을 발표하시오.

2. 상황판단(법적 근거 중심)

이 상황은 폭력행위등처벌에관한법률(집단적 폭행)이라는 중대한 '범죄행위가 목전에' 있는 명백한 경우입니다. 야구방망이 등 흉기까지 소지하고 있어, 싸움이 시작될 경우 단순 폭행을 넘어 '사람의 생명·신체에 중대한 위해'를 끼칠 우려가 매우 높고, 상황이 '긴급'하므로 경직법 제6조의 '경고'와 '제지' 조치를 모두 발동할 수 있는 전형적인 사례입니다. 소극적으로 대응할 경우 대규모 유혈 사태로 번질 수 있으므로, 경찰의 개입이 필요합니다.

3. 문제점 및 해결방안(단계별 조치)

1) 문제점: 소수의 경찰력으로 다수의 흥분한 청소년들을 제압하기 어려우며, 이 과정에서 부상자가 발생하거나 일부가 도주하여 증거 인멸 및 사건의 실체를 파악하기 어려워질 수 있습니다.

2) 해결방안:

(1) 1단계(압도적 경찰력 동원 및 포위): 잠복 중인 형사팀뿐만 아니라, 인근 지구대·파출소 순찰차, 경찰서 112타격대 등 가용 경찰력을 최대한 신속하게 현장으로 동원하여, 학생들이 도주하지 못하도록 공원 출입구를 차단하고 포위망을 형성하겠습니다.

(2) 2단계(최후통첩성 경고): 경찰력이 완전히 배치된 후, 제가 직접 확성기를 들고 전면에 나서겠습니다. "모두 움직이지 마! 너희들은 지금 폭력행위처벌법 위반 혐의로 완전히 포위됐다. 손에 든 흉기를 모두 바닥에 내려놓고, 바닥에 엎드려라! 저항하는 경우 경찰 물리력과 장구를 사용하여 제압하겠다! 마지막 경고다!"와 같이 단호하고 위엄 있는 **경고**(제6조)를 통해 학생들의 기선을 제압하겠습니다.

(3) 3단계(선별적 제지 및 일괄 검거): 경고에 불응하고 저항하거나 도주를 시도하는 주동자급 학생들을 우선적으로 제압하여 **제지**(제6조)하겠습니다. 이후, 현장에 있는 모든 학생들을 폭력행위처벌법(범죄단체구성·활동) 위반 혐의의 현행범 또는 준현행범으로 간주하고, 검거하여 경찰서로 호송하겠습니다.

(4) 4단계(사후 조치 및 재발 방지): 학생들을 조사하여 가담 정도에 따라 주동자와 단순 가담자를 구별하고, 흉기를 소지하거나 폭력을 주도한 학생에 대해서는 구속수사 등 엄정하게 처리하겠습니다. 동시에, 관할 교육청 및 해당 학교와 협력하여 연루된 학생들에 대한 선도 프로그램을 진행하고, 양 학교 간의 갈등이 재발하지 않도록 학교전담경찰관(SPO)을 중심으로 한 관계 개선 노력을 병행하겠습니다.

4. 면접관과 질의응답(꼬리질문)

1) 면접관 1(법률 전문가)

(1) **질문 1:** 아직 싸움이 시작되지 않았는데, 현장에 있던 모든 학생을 현행범으로 간주하고 연행하는 것이 법적으로 가능합니까?

(2) **답변 1:** 네, 가능하다고 봅니다. 폭력행위처벌법상 '범죄를 목적으로 하는 단체'를 구성하거나 그에 가입하여 활동하는 것만으로도 처벌이 가능합니다. 집단 패싸움을 위해 흉기를 들고 대치한 행위는 이미 '범죄 실행의 착수'에 이른 것으로 볼 수 있으며, 현장에 있던 학생들은 그 범죄의 공동정범 또는 예비·음모에 준하는 중대한 혐의가 있습니다. 따라서 현행범 체포의 요건인 '범죄의 명백성'이 충분히 인정된다고 판단됩니다.

(3) **질문 2:** 학생들이 소지한 야구방망이가 '운동용품'이라고 주장한다면, 이를 '흉기'로 볼 수 있습니까?

(4) **답변 2:** 네, 흉기로 볼 수 있습니다. 판례에 따르면 '흉기'란 본래의 용도가 살상용이 아니더라도, 사람의 생명·신체에 해를 가하는 데 사용될 수 있다면 그 위험성 때문에 흉기로 인정됩니다. 한밤중에 공원에서 집단 대치 상황에 야구방망이를 들고 있었다면, 그것은 운동 목적이 아니라 사람을 공격하려는 목적이었음이 명백하므로 '위험한 물건' 즉, 흉기에 해당합니다.

2) 면접관 2(현장 지휘관)

(1) **질문 1:** 경찰력이 포위망을 완성하기 전에 일부 학생들이 눈치채고 도주하기 시작한다면 어떻게 하겠습니까?

(2) **답변 1:** 현장 지휘관으로서 우선순위를 정해야 합니다. 소수의 도주자를 쫓기 위해 대다수의 경찰력이 포위망에서 이탈하면, 남아 있는 다수의 학생들이 더 큰 폭력 사태를 일으킬 수 있습니다. 따라서 저는 주력 부대에게는 포위망 유지를 명령하고, 별도의 기동 순찰팀이나 형사팀에게 도주자의 인상착의와 도주 방향을 무전으로 신속히 전파하여 추적·검거하도록 하는 투트랙 전략을 사용하겠습니다.

(3) **질문 2:** 학생들을 제압하는 과정에서 경찰관 한 명이 흥분해서 이미 제압된 학생을 과도하게 폭행하는 장면을 목격했다면, 지휘관으로서 어떻게 조치하겠습니까?

(4) **답변 2:** 즉시 "그만!"이라고 외치며 해당 경찰관의 행위를 중단시키겠습니다. 그리고 다른 경찰관에게 해당 학생의 신병을 인계하게 하고, 폭행을 한 경찰관은 현장 지휘 본부로 불러 진정시키겠습니다. 지휘관으로서 팀원의 불법 행위를 묵인하는 것은 절대 있을 수 없습니다. 사건이 종료된 후, 해당 경찰관에 대해서는 정식으로 감찰 조사를 의뢰하여 원칙에 따

라 처리하고, 전 팀원들에게 직무 수행 중 인권 보호 규정을 다시 한번 철저히 교육하겠습니다.

3) 면접관 3(인권·소통 전문가)

(1) **질문 1:** 연행된 학생들 중에는 친구 따라 강남 가듯, 아무 생각 없이 따라 나온 단순 가담자도 많을 텐데, 이들 모두를 범죄자로 낙인찍는 것이 바람직할까요?

(2) **답변 1:** 바람직하지 않습니다. 그래서 조사 과정에서 '가담 정도'를 명확히 구별하는 것이 매우 중요합니다. 범행을 주도하고 흉기를 준비한 주동자 그룹과, 단순히 현장에 있기만 했던 소극적 가담자는 반드시 분리하여 처벌 수위를 달리해야 합니다. 특히, 초범이고 깊이 반성하는 단순 가담 학생에 대해서는 형사 입건보다는 즉결심판이나 훈방, 그리고 학교와 연계한 선도 프로그램으로 유도하여, 한번의 실수로 인생을 망치지 않도록 교육적인 차원에서 접근하는 것이 필요합니다.

(3) **질문 2:** 이 사건 이후, 해당 학교 학생들이 경찰에 대해 극도의 반감과 불신을 갖게 될 수 있습니다. 이들의 마음을 어떻게 되돌릴 수 있을까요?

(4) **답변 2:** 처벌로 끝나는 것이 아니라, 관계 회복을 위한 적극적인 노력이 뒤따라야 합니다. 해당 학교의 학교전담경찰관(SPO)이 중심이 되어, 학생들과 정기적인 간담회를 열어 당시 경찰의 조치가 왜 필요했는지 설명하고 학생들의 의견을 들어야 합니다. 또한, 농구 시합이나 봉사활동 등 긍정적인 스킨십 프로그램을 함께하며, 경찰이 자신들을 통제하는 존재가 아니라 보호하고 돕는 존재라는 인식을 심어 주기 위해 꾸준히 노력해야 합니다.

4) 면접관 4(조직·정책 전문가)

(1) **질문 1:** 청소년들의 집단 폭력 행위가 발생하는 근본적인 원인은 무엇이라고 생각하며, 경찰의 예방 대책은 무엇이 있을까요?

(2) **답변 1:** 근본적인 원인은 입시 스트레스, 가정 내 소통 부재, 그리고 폭력을 영웅시하는 미디어의 영향 등이 복합적으로 작용한다고 생각합니다. 경찰의 예방 대책으로는 첫째, 학교전담경찰관(SPO)의 역할을 강화하여 학생들과의 유대감을 높이고 학교 폭력 징후를 조기에 감지해야 합니다. 둘째, 사이버 순찰을 강화하여 SNS 등에서 이루어지는 패싸움 모의 등 범죄 예고 정보를 사전에 입수하고 차단하는 정보 활동이 중요합니다.

(3) **질문 2:** 본인이 이 사건을 성공적으로 처리하여 언론의 주목을 받게 되었습니다. 인터뷰 요청이 들어온다면, 국민들에게 어떤 메시지를 전달하고 싶습니까?

(4) **답변 2:** 저는 두 가지 메시지를 전달하고 싶습니다. 첫째, 청소년 자녀를 둔 부모님들께는 "자녀들의 사소한 다툼의 징후에도 관심을 가져 주시고, 폭력은 어떤 이유로도 정당화될 수

없음을 가정에서부터 교육해주시길 부탁드린다"는 메시지를 전하고 싶습니다. 둘째, 국민 여러분께는 "경찰은 청소년들의 폭력 행위를 단호히 차단하여 사회의 안전을 지키는 동시에, 한번 실수한 청소년들이 건강한 사회 구성원으로 다시 성장할 수 있도록 돕는 역할에도 최선을 다하겠다"는 약속을 드리고 싶습니다.

제7조(위험 방지를 위한 출입)

[조문 원문]

① 경찰관은 제5조제1항·제2항 및 제6조에 따른 위험한 사태가 발생하여 사람의 생명·신체 또는 재산에 대한 위해가 임박한 때에 그 위해를 방지하거나 피해자를 구조하기 위하여 부득이하다고 인정하면 합리적으로 판단하여 필요한 한도에서 다른 사람의 토지·건물·배 또는 차에 출입할 수 있다.

② 흥행장(興行場), 여관, 음식점, 역, 그 밖에 많은 사람이 출입하는 장소의 관리자나 그에 준하는 관계인은 경찰관이 범죄나 사람의 생명·신체·재산에 대한 위해를 예방하기 위하여 해당 장소의 영업시간이나 해당 장소가 일반인에게 공개된 시간에 그 장소에 출입하겠다고 요구하면 정당한 이유 없이 그 요구를 거절할 수 없다.

③ 경찰관은 대간첩 작전 수행에 필요할 때에는 작전지역에서 제2항에 따른 장소를 검색할 수 있다.

④ 경찰관은 제1항부터 제3항까지의 규정에 따라 필요한 장소에 출입할 때에는 그 신분을 표시하는 증표를 제시하여야 하며, 함부로 관계인이 하는 정당한 업무를 방해해서는 아니 된다.

[조문 해부(항·목별)]

- **①항(긴급출입):**
    - **연계 조문:** 이 조항은 단독으로 발동되는 것이 아니라, 제5조(재난, 사고 등)나 제6조(임박한 범죄)의 **위험한 사태가 발생한 것을 전제**로 합니다.
    - **핵심 요건:** 위해가 '임박'하고, 출입이 '부득이하다'고 인정되어야 합니다. 즉, 다른 수단으로는 위험을 막을 수 없는 **최후의 보충적 수단**으로서만 허용됩니다. '임박'은 위험이 곧 발생하리라는 개연성이 매우 높은 상태를 의미합니다.
    - **대상 장소:** '다른 사람의 토지·건물·배 또는 차'로, 개인의 사적인 주거 공간도 포함됩니다. 이 때문에 헌법상 주거의 자유를 제한하는 강력한 권한이므로 요건을 매우 엄격하게 해석해야 합니다.
    - **목적:** 오직 **'위해 방지'** 또는 '피해자 구조'를 목적으로만 가능하며, 범죄 증거 수집을 위한 출입(수색)과는 구별됩니다.

- **②항(공개된 장소에 대한 예방적 출입):**
  - **대상 장소:** 홍행장, 여관, 음식점 등 '많은 사람이 출입하는 장소'로 한정됩니다. 개인 주택이나 사무실은 해당하지 않습니다. 또한, '영업시간 등 공개된 시간'에만 가능합니다.
  - **목적:** 제1항과 달리 '임박한' 위험이 없더라도, 장래에 발생할 수 있는 '범죄나 위해를 예방'하기 위한 목적으로 출입할 수 있습니다. 순찰 활동의 일환으로 생각할 수 있습니다.
  - **관계인의 의무:** 장소의 관리자는 **'정당한 이유 없이'** 경찰관의 출입 요구를 거절할 수 없습니다. '정당한 이유'란, 경찰의 출입이 명백히 영업을 방해하려는 악의적인 목적일 경우 등을 의미하며, 단순히 '귀찮다'거나 '손님이 싫어한다'는 이유는 해당하지 않습니다.
- **③항(특수목적의 검색):**
  - **특수 상황:** 오직 '대간첩 작전 수행'이라는 국가안보와 직결된 비상 상황에서만 발동 가능합니다.
  - **강화된 권한:** 제1, 2항의 '출입'을 넘어 '검색(search)'까지 가능합니다. '검색'은 장소에 있는 사람이나 물건을 조사하여 확인하는 행위로, 출입보다 더 침익적인 조치입니다.
- **④항(공통의 절차적 의무):**
  - 제1, 2, 3항의 어떠한 경우에도 경찰관은 반드시 **'신분을 표시하는 증표(공무원증)'를 제시**해야 합니다. 이는 경찰권 행사의 투명성과 책임성을 담보하는 핵심 절차입니다.
  - 또한, 출입 목적 달성에 필요한 범위를 넘어 관계인의 '정당한 업무를 방해해서는 안 된다'는 비례의 원칙을 재확인하고 있습니다.

Study Point(시험 합격 전략)

[제1항의 핵심: '임박성'과 '보충성']

- 제1항의 긴급출입은 주거의 자유를 침해할 수 있는 가장 강력한 조치이므로, 발동 요건이 매우 엄격합니다. 시험에서는 "약간의 위험만 있어도 긴급출입이 가능하다"거나 "다른 방법이 있어도 신속하다면 출입할 수 있다"는 식의 보기는 명백한 오답입니다. '위해가 눈앞에 있고(임박성), 다른 방법은 없다(보충성)'는 두 가지 키워드를 반드시 기억해야 합니다.

[제1항과 제2항의 명확한 구별]

- 두 조항을 구별하는 문제가 빈번하게 출제됩니다. (장소) 제1항은 모든 장소(주거 포함), 제2항은 다중이용업소. (시간) 제1항은 제한 없음, 제2항은 공개된 시간. (목적) 제1항은 임박한 위해

　　제2부 • 경찰관 직무집행법 해설

방지·구조, 제2항은 장래 위험 예방. 이 세 가지 기준에 따라 표를 만들어 암기하면 효과적입니다.

[제2항의 '거절할 수 없다'의 한계]

- 장소 관리인이 출입을 '거절할 수 없다'는 것이, 경찰관이 그 장소 내부를 마음대로 '수색'할 수 있다는 의미는 아닙니다. 이는 예방 목적의 '출입(entry)'을 보장하는 규정일 뿐, 증거 수집을 위한 '수색(search)'은 영장에 의해야 하는 것이 원칙입니다. 이 미묘한 차이를 이해하는 것이 중요합니다.

['출입'과 '검색'의 차이]

- 경직법 제7조에서 '검색'이라는 용어는 오직 제3항(대간첩 작전)에서만 사용됩니다. 제1항과 제2항은 '출입'만 규정하고 있습니다. 이는 '검색'이 '출입'보다 훨씬 강력하고 침익적인 조치임을 의미하며, 법률이 매우 예외적인 상황에서만 허용하고 있음을 보여 줍니다. 용어의 차이가 권한의 범위를 결정합니다.

[필수 절차: 신분증 제시]

- 제4항의 '신분증 제시' 의무는 제1, 2, 3항의 모든 경우에 적용되는 공통 절차입니다. 제아무리 긴급한 상황이라도, 경찰관은 자신의 신분을 밝히고 법에 따라 행동하고 있음을 알려야 합니다. "상황이 너무 긴급하여 신분증 제시를 생략했다"는 주장은 정당화되기 어렵습니다.

경직법 제7조 상황 재구성

📭 발표 면접 과제 1: [비명소리와 긴급출입의 딜레마]

1. 상황자료

당신은 야간 순찰 중인 지구대 경찰관 A순경입니다. 다세대 주택 밀집 지역을 순찰하던 중, 한 빌라 2층에서 "살려 주세요!" 하는 여성의 날카로운 비명소리가 한 차례 들린 후 갑자기 조용해졌습니다. 창문은 커튼으로 가려져 내부가 보이지 않고, 초인종을 누르고 문을 두드리며 "경찰입니다, 문 좀 열어 주세요!"라고 외쳤지만 안에서는 아무런 인기척이 없습니다. 이웃 주민은 "평소에도 저 집에서 부부싸움 소리가 자주 들렸다"고 말합니다. 여성의 생명에 심각한 위험이 발생했을 가능성을 배제할 수 없는 상황. 하지만 강제로 문을 열고 들어갔다가 만약 아무 일도 없었다면, 주거침입과 재물손괴(문 파손)에 대한 책임 문제에 직면할 수 있습니다.

상황처리 과제

당신이 A순경이라면, 이 상황에서 경직법 제7조 제1항에 근거하여 강제로 문을 열고 진입하는 '긴급출입' 조치를 할 것인지, 만약 한다면 그 판단 근거와 구체적인 실행 계획을 발표하시오.

2. 상황판단(법적 근거 중심)

이 상황은 경직법 제7조 제1항의 긴급출입 요건에 부합한다고 판단됩니다. (위험한 사태) "살려 달라"는 비명소리와 이웃 진술을 통해 가정폭력 등 중대 범죄(제6조)가 발생했을 개연성이 매우 높습니다. (위해의 임박성) 비명소리 직후 찾아온 정적은 오히려 피해자의 상태가 더욱 위중해졌을 가능성을 시사하므로, 생명·신체에 대한 위해가 '임박'했다고 볼 충분한 이유가 있습니다. (부득이함/보충성) 초인종과 고지에도 응답이 없어, 문을 열고 들어가지 않고는 내부의 안전을 확인할 다른 방법이 없습니다. 따라서 국민의 생명 보호라는 경찰의 최우선 책무를 이행하기 위해, 재산권 침해라는 위험을 감수하고서라도 즉시 강제 개방 및 진입을 결단해야 합니다.

3. 문제점 및 해결방안(단계별 조치)

1) **문제점:** 오인 신고일 경우 발생할 수 있는 주거권 침해 논란과 문 파손에 대한 책임 문제가 부담으로 작용하여 신속한 결정을 저해할 수 있습니다.

2) **해결방안:**

  (1) **1단계(최종 고지 및 채증):** 강제 개방 직전, "내부인의 안전 확인을 위해 지금부터 강제로 문을 개방하겠습니다!"라고 최종 고지하여, 자발적으로 문을 열 마지막 기회를 부여함과 동시에 우리의 조치가 정당한 법 집행임을 알리겠습니다. 이 모든 과정은 바디캠으로 녹화하여 조치의 정당성을 입증할 자료를 확보합니다.

  (2) **2단계(안전하고 신속한 강제 개방):** 119 소방구조대에 즉시 공동대응을 요청하여, 전문 장비를 이용해 최소한의 파손으로 신속하게 문을 개방하겠습니다. 개방 시에는 내부에 있을지 모를 가해자의 공격에 대비하여 동료와 함께 방어 자세를 갖추고 안전하게 진입합니다.

  (3) **3단계(내부 확인 및 후속 조치):** 진입 후 즉시 내부에 위험에 처한 사람이 있는지 확인합니다. ① **실제 범죄 상황일 경우:** 즉시 범인을 제압 및 체포하고, 피해자 구호 조치를 최우선으로 실시합니다. ② **아무 일도 없는 경우:** 집주인에게 정중히 상황을 설명하고 사과하며, 우리의 조치가 오인 신고에 따른 정당한 법 집행이었음을 이해시킵니다. 파손된 문은 임시 조치를 취해주고, 경직법 제11조의2에 따른 손실보상 절차를 상세히 안내하겠습니다.

  (4) **4단계(상세한 보고):** 상황이 종료된 후, 출동 경위, 비명소리 청취, 이웃 진술, 무응답 사실, 강제 개방의 불가피성 등 긴급출입의 정당성을 입증할 수 있는 모든 사실관계를 6하 원칙에 따라 상세히 보고서로 작성하여, 추후 발생할 수 있는 분쟁에 철저히 대비하겠습니다.

4. 면접관과 질의응답(꼬리질문)

1) 면접관 1(법률 전문가)

  (1) **질문 1:** 긴급출입 후 집 안을 살펴보는 행위가, 영장 없는 '수색'으로 변질될 위험은 없습니까? 허용되는 범위는 어디까지입니까?

  (2) **답변 1:** 매우 중요한 문제입니다. 긴급출입의 목적은 '위해 방지'와 '피해자 구조'이므로, 그 목적 달성에 필요한 최소한의 범위 내에서만 내부를 확인할 수 있습니다. 즉, 비명소리가 들린 만큼 피해자가 있을 만한 장소(방, 화장실 등)를 확인하는 것은 가능하지만, 서랍을 열거나 옷장을 뒤지는 등 증거를 찾기 위한 '수색' 행위는 허용되지 않습니다. 만약 범죄 현장을 발견했다면, 현장을 보존하고 신속하게 정식 압수수색영장을 발부받는 절차로 전환해야 할 것입니다.

  (3) **질문 2:** "살려 달라"는 소리가 TV 드라마 소리였다는 등 명백한 오인으로 밝혀졌을 경우, 경

찰관의 강제 개방 행위는 위법한 직무집행이 됩니까?

(4) 답변 2: 그렇지 않다고 생각합니다. 직무집행의 적법성은 행위 당시의 구체적인 상황을 기준으로, 경찰관이 합리적으로 판단했는지를 따져야 합니다. 비명소리, 이웃 진술 등 당시 상황에서는 누구라도 인명 위험의 급박성을 인정했을 것이므로, 비록 결과적으로 오인이었더라도 그 판단과 조치는 정당한 직무집행으로 인정받을 수 있습니다. 물론, 이로 인해 발생한 재산상 손실은 국가가 보상해야 할 것입니다.

2) 면접관 2(현장 지휘관)

(1) 질문 1: 119를 기다릴 시간조차 없이, 안에서 계속 비명과 폭행 소리가 들린다면 어떻게 문을 열고 진입하겠습니까?

(2) 답변 1: 그 정도로 위급하다면 119 도착을 기다릴 수 없습니다. 동료와 함께 경찰이 휴대하고 있는 장비(삼단봉, 방패 등)나 현장에서 즉시 활용 가능한 도구(소화기 등)를 이용해 가장 취약한 부분인 문 잠금장치나 경첩을 파손하여 강제로 진입하겠습니다. 경찰관과 피해자의 안전이 최우선이므로, 재물손괴의 책임은 감수하고 결단해야 합니다.

(3) 질문 2: 진입했는데, 집 안에 거대한 맹견이 있고 가해자가 그 개를 이용해 경찰관을 위협한다면 어떻게 하겠습니까?

(4) 답변 2: 경찰관의 안전이 확보되지 않으면 피해자 구조도 불가능합니다. 즉시 가스분사기(OC스프레이)를 사용하여 맹견의 공격을 무력화시키겠습니다. 만약 맹견이 통제 불가능하게 공격하여 경찰관이나 피해자의 생명에 심각한 위협이 된다면, 최후의 수단으로 권총 등 무기를 사용하여 사살하는 것까지 고려해 보아야 합니다. 이는 정당방위 및 긴급피난에 해당하는 조치입니다.

3) 면접관 3(인권·소통 전문가)

(1) 질문 1: 아무 일도 없었을 경우, 집주인이 "내 사생활을 침해하고 나를 잠재적 범죄자 취급했다"며 극도로 분노한다면 어떻게 그를 진정시키겠습니까?

(2) 답변 1: 우선 그의 분노에 충분히 공감하며, "선생님께서 얼마나 놀라고 불쾌하셨을지 충분히 이해합니다. 불편을 드려 정말 죄송합니다"라고 진심으로 사과하겠습니다. 그리고 변명하기보다는, "저희는 '혹시나 사람이 다쳤을지도 모른다'는 생각에 다른 방법이 없어 부득이하게 행동했습니다. 선생님의 안전을 확인하는 것이 저희의 임무라고 생각했습니다"라며 저희의 조치가 선의에서 비롯된 것임을 차분히 설명하여 이해를 구하겠습니다.

(3) 질문 2: 이번 일로 해당 빌라 주민 전체가 경찰의 강제 진입에 대해 불안감을 느끼게 될 수 있습니다. 지역 공동체의 신뢰를 회복하기 위해 어떤 노력이 필요할까요?

(4) 답변 2: 이번 사례를 빌라 주민들에게 투명하게 설명하는 자리를 마련하겠습니다. 경찰의 법 집행 절차와 시민의 생명을 보호하기 위한 불가피성에 대해 설명하고, 주민들의 의견과 우려를 경청하겠습니다. 이를 계기로, 빌라 내 가정폭력이나 이웃 간 위험 발생 시 신속하고 효과적으로 소통하고 신고할 수 있는 비상연락망을 함께 구축하는 등, 이번 사건을 지역 공동체 안전망을 강화하는 계기로 만들겠습니다.

4) 면접관 4(조직·정책 전문가)

(1) 질문 1: 현장 경찰관들이 재산 손실 책임에 대한 부담 때문에, 이런 상황에서 강제 진입을 주저하는 경향이 있습니다. 이를 해결하기 위한 제도적 방안은 무엇일까요?

(2) 답변 1: '적극 행정 면책 제도'를 경찰 직무에 더 실질적으로 적용하고 확대해야 합니다. 고의나 중대한 과실 없이, 국민의 생명과 안전을 지키기 위해 적극적으로 법을 집행하다가 발생한 부수적인 결과(재물손괴 등)에 대해서는, 경찰관 개인에게 민·형사상 책임을 묻지 않고 정부조직 차원에서 보호하고 책임져 준다는 강력한 제도적 신뢰가 필요합니다. 또한, 손실 보상 절차를 간소화하여 피해 시민이 신속하게 구제받을 수 있도록 하는 것도 중요합니다.

(3) 질문 2: 본인은 이처럼 불확실하고 긴급한 상황에서, 비난의 위험을 감수하고 결단을 내릴 수 있는 용기가 있다고 생각합니까? 본인의 경험에 비추어 설명해 주십시오.

(4) 답변 2: 네, 있다고 생각합니다. 저는 학창 시절, 갑자기 쓰러진 친구를 보고 주변의 만류에도 불구하고 즉시 119에 신고하고 배운 대로 심폐소생술을 실시했던 경험이 있습니다. '내가 잘못해서 더 다치면 어쩌지'라는 두려움도 있었지만, '지금 행동하지 않으면 저 친구가 위험해진다'는 생각이 더 컸습니다. 이처럼 저는 불확실한 상황에서도 결과에 대한 두려움보다는, 사람의 생명을 구해야 한다는 책임감과 사명감을 우선하여 행동할 수 있는 결단력을 가지고 있습니다. 이러한 저의 성향은 위급한 상황에서 시민을 보호해야 하는 경찰관의 직무에 부합한다고 생각합니다.

🗨 발표 면접 과제 2: [업주의 영업권과 예방적 출입 요구]

1. 상황자료

당신은 청소년보호 활동을 담당하는 경찰관 B경위입니다. 관내 한 대형 룸카페가 청소년들의 탈선 장소로 이용되고 있다는 첩보가 지속적으로 접수되었습니다. 해당 룸카페는 밀실 구조로 되어 있고, 내부에서는 청소년에게 주류를 판매하거나 이성 혼숙을 묵인한다는 구체적인 내용입니다.

당신은 동료 경찰관들과 함께 토요일 저녁 피크 시간대에 해당 룸카페에 도착하여, 경직법 제7조 제2항에 근거하여 범죄 예방을 위한 출입을 요구했습니다. 하지만 업주는 "지금 손님도 많고, 경찰이 들어오면 영업에 방해된다. 영장 없이는 절대 못 들어간다"며 입구를 막아서고 있습니다. 업주는 경찰의 요구가 부당하다며 스마트폰으로 현장 상황을 촬영하며 반발하고 있는 상황입니다.

상황처리 과제

당신이 B경위라면, '정당한 이유 없이' 출입을 거부하는 업주를 상대로 어떻게 대응할 것인지, 그 법적 근거와 단계별 조치 계획을 설명하시오.

2. 상황판단(법적 근거 중심)

이 상황은 경직법 제7조 제2항의 '공개된 장소에 대한 예방적 출입' 요건에 해당합니다. 룸카페는 불특정 다수가 출입하는 '홍행장'에 준하는 장소이며, 경찰은 '영업시간'에 '범죄(청소년보호법 위반 등) 예방'을 목적으로 출입을 요구하고 있습니다. 업주가 주장하는 '영업 방해'는, 첩보의 구체성에 비추어 볼 때 범죄 예방이라는 공익보다 우선하는 '정당한 이유'로 보기 어렵습니다. 따라서 업주는 경찰의 출입 요구에 응할 의무가 있으며, 경찰은 출입을 강제할 법적 권한이 있다고 판단됩니다. 다만, 그 방법은 비례의 원칙을 준수하여 물리적 충돌을 최소화하는 방향으로 이루어져야 합니다.

3. 문제점 및 해결방안(단계별 조치)

1) 문제점: 업주와의 물리적 충돌이 발생할 경우, 경찰의 강압적인 단속으로 비춰져 여론이 악화될 수 있으며, 현장에 있는 청소년 손님들의 인권이 침해될 소지가 있습니다.

2) 해결방안:

　(1) 1단계(법적 근거 명확 고지 및 설득): 먼저 업주의 촬영 행위를 막지 않고, 카메라를 향해서도 들을 수 있도록 차분하고 명확하게 법적 근거를 설명하겠습니다. "사장님, 저희는 경직법 제7조 제2항에 따라 청소년 범죄 예방을 위해 출입하는 것입니다. 이는 영장이 필요 없는 적법한 절차이며, 정당한 이유 없이 거부하실 수 없습니다. 계속 거부하시면 공무집행방해죄가 성립될 수 있습니다"라고 고지하여 업주의 저항이 법적 근거가 없음을 인지시키겠습니다.

　(2) 2단계(단계적 강제력 행사): 설득에도 불구하고 업주가 계속 입구를 막아선다면, 공무집행방해 행위로 간주하고 최소한의 물리력을 사용하여 업주를 입구에서 분리시키겠습니다.

업주를 넘어뜨리거나 제압하는 것이 아니라, 경찰관들이 에워싸고 길을 터 진입하는 형태의 소극적인 강제력을 사용하겠습니다.

(3) 3단계(선별적·인권 친화적 점검): 내부에 진입한 후에는, 모든 방의 문을 무작정 열어 보는 것이 아니라, 카운터의 이용 기록 등을 먼저 확인하여 청소년으로 의심되는 손님이 이용 중인 방을 선별적으로 점검하겠습니다. 점검 시에는 문을 두드리고 경찰관임을 밝힌 후, 청소년들의 사생활과 인권을 최대한 존중하는 방식으로 신분증 확인 등의 절차를 진행하겠습니다.

(4) 4단계(위법사항 발견 시 엄정 처리): 만약 청소년 주류 판매나 혼숙 등의 위법사항이 실제로 발견되면, 청소년보호법 등 관련 법령에 따라 현장에서 즉시 증거를 확보하고 업주를 입건하는 등 엄정하게 법적 절차를 진행하겠습니다.

4. 면접관과 질의응답(꼬리질문)

1) 면접관 1(법률 전문가)

(1) 질문 1: 제7조 제2항은 '출입'만 규정하고 있는데, 경찰관이 룸카페 '내부'의 밀실까지 들어가서 확인하는 것이 허용됩니까?

(2) 답변 1: 네, 허용된다고 생각합니다. 이 조항의 목적은 '범죄 예방'이며, 룸카페의 범죄는 바로 그 밀실 내부에서 이루어집니다. 따라서 출입의 범위는 단순히 현관문을 통과하는 것에 그치는 것이 아니라, 범죄 예방이라는 목적 달성에 실질적으로 필요한 범위, 즉 일반 손님들이 이용하는 공용 공간과 개별 룸의 내부 확인까지 포함한다고 해석하는 것이 타당합니다. 물론, 그 확인 과정은 수색이 아닌 점검의 수준에 그쳐야 합니다.

(3) 질문 2: 업주가 끝까지 저항하여 물리적 충돌이 커졌고, 결국 그를 공무집행방해 현행범으로 체포했습니다. 법원에서 '경찰의 출입 요구 자체가 위법했으므로 저항은 정당방위'라고 판단할 가능성은 없습니까?

(4) 답변 2: 가능성은 낮다고 봅니다. 경찰의 출입 요구는 구체적인 첩보와 명확한 법적 근거(경직법 제7조 제2항)에 기반한 정당한 직무집행입니다. 이러한 정당한 직무집행에 대해 물리력을 사용하여 저항하는 것은 정당방위의 요건을 갖추지 못했습니다. 물론, 경찰이 최초에 너무 위압적이거나 모욕적인 언사를 사용하는 등 직무집행의 '방법'이 부적절했다면 논란의 여지는 있겠으나, 원칙적으로는 공무집행방해죄가 성립될 수 있을 것입니다.

2) 면접관 2(현장 지휘관)

(1) 질문 1: 경찰이 진입하는 소란을 틈타, 증거가 될 만한 술병 등을 업주나 종업원이 몰래 치

워 버린다면 어떻게 하겠습니까?

(2) **답변 1:** 현장 진입 시, 팀원들의 역할을 명확히 분담하겠습니다. 일부는 업주를 상대하고, 일부는 신속하게 카운터나 주방 등 증거인멸이 이루어질 수 있는 장소를 먼저 확보하여 현장을 통제하겠습니다. 또한, 사전에 업소 내외부의 CCTV 위치를 파악해 두었다가, 증거인멸 시도 정황이 있다면 즉시 CCTV 영상을 확보하여 사후에라도 입증 자료로 활용하겠습니다.

(3) **질문 2:** 그 룸카페가 지역의 유력 인사가 운영하는 곳이라, 상급자로부터 '좋게 좋게 마무리하라'는 취지의 연락이 온다면 어떻게 하겠습니까?

(4) **답변 2:** "알겠습니다"라고 대답하겠지만, 현장에서는 법과 원칙에 따라 동일하게 직무를 수행하겠습니다. '좋게 좋게 마무리하라'는 지시는 '불필요한 마찰을 줄이라'는 원론적인 조언으로 받아들이고, '위법행위를 묵인하라'는 부당한 지시로는 해석하지 않겠습니다. 모든 법집행 과정을 바디캠 등으로 명확히 기록하여, 추후 제 조치의 정당성을 입증하고 객관적인 자료로 남겨 두겠습니다.

3) 면접관 3(인권·소통 전문가)

(1) **질문 1:** 업주는 '영장'을 요구하고 있습니다. 일반 시민들이 '경찰의 예방적 출입권'과 '영장에 의한 수색'을 구분하지 못하는데, 어떻게 하면 이 차이를 쉽게 설명할 수 있을까요?

(2) **답변 1:** 시민의 눈높이에서 설명하겠습니다. "사장님, 영장은 범죄 증거를 찾기 위해 집이나 가게를 샅샅이 뒤지는 '수색'을 할 때 필요한 것입니다. 저희는 지금 수색을 하려는 것이 아니라, 화재 예방을 위해 소방관이 다중이용업소를 점검하는 것처럼, 청소년 범죄 예방을 위해 가게 내부를 둘러보는 '점검'을 하려는 것입니다. 이는 법에 보장된 경찰의 예방 활동입니다"와 같이 비유를 들어 설명하겠습니다.

(3) **질문 2:** 점검 결과, 아무런 위법사항이 발견되지 않았습니다. 영업 방해에 대해 항의하는 업주에게 경찰관으로서 어떻게 말하고 상황을 마무리하겠습니까?

(4) **답변 2:** "사장님, 점검에 협조해 주셔서 감사합니다. 아무런 문제가 없는 깨끗한 업소임을 저희가 확인했습니다. 최근 청소년 관련 신고가 많아 부득이하게 점검하게 된 점 양해 부탁드립니다. 불편을 드린 점은 죄송하게 생각하며, 앞으로도 건전한 영업 환경을 계속 유지해 주시길 바랍니다"라고 말하며, 정중하게 감사를 표하고, 그의 준법 영업을 격려하며 긍정적으로 상황을 마무리하겠습니다.

4) 면접관 4(조직·정책 전문가)

(1) **질문 1:** 신·변종 청소년 유해업소(룸카페, PC카페를 위장한 숙박업소 등)가 계속 생겨나고 있습니다. 경찰의 단속만으로 이 문제를 해결할 수 있을까요?

(2) **답변 1:** 단속만으로는 한계가 명확합니다. '풍선효과'처럼 하나를 단속하면 다른 형태로 나타나기 때문입니다. 근본적으로는 지자체, 교육청 등과 협력하여 이러한 유해업소에 대한 허가 기준 자체를 강화하고, 관련 법령의 미비점을 신속하게 개정하는 입법적 노력이 필요합니다. 또한, 청소년들에게 왜 이런 장소가 위험한지, 어떤 법적 문제가 있는지를 알리는 실질적인 예방 교육을 강화하는 것이 중요합니다.

(3) **질문 2:** 본인은 원칙을 중시하는 사람으로 보입니다. 하지만 현장에서는 때로 업주와의 원만한 관계 유지가 더 많은 정보를 얻는 데 도움이 될 수도 있습니다. 원칙과 유연성 사이에서 어떻게 균형을 잡겠습니까?

(4) **답변 2:** 제가 생각하는 균형점은 '불법에는 타협하지 않되, 소통은 유연하게 한다'는 것입니다. 법을 위반하는 행위에 대해서는 그 대상이 누구든 원칙에 따라 처리하겠습니다. 하지만 그 과정에서 상대방의 입장을 경청하고, 절차를 충분히 설명하며, 인격적으로 대우하는 '소통의 유연성'을 발휘하겠습니다. 원칙을 지키는 것과 인간적인 관계를 맺는 것이 결코 배치되는 것은 아니라고 생각합니다. 엄정함과 따뜻함을 동시에 갖춘 경찰관이 되고 싶습니다.

🗨 발표 면접 과제 3: [화재 의심과 긴급출입 판단]

1. 상황자료

당신은 심야 시간대 상가 지역을 순찰 중인 파출소 경찰관 C순경입니다. 순찰 중, 이미 영업이 끝나고 셔터가 내려진 한 1층 점포의 문틈으로 희미한 연기가 새어 나오고, 매캐한 냄새가 나는 것을 발견했습니다. 화재가 발생했을 가능성이 있어 셔터를 두드리며 "안에 누구 없습니까!"라고 외쳤지만 아무런 대답이 없습니다. 119에 공동대응을 요청했지만 가장 가까운 소방서에서도 도착까지는 최소 5분 이상 걸리는 상황입니다. 연기는 점점 짙어지고 있으며, 이 점포는 인화성 물질이 많은 의류 창고로 사용되고 있어 초기 진화에 실패할 경우 옆 점포들로 번져 대형 화재로 이어질 수 있는 위험이 있습니다.

상황처리 과제

당신이 C순경이라면, 119 도착 전에 셔터를 강제로 개방하고 내부로 진입하는 조치를 할 것인지, 그 법적 근거와 판단 기준, 구체적인 조치 계획을 발표하시오.

2. 상황판단(법적 근거 중심)

이 상황은 경직법 제7조 제1항 긴급출입의 요건을 충족하는 것으로 판단됩니다. (위험한 사태) 문틈으로 새어 나오는 연기와 냄새로 미루어, 화재(제5조)라는 위험한 사태가 발생했을 개연성이 매우 높습니다. (위해의 임박성) 연기가 짙어지고 있고, 인화성 물질이 많은 창고라는 점에서 잠시 후 대형 화재로 번져 '재산에 대한 중대한 손해'와 인근 주민의 '생명·신체에 대한 위해'가 '임박'했다고 볼 수 있습니다. (부득이함/보충성) 119 도착까지 5분 이상 걸리고 그 사이에 불길이 확산될 위험이 커, 소화기 등을 이용한 초기 진화를 위해 강제 개방 외에는 달리 방법이 없는 '부득이한' 경우에 해당합니다. 따라서 재산권 침해의 우려가 있더라도, 더 큰 피해를 막기 위해 신속하게 강제 개방 및 진입을 결단해야 합니다.

3. 문제점 및 해결방안(단계별 조치)

1) 문제점: 무리하게 진입하다가 연기에 질식하거나 화염에 갇히는 등 경찰관의 안전이 위협받을 수 있으며, 화재가 아닐 경우 과잉대응 및 재물손괴에 대한 책임을 져야 합니다.

2) 해결방안:

 (1) 1단계(안전 확보 및 상황 전파): 저 자신의 안전을 위해 방독면 등 안전장비가 있는지 확인하고, 없다면 젖은 수건 등으로 호흡기를 보호할 준비를 하겠습니다. 순찰차 확성기를 이용하여 주변에 화재 위험을 알려 2차 피해를 방지하고, 119상황실에 계속해서 현장 상황(연기의 농도, 발화지점 추정 등)을 전파하여 신속한 대응을 돕겠습니다.

 (2) 2단계(강제 개방 및 초기 진화 시도): 119 도착을 기다리는 것이 더 위험하다고 판단되면, 순찰차에 비치된 소화기를 준비한 채, 인근에서 사용 가능한 도구(쇠지렛대 등)를 이용해서터 잠금장치의 가장 취약한 부분을 최소한으로 파손하여 진입로를 확보하겠습니다.

 (3) 3단계(진입 및 인명 확인): 진입 시에는 항상 탈출로를 염두에 두고 낮은 자세로 진입하여, 내부에 사람이 있는지 최우선으로 확인하겠습니다. 사람이 있다면 즉시 구조하고, 발화 지점이 작고 초기 진화가 가능하다고 판단되면 소화기를 사용하여 화재 확산을 막겠습니다. 만약 불길이 이미 거세다면 무리한 진화를 시도하지 않고, 즉시 밖으로 나와 소방대가 활동할 수 있도록 현장을 통제하겠습니다.

 (4) 4단계(현장 인계 및 보고): 119 소방대가 현장에 도착하면, 그동안 파악한 내부 구조, 발화 추정 지점, 위험 요소 등의 정보를 신속하게 인계하여 전문적인 화재 진압 및 구조 활동을 돕겠습니다. 상황 종료 후에는 긴급출입의 전 과정과 판단 근거를 상세히 보고서로 작성하겠습니다.

4. 면접관과 질의응답(꼬리질문)

1) 면접관 1(법률 전문가)

(1) **질문 1:** 화재 진압은 소방관의 고유 업무인데, 경찰관이 위험을 무릅쓰고 직접 진입하여 초기 진화를 시도하는 것이 법적으로 정당한 직무 범위에 해당합니까?

(2) **답변 1:** 네, 해당한다고 생각합니다. 경직법 제2조는 경찰의 직무로 '국민의 생명·신체 및 재산의 보호'와 '공공의 안녕과 질서 유지'를 명시하고 있습니다. 눈앞의 화재는 이에 대한 명백한 위협이며, 제5조와 제7조는 이러한 위험을 막기 위해 경찰관이 출입하고 필요한 조치를 할 수 있는 권한을 부여하고 있습니다. 물론 전문적인 화재 진압은 소방의 영역이지만, 소방 도착 전 더 큰 피해를 막기 위한 초기 대응은 경찰의 정당한 직무 범위에 포함됩니다.

(3) **질문 2:** 진입해서 확인해 보니, 화재가 아니라 주인이 가게 안에서 허가 없이 고기를 구워 먹고 있어서 연기가 난 것이었습니다. 이 경우, 주인을 어떤 법으로 처벌할 수 있습니까?

(4) **답변 2:** 주인의 행위 자체를 처벌하기는 어려울 수 있습니다. 다만, 그의 행위가 화재로 오인할 만한 불안감을 조성했다면 경범죄처벌법(불안감 조성) 적용을 검토할 수 있을 것입니다. 화재 오인의 원인을 제공한 사람에게 위험성을 경고하고 협조를 구해보겠습니다.

2) 면접관 2(현장 지휘관)

(1) **질문 1:** 순찰차에 소화기가 1대뿐입니다. 1대로는 어림도 없는 화재 규모라면, 진입을 포기하고 119만 기다리는 것이 현명한 판단 아닐까요?

(2) **답변 1:** 네, 그 경우에는 진입을 포기하는 것이 맞습니다. 경찰관의 임무는 영웅적인 행동을 하는 것이 아니라, 주어진 여건 속에서 피해를 최소화하는 최선의 판단을 하는 것입니다. 진입했다가 경찰관마저 고립된다면 오히려 구조 활동에 더 큰 부담만 주게 됩니다. 그럴 때는 무리한 진입 대신, 주변 건물로 불이 번지지 않도록 사람들을 대피시키고, 소방차가 진입할 공간을 확보하는 등 외부 통제에 집중하는 것이 더 현명한 지휘 판단입니다.

(3) **질문 2:** 강제 개방을 하려는데, 가게 주인이 뒤늦게 나타나 "내 가게니 절대 안 된다"며 막아선다면 어떻게 하겠습니까?

(4) **답변 2:** 가게 주인에게 "사장님, 지금 가게 안에 불이 났을 수 있는 긴급 상황입니다. 사장님과 이웃의 재산을 지키기 위한 조치이니 협조해 주십시오. 막아서면 공무집행방해가 될 수 있습니다"라고 단호하게 고지하겠습니다. 계속해서 막아선다면, 그의 저항을 최소한의 물리력으로 제지하고 강제 개방을 계속 진행하겠습니다. 급박한 화재 위험 앞에서는 재산권자의 의사보다 공공의 안전이 우선이라고 생각합니다.

3) 면접관 3(인권·소통 전문가)

(1) **질문 1:** 이번 일로 상가 전체에 '경찰이 마음대로 가게 문을 부술 수 있다'는 불안감이 퍼진
다면, 상인들과의 신뢰 관계를 어떻게 구축하겠습니까?

(2) **답변 1:** 상인 번영회 등과 간담회를 열어, 이번 조치가 왜 불가피했는지 상세히 설명하겠습
니다. 그리고 경찰의 긴급출입 권한은 매우 예외적인 상황에서, 시민의 생명과 재산을 보호
하기 위해서만 사용된다는 점을 명확히 하여 과도한 불안감을 해소하겠습니다.

(3) **질문 2:** 경찰의 조치로 큰 피해를 막았지만, 가게 주인은 당장 파손된 셔터 때문에 막대한
손해를 입었습니다. 그에게 경찰관으로서 인간적으로 어떤 말을 해 줄 수 있을까요?

(4) **답변 2:** 법적인 손실보상 절차 안내와는 별개로, 인간적인 위로와 공감을 표현하겠습니다.
"사장님, 가게를 지켜드리지 못하고 일부 파손된 점 정말 안타깝고 죄송합니다. 하지만 가
게 전체와 사장님의 생명을 지키기 위한 어쩔 수 없는 선택이었습니다. 저희가 행정적으로
도울 수 있는 부분은 최선을 다해 돕겠습니다. 힘내십시오"라고 진심을 담아 위로의 말씀을
전하겠습니다.

4) 면접관 4(조직·정책 전문가)

(1) **질문 1:** 현장 경찰관들이 화재 등 재난 상황에 더 효과적으로 초기 대응하기 위해, 어떤 장
비나 훈련이 보강되어야 한다고 생각합니까?

(2) **답변 1:** 우선, 순찰차에 휴대용 방독면과 카메라, 그리고 구조 장비 등을 비치해야 한다고
생각합니다. 또한, 경찰 교육 과정에 소방서와 연계한 '재난 현장 초기 대응 훈련'을 정기적
으로 편성하여, 화재 진압, 인명 구조, 응급 처치 등 기본적인 재난 대응 능력을 모든 경찰관
이 갖추도록 해야 합니다.

(3) **질문 2:** 위기 상황에서의 판단력은 경험에서 나온다고 합니다. 신임인 본인이 이런 복잡한
상황을 잘 처리할 수 있다고 자신하는 근거는 무엇입니까?

(4) **답변 2:** 물론 선배님들의 경험은 존중받아야 합니다. 하지만 저는 신임으로서 두 가지 강점
을 가지고 있다고 생각합니다. 첫째, '매뉴얼과 원칙에 대한 높은 숙련도'입니다. 저는 경험
에 의존하기보다, 가장 최근에 배운 법령과 표준 대응 절차(SOP)에 따라 행동하므로 자의
적인 판단의 위험이 적습니다. 둘째, '배우려는 적극적인 자세'입니다. 저는 혼자 판단하기
어려운 상황에 직면하면, 즉시 선배나 상사, 혹은 112상황실에 자문하여 더 나은 판단을 구
하는 것을 주저하지 않을 것입니다. 이러한 강점을 통해 경험 부족을 보완하고, 가장 안전
하고 합리적인 결정을 내릴 수 있다고 자신합니다.

제8조(사실의 확인 등)

[조문 원문]

① 경찰관서의 장은 직무 수행에 필요하다고 인정되는 상당한 이유가 있을 때에는 국가기관이나 공사(公私) 단체 등에 직무 수행에 관련된 사실을 조회할 수 있다. 다만, 긴급한 경우에는 소속 경찰관으로 하여금 현장에 나가 해당 기관 또는 단체의 장의 협조를 받아 그 사실을 확인하게 할 수 있다.

② 경찰관은 다음 각 호의 직무를 수행하기 위하여 필요하면 관계인에게 출석하여야 하는 사유·일시 및 장소를 명확히 적은 출석 요구서를 보내 경찰관서에 출석할 것을 요구할 수 있다.

1호. 미아를 인수할 보호자 확인

2호. 유실물을 인수할 권리자 확인

3호. 사고로 인한 사상자(死傷者) 확인

4호. 행정처분을 위한 교통사고 조사에 필요한 사실 확인

[조문 해부(항·목별)]

- **①항(사실조회):**
  - **권한의 주체:** 원칙적으로 '경찰관서의 장(서장, 청장 등)'입니다. 이는 사실조회가 외부 기관의 정보를 요구하는 권한이므로 남용을 방지하기 위해 그 주체를 엄격히 한 것입니다.
  - **요건:** '직무 수행에 필요하다'는 '상당한 이유'가 있어야 합니다. 막연한 필요성이 아닌, 구체적인 직무와의 관련성이 인정되어야 합니다.
  - **조회 대상: 국가기관, 공공단체, 사기업** 등 거의 모든 기관과 단체를 대상으로 할 수 있습니다.
  - **예외(현장 경찰관의 권한):** '긴급한 경우'에는 예외적으로 소속 '경찰관'이 현장에서 직접 기관·단체의 장의 '협조'를 받아 사실을 확인할 수 있습니다. 예를 들어, 대형 화재 현장에서 소방관이 건물의 위험물 정보를 급히 요청하는 경우, 경찰관이 직접 관공서에 가서 확인하는 행위 등이 해당됩니다.
- **②항(출석요구):**

- **권한의 주체**: '경찰관'입니다. 제1항과 달리 일선 경찰관이 직접 자신의 명의로 요구할 수 있습니다.
- **엄격히 제한된 사유**: 이 조항의 가장 큰 특징은 출석요구가 허용되는 사유가 아래 **네 가지 비범죄적·행정적 목적으로 엄격히 한정**된다는 점입니다.
  - **미아 보호자 확인**: 길 잃은 아이의 부모를 찾기 위해 관련자에게 출석을 요구하는 경우.
  - **유실물 권리자 확인**: 습득한 지갑의 주인을 찾기 위해 관련자에게 출석을 요구하는 경우.
  - **사고 사상자 확인**: 교통사고나 재난사고 현장에서 신원불명의 사상자 신원을 파악하기 위해 관련자에게 출석을 요구하는 경우.
  - **행정처분 목적의 교통사고 조사**: 벌점, 과태료 등 행정처분을 하기 위한 단순 물적 피해 교통사고의 사실관계를 확인하기 위해 운전자 등에게 출석을 요구하는 경우. (**형사입건 대상인 뺑소니, 음주운전 등 수사를 위한 출석요구는 이 조항이 아닌 형사소송법에 근거합니다**)
- **방식**: 반드시 사유, 일시, 장소를 명기한 '출석요구서'라는 서면으로 해야 합니다.
- **성격**: 강제력이 없는 '임의처분'입니다. 따라서 상대방이 출석요구에 불응하더라도 아무런 법적 불이익이나 제재를 가할 수 없습니다.

📝 Study Point(시험 합격 전략)

[권한의 주체 구별: '관서의 장' vs. '경찰관']

- 제1항 사실조회는 원칙적으로 '관서의 장', 제2항 출석요구는 '경찰관'이 주체임을 명확히 구별해야 합니다. 시험에서는 "경찰관은 직무 수행상 필요하면 언제든지 공공기관에 사실을 조회할 수 있다"는 식의 오답 보기가 출제됩니다. 사실조회는 '관서의 장' 명의의 공문으로 하는 것이 원칙이며, 경찰관이 직접 하는 것은 '긴급한 경우'라는 예외에 해당함을 기억해야 합니다.

[출석요구의 4가지 사유 완벽 암기]

- 제2항의 출석요구 사유(미아, 유실물, 사상자, 행정처분용 교통사고)는 열거된 것에 한정됩니다. 따라서 "경찰관은 절도사건의 참고인 조사를 위해 경직법 제8조에 따라 출석을 요구할 수 있다"는 보기는 명백한 오답입니다. 이는 형사소송법상의 임의출석 요구와 구별되는 경직법의 고유한 특징이므로, 4가지 사유는 반드시 암기해야 합니다.

[성격의 이해: 강제력 없는 '임의처분']

- 제8조의 사실조회와 출석요구는 모두 상대방의 자발적인 협조를 전제로 하는 '임의처분'입니다. 기관이 사실조회에 회신하지 않거나, 관계인이 출석요구에 불응하더라도 과태료 등 어떠한 강제 수단이나 벌칙도 없습니다. 이는 '권한'을 규정한 것이지 '의무'를 부과한 것이 아니기 때문입니다.

[형사소송법과의 관계 구별]

- 경찰이 범죄 수사를 위해 피의자나 참고인에게 출석을 요구하는 것은 형사소송법 제199조, 제200조, 제221조에 근거합니다. 경직법 제8조 제2항은 오직 비범죄적, 행정경찰 목적의 사실 확인을 위한 출석요구라는 점에서 근본적인 차이가 있습니다. 두 법률의 출석요구 목적과 근거를 구별하는 것은 수험생의 필수 지식입니다.

[사실조회의 예외: '긴급성'의 판단]

- 제1항 단서의 '긴급성'이란, 관서의 장 명의로 공문을 보내 회신을 기다릴 시간적 여유가 없고, 지금 당장 해당 정보를 확인하지 않으면 사람의 생명·신체에 중대한 위험이 발생하거나 회복하기 어려운 공익 침해가 우려되는 상황을 의미합니다. 현장 경찰관이 이 예외 조항을 적용하기 위해서는 이러한 긴급성을 객관적으로 입증할 수 있어야 합니다.

제8조의2(정보의 수집 등)

[조문 원문]

① 경찰관은 범죄, 재난, 공공갈등 등 공공안녕에 대한 위험의 예방과 대응을 위한 정보의 수집·작성·배포와 이에 수반되는 사실의 확인을 할 수 있다.

② 제1항에 따른 치안정보의 구체적인 범위와 처리 기준, 그 밖에 필요한 사항은 대통령령으로 정한다.

[조문 해부(항·목별)]

① **경찰관은 범죄, 재난, 공공갈등 등 공공안녕에 대한 위험의 예방과 대응을 위한 정보의 수집·작성·배포와 이에 수반되는 사실의 확인을 할 수 있다.**

- **주체:** '경찰관'이 정보 활동의 주체임을 명시합니다. 이는 경찰의 고유한 임무 중 하나임을 의미합니다.

- **목적:** 정보 활동의 목적을 '공공안녕에 대한 위험의 예방과 대응'으로 한정합니다. '범죄, 재난, 공공갈등'은 그 위험의 예시이며, 이 외에도 공공의 안녕과 질서유지에 대한 잠재적 위험 요소를 포함하는 포괄적인 개념입니다. 이는 경찰의 정보 활동이 무분별하게 확장되는 것을 방지하고, 국민의 기본권을 침해하지 않도록 목적의 정당성을 부여하는 역할을 합니다.

- **정보의 정의:** '정보' 활동 범위를 '수집·작성·배포' 및 '사실의 확인'으로 구체화했습니다. '수집'은 다양한 출처로부터 정보를 모으는 활동, '작성'은 수집된 정보를 분석·가공하여 유의미한 정보 보고서를 만드는 활동, '배포'는 필요한 기관이나 부서에 전달하는 활동을 의미합니다. '사실의 확인'은 정보의 정확성을 담보하기 위한 필수적인 검증 절차를 말합니다.

② **제1항에 따른 정보의 구체적인 범위와 처리 기준, 그 밖에 필요한 사항은 대통령령으로 정한다.**

- **위임 규정:** 법률에서 모든 세부 사항을 규정하기 어려운 점을 고려하여, 정보의 구체적인 범위와 처리 기준 등 세부적인 절차를 대통령령(**경찰관의 정보수집 및 처리 등에 관한 규정**)에 위임하는 규정입니다. 이는 법률의 유연성을 확보하고, 사회 변화에 따라 정보 활동의 기준을 탄력적으로 조정할 수 있도록 하기 위함입니다. 수험생은 반드시 하위법령을 함께 학습해야 합니다.

[핵심 키워드: 목적의 한정성]

- 경찰의 정보 활동은 '공공안녕에 대한 위험의 예방과 대응'이라는 목적 내에서만 허용됩니다. 시험에서는 이 목적을 벗어난 위법한 정보 활동의 사례(예: 특정 정치인 동향 파악, 사생활 정보 수집)를 제시하고 법적 근거의 정당성을 묻는 문제가 출제될 수 있습니다. 목적의 정당성은 정보 활동의 적법성을 판단하는 가장 중요한 기준임을 명심해야 합니다.

[핵심비교: 他 정보기관과의 차이점]

- 국가정보원 등 다른 정보기관의 활동과 경찰의 치안정보 활동은 그 목적과 범위에서 차이가 있습니다. 국가정보원이 국가안전보장에 중점을 둔다면, 경찰은 국민의 생명·신체·재산을 보호하고 공공의 안녕과 질서를 유지하는 것에 초점을 맞춥니다. 두 기관의 정보 활동의 법적 근거와 목적을 비교·분석하는 문제가 출제될 수 있으므로 차이점을 명확히 구별해 두어야 합니다.

[핵심절차: 수집·작성·배포·확인]

- 정보 활동은 '수집 → 사실 확인 → 작성 → 배포'의 단계로 이루어집니다. 각 단계별 활동의 개념과 적법성 요건을 이해하는 것이 중요합니다. 특히, 정보 수집 단계에서는 강제력을 행사할 수 없으며 임의적인 방법에 의해야 한다는 점, 사실 확인은 정보의 신뢰성을 확보하기 위한 필수 절차라는 점을 기억해야 합니다. 각 절차의 개념을 묻거나, 특정 사례가 어느 단계에 해당하는지를 묻는 문제가 나올 수 있습니다.

[핵심개념: 정보의 정의]

- '정보'란 '범죄, 재난, 공공갈등 등 공공안녕에 대한 위험의 예방과 대응을 위한 정보'로 법률에 명시되어 있습니다. 이 정의는 경찰 정보 활동의 대상과 범위를 명확히 하는 역할을 합니다. 시험에서는 정보에 해당하지 않는 것을 고르는 유형의 문제가 출제될 수 있습니다. 예를 들어, 개인의 사상, 신념, 정당 가입 여부 등은 원칙적으로 치안정보의 수집 대상이 될 수 없습니다.

[핵심근거: 위임입법의 이해]

- 제8조의2 제2항은 구체적인 사항을 대통령령에 위임하고 있습니다. 따라서 법률 조문만으로는 완벽한 학습이 될 수 없습니다. **경찰관의 정보수집 및 처리 등에 관한 규정을 참조해서 학습해야 할 것입니다.**

제8조의3(국제협력)

[조문 원문]

경찰청장 또는 해양경찰청장은 이 법에 따른 경찰관의 직무수행을 위하여 외국 정부기관, 국제기구 등과 자료 교환, 국제협력 활동 등을 할 수 있다.

[조문 해부(항·목별)]

- 주체: '경찰청장 또는 해양경찰청장'은
- 국제협력의 주체를 경찰의 최고 감독자인 경찰청장과 해양경찰청장으로 명시했습니다. 이는 국제협력이 국가적 차원에서 이루어지는 중요한 사무이며, 일선 경찰관서가 아닌 경찰의 최상위 기관이 책임지고 수행해야 함을 의미합니다. 실무적으로는 청장의 지휘 아래 국제협력 담당 부서에서 업무를 수행하게 됩니다.
- 목적: '이 법에 따른 경찰관의 직무수행을 위하여'

  국제협력의 목적은, 첫째는 국제범죄 대응으로, 마약, 테러, 사이버 범죄 등 국경을 초월하는 범죄에 공동으로 대처하는 것입니다. 둘째는 재외국민 보호로, 해외에서 위험에 처한 우리 국민을 보호하기 위한 활동입니다. 이는 경찰의 임무가 국내에만 국한되지 않고, 세계화 시대에 맞춰 국외로 확장됨을 보여 주는 중요한 부분입니다.
- 협력 대상: '외국 정부기관, 국제기구 등'

  협력의 파트너를 구체적으로 예시하고 있습니다. 관련 국가의 경찰기관, 미국 FBI, 중국 공안부 등 특정 국가의 법 집행기관 등을 포함합니다. '국제기구'의 대표적인 예는 인터폴(INTERPOL)입니다. '등'이라는 표현을 사용하여 명시된 기관 외에도 협력이 필요한 다양한 국제기구나 기관과 협력할 수 있는 법적 유연성을 확보했습니다.
- 행위: '협력할 수 있다.'

  '협력할 수 있다'는 재량규정으로, 필요에 따라 국제협력을 추진할 수 있는 권한을 부여한 것입니다. 국제협력의 형태는 정보 교환, 수사 공조, 범죄인 인도, 기술 지원, 공동 훈련 등 매우 다양할 수 있습니다. 이 조항은 이러한 다각적인 경찰 외교 활동의 법적 근거가 됩니다.

[핵심 키워드: 국제 공조의 주체]

- 시험에서 국제협력의 주체를 묻는 문제가 출제될 경우, '시·도경찰청장'이나 '경찰서장'이 아닌 '경찰청장 또는 해양경찰청장'임을 명확히 암기해야 합니다. 이는 국제 공조의 책임과 권한이 국가경찰의 최상위 기관에 있음을 강조하는 문제입니다. 지엽적이지만 함정 문제로 출제될 가능성이 높으므로 정확한 직책을 숙지하는 것이 필수적입니다.

[핵심목표: 재외국민 보호]

- 과거 경찰의 임무가 국내 치안 유지에 국한되었다면, 이 조항은 국제범죄 대응뿐만 아니라, 해외에서 우리 국민이 범죄 피해를 보거나 위험에 처했을 때 현지 경찰과의 공조를 통해 적극적으로 개입할 수 있는 법적 근거가 됩니다.

[핵심파트너: 국제경찰기구(INTERPOL)]

- 국제협력의 대표적인 파트너는 인터폴(INTERPOL)입니다. 인터폴의 역할과 기능(예: 국제수배서 발부, 정보 통신망 제공)을 이 조문과 연계하여 학습하는 것이 효과적입니다. 예를 들어, 해외로 도피한 피의자를 검거하기 위해 인터폴에 적색수배를 요청하는 것은 제8조의3에 근거한 경찰청장의 대표적인 국제협력 활동 사례라고 할 수 있습니다.

[핵심성격: 임의적 재량행위]

- 조문이 '~하여야 한다'가 아닌 '~협력할 수 있다'로 규정되어 있음을 주목해야 합니다. 이는 국제협력이 외교 관계, 상대국의 법률 및 주권 등 다양한 요소를 고려해야 하는 복잡한 사안이므로, 상황에 따라 신중하게 결정할 수 있는 재량권을 부여한 것입니다. 법률 용어의 미묘한 차이를 이해하고, 기속행위와 재량행위를 구분하는 능력을 키워야 합니다.

[핵심근거: 경찰 외교의 법적 기반]

- 이 조항은 경찰이 독자적으로 외국 기관과 교류하고 협력관계를 구축하는, 이른바 '경찰 외교' 활동의 핵심적인 법적 기반이 됩니다. 세계 각국에 파견되는 경찰 주재관의 활동, 국제회의 참석, 외국 경찰과의 MOU 체결 등 모든 국제 교류 활동이 이 조항에 근거를 둡니다. 경찰의 역할이 국내를 넘어 국제 무대로 확장되고 있음을 보여 주는 상징적인 조문입니다.

제9조(유치장)

[조문 원문]

법률에서 정한 절차에 따라 체포·구속된 사람 또는 신체의 자유를 제한하는 판결이나 처분을 받은 사람을 수용하기 위하여 경찰서와 해양경찰서에 유치장을 둔다.

[조문 해부(항·목별)]

- 설치 목적 및 근거:

  이 조항은 경찰이 피의자 등의 신병을 확보한 후 이들을 적법하게 수용할 시설이 필요하므로, 그 시설인 '유치장(留置場)'의 설치 근거를 법률로 명확히 규정한 것입니다. 경찰관의 직무 '집행'에 관한 법률에 시설의 설치 '조직'에 관한 규정이 포함된 독특한 조항입니다. 이는 유치장의 설치와 운영이 경찰의 중요한 직무 중 하나임을 의미합니다.

- 수용 대상자:

  유치장에 수용될 수 있는 사람은 엄격히 두 가지 유형으로 한정됩니다.
    - **"법률에서 정한 절차에 따라 체포·구속된 사람"**: 형사소송법에 따라 현행범으로 체포되거나 긴급체포된 피의자, 또는 법관이 발부한 구속영장에 의해 구속된 피의자를 의미합니다. 이는 수사 과정에서 신병을 확보하기 위한 일시적인 수용입니다.
    - **"신체의 자유를 제한하는 판결이나 처분을 받은 사람"**: 대표적으로 형법상 형벌의 일종인 **'구류(拘留)'**(30일 미만의 신체 구금)를 선고받은 사람이 해당됩니다. 구류는 교도소가 아닌 경찰서 유치장에서 집행됩니다. 또한 즉결심판 불복으로 정식재판을 청구했다가 구류를 선고받은 사람 등도 포함될 수 있습니다.

- 설치 장소:

  "경찰서와 해양경찰서"에 둔다고 명시하여, 지구대나 파출소 등에는 유치장을 설치할 수 없음을 명확히 하고 있습니다. 이는 유치장 운영에 필요한 인력, 시설, 보안 기준 등을 고려한 것입니다.

[성격 규정: 조직규정적 성격]

- 경직법의 다른 조항들이 대부분 경찰관의 행위(작용)를 규율하는 것과 달리, 제9조는 '유치장'이라는 시설의 설치 근거를 마련한 조직규정적 성격을 가집니다. 이는 경직법이 경찰의 작용법적 성격과 조직법적 성격을 일부 겸하고 있음을 보여 주는 예시로, 법의 성격을 묻는 문제에서 함정으로 출제될 수 있습니다.

[수용 대상의 명확한 구분]

- 유치장의 수용 대상은 '수사상 체포·구속된 자'와 '재판 결과 구류 처분을 받은 자'로 명확히 나뉩니다. 시험에서는 "경직법 제3조에 따라 임의동행된 사람은 유치장에 유치할 수 있다" 또는 "보호조치 대상자는 유치장에 수용된다"와 같은 오답 보기가 자주 등장합니다. 임의동행(최대 6시간)이나 보호조치(최대 24시간) 대상자는 유치장이 아닌 별도의 '경찰관서'에 머무르게 되므로, 유치장 수용 대상자와는 엄격히 구별해야 합니다.

['구류' 집행 장소로서의 유치장]

- '구류'가 징역이나 금고와 달리 경찰서 유치장에서 집행된다는 점은 형법과 경직법을 연결하는 중요한 지식입니다. 이는 경찰이 범죄 수사 뿐만 아니라 확정된 형벌을 집행하는 역할도 일부 수행하고 있음을 보여 줍니다. 객관식 문제에서 "구류는 교도소에서 집행한다"는 보기는 명백한 오답입니다.

[유치장과 구치소의 차이]

- '유치장'은 경찰청 소속으로, 주로 수사 단계의 피의자나 구류 수형자를 단기간 수용하는 시설입니다. 반면, '구치소'는 법무부 소속으로, 구속된 피의자나 피고인을 장기간 수용하며 재판을 진행하고, 미결수용자를 수용하는 시설입니다. 두 시설의 소속, 기능, 수용 기간 등에서 차이가 있음을 알아 두어야 합니다.

[세부 운영규정: '피의자 유치 및 호송 규칙']

- 제9조는 유치장의 설치 근거만 제시할 뿐, 구체적인 운영 방식은 규정하고 있지 않습니다. 유치인의 처우, 식사, 면회, 의료 조치, 안전 관리 등 세부적인 사항은 대통령령인 '피의자 유치 및 호송 규칙'에서 규율합니다. 따라서 유치장 관련 심화 문제는 이 규칙의 내용과 연계하여 출제될 수 있습니다.

제10조(경찰장비의 사용 등)

[조문 원문]

① 경찰관은 직무수행 중 경찰장비를 사용할 수 있다. 다만, 사람의 생명이나 신체에 위해를 끼칠 수 있는 경찰장비(이하 이 조에서 "위해성 경찰장비"라 한다)를 사용할 때에는 필요한 안전교육과 안전검사를 받은 후 사용하여야 한다.

② 제1항 본문에서 "경찰장비"란 무기, 경찰장구(警察裝具), 경찰착용기록장치, 최루제(催淚劑)와 그 발사장치, 살수차, 감식기구(鑑識機具), 해안 감시기구, 통신기기, 차량·선박·항공기 등 경찰이 직무를 수행할 때 필요한 장치와 기구를 말한다.

③ 경찰관은 경찰장비를 함부로 개조하거나 경찰장비에 임의의 장비를 부착하여 일반적인 사용법과 달리 사용함으로써 다른 사람의 생명·신체에 위해를 끼쳐서는 아니 된다.

④ 위해성 경찰장비는 필요한 최소한도에서 사용하여야 한다.

⑤ 경찰청장은 위해성 경찰장비를 새로 도입하려는 경우에는 대통령령으로 정하는 바에 따라 안전성 검사를 실시하여 그 안전성 검사의 결과보고서를 국회 소관 상임위원회에 제출하여야 한다. 이 경우 안전성 검사에는 외부 전문가를 참여시켜야 한다.

⑥ 위해성 경찰장비의 종류 및 그 사용기준, 안전교육·안전검사의 기준 등은 대통령령으로 정한다.

[조문 해부(항·목별)]

- **①항(사용 원칙 및 전제조건):**
    - **원칙:** 경찰관의 경찰장비 사용에 대한 **포괄적인 허용**을 명시합니다. 이는 직무 수행의 실효성을 확보하기 위한 기본 전제입니다.
    - **핵심 단서(전제조건):** 다만, '**위해성 경찰장비**'(사람의 생명·신체에 해를 끼칠 수 있는 장비, 예: 테이저건, 가스총 등)의 경우에는, 반드시 '필요한 안전교육과 안전검사'를 받은 후에만 사용할 수 있다는 엄격한 자격 제한을 둡니다. 이는 장비의 오·남용으로 인한 인권 침해를 막기 위한 핵심적인 통제 장치입니다.
- **②항(경찰장비의 정의 및 종류):**
'경찰장비'가 무엇인지 그 종류를 예시적으로 나열한 조항입니다. 무기, 경찰장구(수갑, 경찰봉 등)와 같은 전통적인 장비부터, 경찰착용기록장치(바디캠), 살수차, 각종 감식 및 통신 기기, 운송 수단까지 경찰이 직무 수행에 사용하는 모든 유형의 장치와 기구를 포괄하는 넓은 개념입니다.

- ③항(임의 개조 금지):

경찰장비의 안전성과 규격 통일성을 확보하기 위한 절대적 금지 조항입니다. 경찰관 개인의 판단으로 장비를 더 강력하게 만들거나 다른 장비를 부착하는 등 임의로 개조·변경하여 사용하는 것을 엄격히 금지합니다. 이는 예측 불가능한 인명 피해를 막고, 모든 장비 사용의 책임을 국가가 지도록 하기 위함입니다.

- ④항(비례의 원칙):

제1조 제2항의 비례의 원칙(최소침해의 원칙)을 '위해성 경찰장비' 사용에 있어 다시 한번 강조한 규정입니다. 일반 장비보다 인권침해 소지가 훨씬 큰 위해성 경찰장비는 그 사용 요건과 정도를 더욱 엄격하게 판단해야 한다는 점을 명시합니다.

- ⑤항(신규 위해성 장비 도입 절차):

새로운 종류의 위해성 경찰장비를 도입할 때, 경찰의 자의적인 판단이 아닌 민주적이고 투명한 절차를 거치도록 한 핵심적인 통제 장치입니다. ① 외부 전문가가 참여하는 안전성 검사를 의무화하고, ② 그 결과 보고서를 국회 소관 상임위원회에 제출하도록 하여, 국민의 대표 기관인 국회가 경찰의 무력 강화를 감시하고 통제할 수 있도록 했습니다.

- ⑥항(대통령령으로의 위임):

이 법률 조항만으로는 다양한 위해성 경찰장비의 종류와 구체적인 사용 기준을 모두 담을 수 없으므로, 세부적인 사항은 하위 법령인 대통령령(「위해성 경찰장비의 사용기준 등에 관한 규정」)에 위임하고 있습니다. 법률과 시행령의 관계를 이해하는 것이 중요합니다.

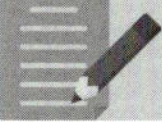

Study Point(시험 합격 전략)

[핵심 개념: '위해성 경찰장비'와 사용 자격]

'위해성 경찰장비'가 무엇인지(사람의 생명·신체에 해를 끼칠 수 있는 장비), 그리고 그것을 사용하기 위한 전제조건이 '안전교육 이수'와 '안전검사 통과'라는 점은 A급 암기 사항입니다. 시험에서는 "경찰관은 긴급한 경우 안전교육을 받지 않았더라도 위해성 경찰장비를 사용할 수 있다"는 식의 오답 보기가 출제되므로 유의해야 합니다.

[절대적 금지: 임의 개조 금지]

제3항의 '임의 개조 금지'는 예외가 없는 절대적 원칙입니다. "효율적인 범인 제압을 위해 경찰봉 끝을 뾰족하게 개조하여 사용했다"는 식의 사례는 명백한 위법 행위이며, 징계 및 형사처벌의 대상이 될 수 있습니다. 이는 장비의 안전성과 책임 소재를 명확히 하기 위한 조항임을 이해해야 합니다.

[민주적 통제장치: 국회 보고 의무]

제5항의 신규 장비 도입 절차는 경찰의 권한 남용을 막기 위한 민주적 통제장치로서 매우 중요합니다. '외부 전문가 참여', '안전성 검사', '국회 보고'라는 3단계를 순서대로 기억해야 합니다. "경찰청장이 자체적으로 안전성 검사를 거쳐 신규 장비를 도입할 수 있다"는 보기는 틀린 것입니다.

[비례의 원칙의 재확인]

제4항은 위해성 경찰장비 사용이 제1조에서 선언한 비례의 원칙(필요 최소한도의 원칙)을 더욱 엄격하게 따라야 함을 명시합니다. 이는 경찰의 물리력 행사가 항상 자기 방어 또는 타인 보호 등 주어진 목적 달성에 필요한 범위를 초과해서는 안 된다는 점을 각인시키는 조항입니다.

[하위 법령과의 관계]

경직법 제10조는 경찰장비 사용의 기본 원칙을 정한 것이고, 실제 현장에서 테이저건을 어떤 요건하에 사용할 수 있는지, 살수차는 어떤 각도로 어느 부위를 향해 발사해야 하는지 등 구체적이고 세부적인 기준은 대통령령인 「위해성 경찰장비의 사용기준 등에 관한 규정」에 나와 있습니다. 심화 학습을 위해서는 반드시 해당 대통령령을 함께 공부해야 합니다.

경직법 제10조 상황 재구성

💬 발표 면접 과제 1: [테이저건 사용의 딜레마]

1. 상황자료

당신은 야간 순찰 중인 지구대 경찰관 A순경입니다. "아들이 집에서 칼을 들고 행패를 부리고 있다"는 다급한 신고를 받고 현장에 출동했습니다. 집 안에서는 20대 남성 B씨가 깨진 맥주병을 들고 자신의 팔을 자해하며, 출동한 경찰관들을 향해 "가까이 오면 죽어 버릴 거야! 다가오지 마!"라고 소리치고 있습니다. B씨는 마약 투약 전과가 있으며, 현재도 약물에 취해 이성을 잃은 것으로 보입니다. 부모님은 방 안에서 겁에 질려 어쩔 줄 모르고 있습니다. B씨와의 거리는 약 4~5미터이며, 그가 언제 자신이나 타인을 공격할지 모르는 일촉즉발의 상황입니다. 당신은 B씨를 제압하기 위해 '위해성 경찰장비'인 테이저건(전자충격기) 사용을 고려하고 있습니다.

상황처리 과제

당신이 A순경이라면, 이 상황에서 테이저건을 사용하는 것이 경직법 제10조 및 관련 규정(대통령령)에 따라 타당한지 판단하고, 만약 사용한다면 어떤 절차와 원칙에 따라 사용할 것인지 구체적으로 발표하시오.

2. 상황판단(법적 근거 중심)

이 상황은 테이저건 사용 요건에 부합한다고 판단됩니다. '위해성 경찰장비의 사용기준 등에 관한 규정'에 따르면, 테이저건은 범인이 자신 또는 타인을 공격하려 하고 경찰관의 제지에도 불응하는 경우 등 중대한 위험이 발생했을 때 사용할 수 있습니다. B씨는 깨진 병이라는 '흉기'를 소지하고 있고, 자해를 하고 있으며, 경찰관을 위협하고 있어 자신과 타인(부모, 경찰)의 생명·신체에 대한 중대한 위험이 명백합니다. 또한, 대화나 설득이 통하지 않는 약물 중독 상태이므로, 경직법 제10조 제4항에 규정된 '필요 최소한도'의 원칙상, 경찰봉 등을 이용한 근접 제압보다 안전거리를 확보할 수 있는 테이저건 사용이 오히려 경찰관과 대상자 모두의 피해를 줄일 수 있는 가장 합리적인 수단이라고 판단됩니다.

3. 문제점 및 해결방안(단계별 조치)

1) 문제점: 테이저건은 심장질환자 등에게 사용할 경우 치명적인 결과를 낳을 수 있으며, 발사된 전극침이 얼굴 등 위험한 부위에 맞을 수 있는 위험성이 상존합니다.

2) 해결방안:

(1) 1단계(사전 경고 및 최종 고지): 테이저건을 꺼내 겨누고, 경고를 하겠습니다. 그리고 "깨진 병 내려놔! 마지막 경고다! 계속 불응 시 전자충격기를 사용하겠다!"라고 크고 명확하게 **구두 경고**를 하여, B씨에게 스스로 저항을 포기할 마지막 기회를 주겠습니다.

(2) 2단계(안전수칙 준수 및 발사): 경고에도 B씨가 계속 저항한다면, 안전수칙에 따라 B씨의 **얼굴을 피해** 등이나 다리 등 신체 면적이 넓은 곳을 조준하여 테이저건을 발사하겠습니다. 발사 시에는 "전기충격기 발사!"라고 외쳐 주변 동료 경찰관과 가족들이 인지하고 대비할 수 있도록 하겠습니다.

(3) 3단계(신속한 제압 및 응급조치): B씨가 테이저건에 맞아 쓰러지면, 즉시 동료와 함께 신속하게 접근하여 흉기를 제거하고 수갑을 사용하여 제압하겠습니다. 제압 후에는 B씨의 의식과 호흡 등 건강 상태를 즉시 확인하고, 가슴에 박힌 전극침을 제거하는 등 응급조치를 실시하겠습니다. 또한, 만일의 사태에 대비해 미리 요청해 둔 119 구급대를 통해 B씨의 건강 상태를 전문적으로 진찰받게 하겠습니다.

(4) 4단계(사용 보고 및 기록 유지): 상황 종료 후, 위해성 경찰장비 사용 보고서에 사용 일시, 장소, 대상자, 경위, 결과 등을 6하 원칙에 따라 상세히 작성하여 소속 관서장에게 보고하겠습니다. 가능한 한, 이 모든 과정은 바디캠으로 기록하여 테이저건 사용의 불가피성과 절차적 정당성을 명확히 입증하겠습니다.

4. 면접관과 질의응답(꼬리질문)

1) 면접관 1(법률 전문가)

(1) 질문 1: 테이저건 사용 경고를 했는데, B씨가 갑자기 칼을 들고 부모님이 있는 방으로 뛰어 들어간다면 어떻게 하겠습니까?

(2) 답변 1: 그 경우, 사전 경고 절차를 생략하고 즉시 발사할 수 있습니다. 관련 규정은 타인에게 중대한 위해가 임박한 급박한 상황에서는 경고 없이도 위해성 장비를 사용할 수 있도록 예외를 두고 있습니다. 부모님의 생명이 경각에 달린 상황이므로, B씨의 등 뒤에서 안전하게 조준하여 즉시 발사하여 더 큰 비극을 막겠습니다.

(3) 질문 2: B씨가 17세의 청소년이라면, 테이저건 사용 결정에 변화가 있습니까?

(4) 답변 2: 네, 더욱 신중하게 판단해야 합니다. 규정상 14세 미만자나 임산부에게는 사용이 금지되지만, 17세는 원칙적 금지 대상은 아닙니다. 하지만 청소년은 신체적으로나 정신적으로 성인보다 취약하므로, 테이저건 사용이 최후의 수단인지 다시 한번 판단하겠습니다. 대화나 다른 경찰장구(경찰봉 등)로 제압이 가능한지 먼저 검토하되, 청소년이라 하더라도 흉기를 들고 자신이나 타인의 생명을 위협하는 명백하고 현존하는 위험이 있다면, 최후의 수단으로 사용하는 것은 가능하다고 봅니다.

2) 면접관 2(현장 지휘관)

(1) 질문 1: B씨가 좁은 방의 구석에 몰려 있어, 테이저건을 쏘면 뒤로 넘어져 가구 모서리에 머리를 부딪칠 위험이 커 보입니다. 어떻게 하겠습니까?

(2) 답변 1: 테이저건 사용의 2차 위험이 크다고 판단되므로, 사용을 보류하고 다른 대안을 강구하겠습니다. 방패 등을 이용해 안전거리를 유지하며 B씨와 대치하고, 추가 인력을 요청하여 방 양쪽에서 동시에 진입하여 제압하거나, B씨가 방심한 틈을 타 경찰봉으로 흉기를 든 팔을 쳐내는 등 다른 물리력 행사 방법을 우선적으로 고려하겠습니다. 장비의 사용 자체가 목적이 아니라, 안전한 제압이 목적임을 잊지 않겠습니다.

(3) 질문 2: 동료 경찰관이 신임이라, 긴장해서 테이저건 안전장치를 풀지 못하고 머뭇거리고 있습니다. 어떻게 지시하겠습니까?

(4) 답변 2: 즉시 "안전장치 풀어!"라고 크고 단호하게 외쳐 동료의 집중력을 환기시키겠습니다. 만약 동료가 계속 패닉 상태에 빠져 조치가 어렵다고 판단되면, "내가 쏘겠다! 엄호해!"라고 말하며 제가 직접 발사하고, 동료에게는 제압 후 수갑을 채우는 등 보조 역할을 맡겨 임무를 재분배하겠습니다. 현장에서는 신속한 역할 분담과 결단이 중요합니다.

3) 면접관 3(인권·소통 전문가)

(1) 질문 1: 테이저건은 과잉진압의 상징처럼 여겨지기도 합니다. 경찰이 이 장비에 대한 국민의 신뢰를 얻기 위해 어떤 노력을 해야 할까요?

(2) 답변 1: '투명성'과 '책임성'을 보여 주는 것이 중요합니다. 첫째, 가능한 한, 모든 사용 사례를 바디캠으로 기록하고, 정당한 사용이었다면 그 영상을 편집 없이 공개하여 오해를 불식시키는 등 투명성을 높여야 합니다. 둘째, 만약 오·남용 사례가 발생했다면, 이를 은폐하지 않고 엄정하게 조사하고 책임을 물어, 경찰이 스스로를 통제할 수 있다는 책임성을 보여 주어야 합니다. 또한, 지속적인 교육과 훈련을 통해 경찰관의 전문성을 높이는 노력도 꾸준히 홍보해야 합니다.

(3) 질문 2: B씨의 부모님이 "아들이 다치니 제발 쏘지 말아 달라"고 애원하며 경찰관을 가로막

는다면 어떻게 하겠습니까?

(4) 답변 2: 먼저 부모님을 안전한 곳으로 이동시키는 것이 최우선입니다. 다른 경찰관에게 부모님을 보호하도록 지시하고, 저는 B씨와 계속 대치하겠습니다. 그리고 부모님께는 "어머님, 아버님! 지금 B씨와 저희 모두를 위해 가장 안전한 방법입니다. 저희를 믿고 잠시만 기다려 주십시오!"라고 단호하지만 이해를 구하는 목소리로 설득하겠습니다. 부모님의 마음은 이해하지만, 감정에 휩쓸려 모두가 위험해지는 상황을 만들어서는 안 됩니다.

4) 면접관 4(조직 · 정책 전문가)

(1) 질문 1: 마약이나 정신질환 관련 범죄가 증가하면서, 경찰의 물리력 사용 빈도도 늘어날 수 있습니다. 이에 대비해 경찰은 어떤 준비를 해야 할까요?

(2) 답변 1: '전문성 강화'와 '장비의 다양화'가 필요합니다. 첫째, 모든 경찰관을 대상으로 정신질환자나 약물중독자의 특성을 이해하고, 이들과 효과적으로 소통하고 위기를 관리하는 '위기협상' 전문 교육을 강화해야 합니다. 둘째, 테이저건과 같은 물리적 충격을 주는 장비 외에도, 그물망 발사기나 접착성 포획 장비 등 대상자의 상해를 최소화하면서 제압할 수 있는 다양한 '비살상무기'를 연구하고 도입하는 노력도 필요하다고 생각합니다.

(3) 질문 2: 본인은 이처럼 생사를 가르는 긴박한 순간에, 침착하게 법규와 안전수칙을 지키면서 장비를 사용할 자신이 있습니까?

(4) 답변 2: 네, 자신 있습니다. 저는 평소 반복적인 훈련의 중요성을 믿습니다. 수없이 반복된 사격 훈련이 실제 상황에서 조준을 가능하게 하듯, 테이저건 사용 절차와 안전수칙을 몸이 기억할 정도로 반복하여 훈련한다면, 아무리 긴박한 순간이라도 침착하게 대응할 수 있다고 확신합니다. 저의 침착함은 타고난 성격이 아니라, 반복된 훈련을 통해 만들어진 전문성에서 나온다고 생각합니다.

📋 발표 면접 과제 2: [경찰장비의 임의 개조 및 사용]

1. 상황자료

당신은 경찰서 형사팀의 팀장 C경위입니다. 최근 팀원인 D경장이 범인 검거 과정에서 피의자에게 상해를 입혔다는 진정이 제기되어 감찰 조사를 받게 되었습니다. 경위를 파악해 보니, D경장은 평소 경찰이 보급한 삼단봉의 위력이 약하다고 불평하며, 개인적으로 삼단봉 손잡이 끝에 쇠구슬을 용접하여 무게와 파괴력을 높여서 사용해 왔습니다. 이번 사건에서도 D경장은 흉기를 들고 저항하는 피의자의 팔을 자신이 개조한 삼단봉으로 내리쳤고, 피의자는 일반적인 타박상이 아닌 팔뼈에 금이 가는 골절상을 입었습니다. D경장은 "정당한 공무집행이었고, 흉기 든 범인을 제압하려면 그 정도는 필요했다. 개조한 덕분에 더 큰 사고 없이 빨리 제압할 수 있었다"고 주장하고 있습니다.

상황처리 과제

당신이 팀장 C경위라면, D경장의 행위가 경직법 제10조에 비추어 정당한지 판단하고, 팀장으로서 이번 사안을 어떻게 처리하고 재발 방지 대책을 마련할 것인지 발표하시오.

2. 상황판단(법적 근거 중심)

D경장의 행위는 명백한 위법이며, 결코 정당화될 수 없습니다. 비록 흉기 든 범인을 제압했다는 결과의 정당성은 일부 인정될 수 있으나, 그 과정과 수단이 법률을 위반했습니다. 핵심적인 위법 사항은 경직법 제10조 제3항입니다. 이 조항은 "경찰관은 경찰장비를 함부로 개조하거나… 일반적인 사용법과 달리 사용함으로써 다른 사람의 생명·신체에 위해를 끼쳐서는 아니 된다"고 명시하고 있습니다. D경장은 삼단봉에 쇠구슬을 용접하여 명백히 '임의 개조'하였고, 이로 인해 피의자에게 '필요 이상의 상해(골절)'라는 위해를 가했습니다. 따라서 그의 행위는 정당한 공무집행의 범위를 넘어선 위법한 직무집행이며, 징계 등의 대상이 될 수 있습니다.

3. 문제점 및 해결방안(단계별 조치)

1) 문제점: 경찰관 개인의 잘못된 판단과 행동이 조직 전체의 공신력을 실추시키고, 정당한 물리력 사용의 기준에 대한 불신을 초래했습니다. 또한, 팀 내부의 장비 관리 및 직무 감독에 허점이 있었음이 드러났습니다.

2) 해결방안:

    (1) 1단계(즉시 조치 및 보고): 즉시 D경장이 개조한 삼단봉을 반납하게 하고, 더 이상 직무에 사용하지 못하도록 조치하겠습니다. 그리고 이번 사안의 경위를 6하 원칙에 따라 상세히 파악하여, 지휘계통을 통해 경찰서장에게 가감 없이 보고하겠습니다.

    (2) 2단계(팀원에 대한 엄정한 조치 및 교육): D경장에 대해서는 감찰 조사에 성실히 임하도록 지도하고, 그의 행동이 왜 위법한지 법적 근거를 들어 명확히 주지시키겠습니다. 동료애와는 별개로, 잘못된 행동에 대해서는 원칙에 따라 책임을 져야 함을 분명히 하겠습니다. 동시에, 이번 사례를 계기로 전체 팀원들을 소집하여 경찰장비의 임의 개조 금지 규정을 포함

한 물리력 사용 원칙에 대해 긴급 직무 교육을 실시하겠습니다.

(3) 3단계(장비 관리 시스템 전면 점검): 팀원 개개인이 지급받은 경찰장비(삼단봉, 수갑, 가스총 등) 일체를 일제히 점검하여, 추가적인 개조나 훼손 사례가 있는지 전수 조사하겠습니다. 또한, 앞으로는 매주 정기적으로 장비 관리 실태를 점검하고 기록하는 시스템을 도입하여 장비의 임의 개조를 원천적으로 차단하겠습니다.

(4) 4단계(피해자에 대한 조치): 피해를 입은 피의자에 대해서는 국가가 정당한 치료와 보상을 제공할 수 있도록 관련 절차를 안내하고, D경장의 위법 행위에 대해 사과하는 등 피해자 구제에도 소홀함이 없도록 하겠습니다.

4. 면접관과 질의응답(꼬리질문)

1) 면접관 1(법률 전문가)

(1) 질문 1: D경장의 행위는 정당방위로 볼 수 없습니까? 피의자가 흉기를 들고 저항하는 급박한 상황이었는데요.

(2) 답변 1: 정당방위의 '상당성' 요건을 충족하지 못했다고 봅니다. 정당방위는 방위 행위가 사회 통념상 용인될 수 있는 범위 내에 있어야 합니다. 법률로 엄격히 금지된 '개조된 장비'를 사용하여 필요 이상의 상해를 입힌 것은, 방위의 필요성은 인정되더라도 그 '수단과 방법'이 상당성의 범위를 벗어난 과잉방위에 해당할 가능성이 매우 높습니다.

(3) 질문 2: 만약 D경장이 개조된 장비가 아닌, 규정된 경찰장구인 '테이저건'을 사용하여 피의자를 제압했다면 결과가 달라졌을까요?

(4) 답변 2: 네, 완전히 달라졌을 것입니다. 테이저건은 위해성 경찰장비이지만, 법령에 규정된 절차와 요건에 따라 사용했다면 D경장의 행위는 정당한 공무집행으로 인정받았을 것입니다. 이 사건의 핵심은 '강한 물리력을 사용했다'는 것 자체가 아니라, '법률이 허용하지 않는, 임의로 개조된 위험한 장비를 사용했다'는 절차적 위법성에 있기 때문입니다.

2) 면접관 2(현장 지휘관)

(1) 질문 1: D경장은 팀 내에서 가장 유능하고 검거 실적도 좋은 에이스 형사입니다. 이런 직원을 징계하면 팀 전체의 사기가 떨어지지 않을까요?

(2) 답변 1: 단기적으로는 사기가 저하될 수 있습니다. 하지만 팀장으로서 더 중요한 것은 팀 전체가 법과 원칙이라는 올바른 방향으로 나아가도록 하는 것입니다. 에이스 형사의 위법 행위 하나를 눈감아 주기 시작하면, 팀 전체의 기강이 무너지고 더 큰 사고로 이어질 수 있습니다. 이번 기회에 '성과만큼 과정의 정당성이 중요하다'는 원칙을 팀 전체에 명확히 각인

시키는 것이, 장기적으로 팀을 더 건강하고 강하게 만드는 길이라고 생각합니다.

(3) **질문 2:** 팀장으로서 평소에 D경장의 장비 개조 사실을 전혀 몰랐다면, 감독 책임을 면할 수 있습니까?

(4) **답변 2:** 완전히 면하기는 어렵다고 생각합니다. 팀장은 팀원들의 직무 수행뿐만 아니라, 사용하는 장비의 관리 상태까지 지휘하고 감독할 책임이 있습니다. 평소에 정기적인 장비 점검 등 최소한의 감독 의무를 다했다는 점을 입증하지 못한다면, 지휘·감독 소홀에 대한 책임으로부터 자유로울 수 없습니다. 이번 일을 계기로 저의 감독 책임을 통감하고, 재발 방지에 최선을 다하겠습니다.

3) 면접관 3(인권·소통 전문가)

(1) **질문 1:** D경장은 '경찰 장비가 너무 약해서 현장에서 우리 목숨이 위험하다'는 불만을 가지고 있습니다. 그의 불만에는 일리가 있지 않을까요?

(2) **답변 1:** 네, 현장 경찰관들의 고충과 위험성에 대해서는 충분히 공감합니다. 장비의 성능이 부족하다고 느낄 수 있습니다. 하지만 그 해결 방법이 '임의 개조'가 되어서는 안 됩니다. 만약 장비에 개선이 필요하다면, 팀원들의 의견을 수렴하여 정식으로 상부에 보고하고, 합법적인 절차를 통해 더 안전하고 효과적인 장비를 개발하고 보급하도록 건의하는 것이 올바른 해결책입니다.

(3) **질문 2:** 이 사건이 언론에 보도되어 '인권침해 경찰'이라는 비난이 쏟아진다면, 어떻게 조직의 명예를 회복하겠습니까?

(4) **답변 2:** 숨기거나 변명하기보다는, 신속하고 투명하게 사실을 인정하는 것이 우선입니다. "해당 경찰관의 행위는 명백한 규정 위반이며, 이에 대해 엄정하게 조사하여 책임을 묻겠습니다. 이번 일을 계기로 경찰 장비 관리 시스템을 전면 쇄신하고, 전 직원을 대상으로 물리력 사용 교육을 강화하여 재발을 방지하겠습니다"라고 발표하여, 조직의 자정 능력과 쇄신 의지를 보여줌으로써 국민의 신뢰를 회복하기 위해 노력하겠습니다.

4) 면접관 4(조직·정책 전문가)

(1) **질문 1:** 현장 경찰관들이 규정된 장비만으로 자신의 안전을 지키고 효과적으로 범인을 제압할 수 있도록 하려면, 조직 차원에서 어떤 지원이 필요할까요?

(2) **답변 1:** '최신 장비 보급'과 '실전적 훈련 강화'가 필요합니다. 방검복, 안전 방패 등 경찰관의 신체를 보호할 수 있는 최신 방어 장비를 충분히 보급해야 합니다. 또한, 단순히 장비를 지급하는 것에서 그치지 않고, 실제 상황과 유사한 시뮬레이션 훈련(VR 훈련 등)을 반복적으로 실시하여, 경찰관들이 어떤 상황에서도 규정된 장비를 가장 효과적으로 사용하여 자신

과 시민을 보호할 수 있는 역량을 키워 주어야 합니다.

(3) 질문 2: 본인은 원칙을 중시하는 팀장이 될 것 같습니까, 아니면 팀원들의 고충을 이해해주는 포용적인 팀장이 될 것 같습니까?

(4) 답변 2: 저는 '원칙에 강하지만 소통에 능한' 팀장이 되고 싶습니다. 법과 원칙을 위반하는 행위에 대해서는 그 누구에게도 타협하지 않는 엄정함을 갖추겠습니다. 하지만 그 원칙을 지켜 나가는 과정에서, 팀원들이 현장에서 겪는 어려움과 고충을 누구보다 먼저 듣고 이해하며, 그 문제를 해결하기 위해 함께 노력하는 포용적인 리더십을 발휘하고 싶습니다. 엄격함과 따뜻함이 조화를 이룰 때, 팀원들은 진심으로 리더를 믿고 따를 것이라 생각합니다.

제10조의2(경찰장구의 사용)

[조문 원문]

① 경찰관은 다음 각 호의 직무를 수행하기 위하여 필요하다고 인정되는 상당한 이유가 있을 때에는 그 사태를 합리적으로 판단하여 필요한 한도에서 경찰장구를 사용할 수 있다.

1호. 현행범이나 사형·무기 또는 장기 3년 이상의 징역이나 금고에 해당하는 죄를 범한 범인의 체포 또는 도주 방지

2호. 자신이나 다른 사람의 생명·신체의 방어 및 보호

3호. 공무집행에 대한 항거(抗拒) 제지

② 제1항에서 "경찰장구"란 경찰관이 휴대하여 범인 검거와 범죄 진압 등의 직무 수행에 사용하는 수갑, 포승(捕繩), 경찰봉, 방패 등을 말한다.

[조문 해부(항·목별)]

- **①항(경찰장구 사용 요건):**
  - **공통 요건:** 경찰장구를 사용하려면 **① 필요성에 대한 상당한 이유**가 있어야 하고, ② 현장 경찰관이 그 사태를 **합리적으로 판단**해야 하며, ③ 사용하더라도 **필요한 최소한도**에 그쳐야 합니다. 이 세 가지는 모든 장구 사용의 대전제입니다.
  - **구체적 허용 사유:** 위 공통 요건하에, 다음 세 가지 경우 중 하나에 해당해야 합니다.
    - **제1호(중대범죄자의 체포·도주방지):** 이 조항의 핵심은 '범죄의 중대성'입니다. 모든 범인이 아니라, '현행범'이거나 법정형이 '사형, 무기 또는 장기 3년 이상의 징역·금고'에 해당하는 중범죄를 저지른 범인에 한정됩니다. 단순 폭행 혐의자의 도주를 막기 위해 경찰봉을 사용하는 것은 이 요건에 해당하지 않을 수 있습니다.
    - **제2호(자위권·보호권):** '자신이나 다른 사람의 생명·신체'에 대한 현재의 부당한 침해가 있을 때, 이를 방어하고 보호하기 위한 목적입니다. 이는 형법상 정당방위나 긴급피난과 유사한 상황으로, 경찰관의 가장 본질적인 임무 수행을 위한 조항입니다.
    - **제3호(공무집행 항거 제지):** 경찰관의 적법한 공무집행(체포, 조사, 제지 등)에 대해 상대방이 물리적으로 저항(항거)하는 경우, 이를 억제하기 위한 목적입니다. 소극적인 불

응이나 언어적 저항이 아닌, 신체적인 저항이 있을 때 발동 가능합니다.

- ②항(경찰장구의 정의):

  '경찰장구'가 무엇인지 그 종류를 수갑, 포승, 경찰봉, 방패 등으로 예시하고 있습니다. 이는 제 10조의4에서 규정하는 '무기(권총, 소총 등)'와는 명확히 구별됩니다. '장구'는 주로 상대방을 제압하거나 방어하고, 신체의 자유를 일시적으로 구속하는 목적을 가진 도구인 반면, '무기'는 생명·신체에 직접적이고 심각한 위해를 가하는 것을 목적으로 합니다.

# Study Point(시험 합격 전략)

[제1호의 핵심: '중대범죄' 한정]

'사형, 무기 또는 장기 3년 이상의 징역·금고'라는 기준은 반드시 암기해야 할 핵심 키워드입니다. 이는 강도, 살인, 특수폭행 등 중범죄를 의미합니다. 시험에서는 "모든 범인의 도주를 막기 위해 경찰봉을 사용할 수 있다"는 식의 함정이 자주 출제됩니다. 경미한 범죄자의 도주 방지를 위해서는 장구를 사용할 수 없는 것이 원칙임을 명확히 해야 합니다.

[경찰장구 vs. 무기: 개념 구별]

경찰장구(제10조의2), 분사기·최루탄(제10조의3), 무기(제10조의4)는 위법성, 위험성, 사용 요건이 모두 다릅니다. 이 세 가지를 명확히 구별하고, 각각의 사용 요건을 비교하여 암기하는 것이 매우 중요합니다. 특히 장구와 무기의 구별은 물리력 사용의 정당성을 가르는 핵심 기준이 됩니다.

[사용 요건의 3가지 유형]

경찰장구를 사용할 수 있는 세 가지 상황, 즉 ① 중대범죄자 체포/도주방지, ② 생명/신체 보호, ③ 공무집행 항거 제지는 반드시 암기해야 합니다. 사례형 문제에서 경찰관의 장구 사용이 어떤 요건에 해당하는지를 정확히 연결할 수 있어야 합니다. 예를 들어, 흉기를 든 사람을 제압하는 것은 제2호, 체포하려는 경찰관을 밀치는 사람을 제압하는 것은 제3호에 해당합니다.

[비례의 원칙: '필요한 한도'의 실제적 의미]

'필요한 한도'는 상황에 따라 다르게 적용됩니다. 예를 들어, 수갑에 순순히 응하는 피의자에게 일부러 고통을 주는 방식으로 채우거나, 소극적으로 연좌시위하는 사람에게 경찰봉을 사용하는 것은 비례의 원칙 위반입니다. 상대방의 저항 수준과 가해지는 위험의 정도에 상응하는 종류의 장구를, 필요한 최소한의 강도로 사용해야 합니다.

['경찰봉' 사용의 위험성]

수갑이나 방패와 달리, '경찰봉'은 직접적인 타격을 가하는 공격적 장구이므로 사용에 특히 신중해야 합니다.

경직법 제10조의2 상황 재구성

💬 발표 면접 과제 1: [경찰봉 사용의 정당성 판단]

1. 상황자료

당신은 절도 혐의 피의자를 검거하기 위해 출동한 형사 B경장입니다. 피의자 C씨(20대, 건장한 체격)를 그의 집 앞에서 발견하고 체포하려고 하자, C씨가 갑자기 격렬하게 저항하기 시작했습니다. C씨는 흉기를 소지하지는 않았지만, 당신의 멱살을 잡고 밀치며 주먹을 휘두르려 하고 있습니다. 당신은 C씨보다 체격이 왜소하여, 단순 맨손 제압으로는 C씨의 저항을 이겨 내고 안전하게 체포하기가 어려운 상황입니다. 주변에는 다른 시민들이 불안하게 지켜보고 있으며, 이대로 실랑이를 계속하다가는 당신이 부상을 입거나 피의자를 놓칠 수 있는 위험이 있습니다. 당신은 C씨의 저항을 제압하기 위해 경찰봉 사용을 고려하고 있습니다.

상황처리 과제

당신이 B경장이라면, 이 상황에서 경찰봉을 사용하는 것이 경직법 제10조의2에 따라 정당한지 판단하고, 만약 사용한다면 어떤 부위를, 어떤 방식으로 사용하여야 하는지 구체적인 계획을 발표하시오.

2. 상황판단(법적 근거 중심)

이 상황에서 경찰봉 사용은 정당하다고 판단됩니다. C씨는 절도 혐의 피의자이므로, 제1호 '중대범죄자' 요건에는 해당하지 않을 가능성도 있습니다. 그러나 C씨가 경찰관의 멱살을 잡고 주먹을 휘두르려 하는 행위는 제2호 '자신(경찰관)의 신체에 대한 방어' 및 제3호 '공무집행(체포)에 대한 항거 제지' 요건을 명백히 충족합니다. 특히, 경찰관보다 체격이 우세한 피의자가 폭력적으로 저항하고 있어 맨손 제압이 어려운 '보충성' 요건도 갖추었습니다. 따라서 경찰관의 안전을 확보하고 정당한 공무집행을 완수하기 위해, '필요한 한도' 내에서 경찰봉을 사용하는 것은 적법한 물리력 행사에 해당합니다.

1) **문제점:** 경찰봉은 상대방에게 심각한 부상을 입힐 수 있는 위험한 장구이므로, 사용 부위나 방법을 잘못 선택할 경우 과잉진압 책임을 질 수 있습니다.

2) **해결방안:**

  (1) 1단계(경고 및 안전거리 확보): C씨를 밀어내어 최소한의 안전거리를 확보한 후, 신속하게 경찰봉을 펼쳐 들고 "폭력을 멈추고 체포에 응하지 않으면, 경찰봉을 사용하겠습니다!"라고 **단호하게 경고**하겠습니다. 이는 상대방에게 물리력 사용이 임박했음을 알려, 스스로 폭력을 멈출 기회를 제공하는 것입니다.

  (2) 2단계(사용 부위의 한정: 위험 부위 공격 금지): 경고에도 C씨가 계속 공격적으로 달려든다면 경찰봉을 사용하겠습니다. 이때, 경찰 물리력 사용규칙에 따라 머리, 얼굴, 목, 흉부 등 생명과 직결되거나 심각한 부상을 초래할 수 있는 **'위험 부위'는 공격하지 않겠습니다.**

  (3) 3단계(필요 최소한도의 가격): C씨의 공격을 막아 내면서, 그의 저항을 무력화시킬 수 있는 **팔이나 허벅지 등 근육 부위를 필요한 만큼만 최소한으로 가격**하겠습니다. 목적은 C씨에게 고통을 주어 처벌하는 것이 아니라, 그의 저항을 멈추게 하고 안전하게 수갑을 채우는 것임을 명심하겠습니다.

  (4) 4단계(제압 후 즉시 사용 중단 및 구호 조치): C씨가 저항을 멈추고 통증을 호소하며 주저앉는 등 제압되었다고 판단되면, **즉시 경찰봉 사용을 중단**하겠습니다. 신속하게 수갑을 채운 후, C씨가 다친 부위를 확인하고, 필요한 경우 119를 부르거나 경찰서로 연행한 후 응급치료를 받을 수 있도록 구호 조치를 하겠습니다.

4. 면접관과 질의응답(꼬리질문)

1) **면접관 1(법률 전문가)**

  (1) 질문 1: 피의자가 단순 절도범(장기 3년 미만 징역)인데, 도주하려고만 했다면 경찰봉을 사용할 수 있습니까?

  (2) 답변 1: 사용할 수 없습니다. 경직법 제10조의2 제1항 제1호에 따르면, 체포·도주 방지를 위해 장구를 사용하려면 현행범이거나 장기 3년 이상의 중대범죄자여야 합니다. 단순 절도범은 이에 해당하지 않습니다. 또한, 도주 시도는 경찰관의 신체에 대한 직접적인 공격이 아니므로 제2호나 제3호 요건도 충족하지 못합니다. 따라서 이 경우에는 맨손으로 추격하여 검거하는 것이 원칙이며, 경찰봉 사용은 명백한 위법입니다.

  (3) 질문 2: 경찰봉으로 가격한 부위가 하필 급소에 맞아 피의자가 사망했습니다. 경찰관은 어

떤 법적 책임을 지게 됩니까?

(4) **답변 2:** 매우 중대한 결과가 발생했으므로, 엄격한 법적 판단을 받게 될 것입니다. 만약 경찰관이 규정대로 위험 부위를 피해서 가격하는 등 안전수칙을 준수했음에도 불구하고, 피의자가 피하는 과정에서 우연히 급소에 맞는 등 예견 불가능한 상황이었다면 '정당행위' 또는 '과실치사'의 감경된 책임을 질 수 있습니다. 하지만 처음부터 위험 부위를 고의로 가격했다면 '독직폭행치사'나 '살인죄'까지도 적용될 수 있는 매우 무거운 책임을 져야 합니다.

2) 면접관 2(현장 지휘관)

(1) **질문 1:** C씨가 당신의 경찰봉을 빼앗아 역으로 당신을 공격하려 한다면 어떻게 하겠습니까?

(2) **답변 1:** 그 순간, 상황의 위험 등급은 최고 수준으로 격상됩니다. C씨는 이제 경찰봉이라는 '위험한 물건'을 든 '특수공무집행방해'의 현행범이 됩니다. 제 생명에 대한 급박한 위협이 있으므로, 저는 즉시 권총을 발포할 준비를 하며 "경찰봉 내려놔! 쏘겠다!"라고 경고하겠습니다. 경고에도 불응하고 공격해 온다면, 제 생명을 지키기 위해 최후의 수단으로 총기를 사용하는 것까지 고려해야 합니다.

(3) **질문 2:** 본인이 평소에 경찰봉 등 물리력 사용 훈련을 얼마나, 어떻게 해야 한다고 생각합니까?

(4) **답변 2:** 정기적인 훈련만으로는 부족하며, '실전과 같은' 훈련을 '몸이 기억할 때까지' 반복해야 한다고 생각합니다. 단순히 허공에 휘두르는 훈련이 아니라, 실제 저항하는 상대(보호장구를 착용한 교관)를 제압하는 시뮬레이션 훈련을 통해, 어떤 상황에서 어느 부위를, 어느 강도로 가격해야 하는지를 본능적으로 판단할 수 있는 수준까지 숙달해야 합니다. 또한, 사용하지 않아야 할 상황을 판단하는 '자제력' 훈련도 병행되어야 합니다.

3) 면접관 3(인권·소통 전문가)

(1) **질문 1:** 결국 피의자는 경찰봉에 맞아 다쳤습니다. 피의자 가족들이 찾아와 "아무리 죄를 지었어도 어떻게 사람을 몽둥이로 때릴 수 있냐"며 항의한다면, 어떻게 설명하시겠습니까?

(2) **답변 1:** 먼저 가족들의 속상한 마음에 공감을 표하겠습니다. 그리고 당시 상황이 담긴 바디캠 영상이나 CCTV 영상을 보여 드리며, "저희도 결코 폭력을 사용하고 싶지 않았습니다. 하지만 보시는 것처럼 C씨가 먼저 경찰관의 멱살을 잡고 주먹을 휘두르는 등 격렬하게 저항하여, 경찰관의 안전을 지키고 정당한 체포 임무를 수행하기 위해 부득이하게 법률에 규정된 최소한의 물리력을 사용할 수밖에 없었습니다"라고 차분하고 객관적으로 설명하여 이해를 구하겠습니다.

(3) **질문 2:** 경찰의 물리력 행사에 대한 국민적 신뢰가 낮은 것이 사실입니다. 신뢰를 회복하기 위해 가장 중요한 것은 무엇이라고 생각합니까?

(4) 답변 2: '투명하고 일관된 기준의 적용'이라고 생각합니다. 경찰의 물리력 행사가 그때그때 상황이나 경찰관의 감정에 따라 달라지는 것이 아니라, 누가 보더라도 납득할 수 있는 명확하고 일관된 기준에 따라 이루어진다는 믿음을 주어야 합니다. 이를 위해, 모든 물리력 사용은 기록으로 남기고, 문제가 된 사안에 대해서는 외부 전문가가 참여하는 위원회 등을 통해 투명하게 조사하고 그 결과를 공개하여, 경찰이 스스로를 엄격하게 통제하고 있음을 보여 주어야 합니다.

4) 면접관 4(조직·정책 전문가)

(1) 질문 1: 일선 경찰관들이 물리력 사용을 주저하다가 다치거나 범인을 놓치는 경우가 많습니다. '적극적인 법 집행'을 장려하기 위해 어떤 제도적 지원이 필요할까요?

(2) 답변 1: '법률적·심리적 지원'과 '면책 제도의 강화'가 필요합니다. 첫째, 물리력 사용 이후 겪게 되는 복잡한 법적 분쟁에 대해 조직이 변호사 선임 등 법률 지원을 적극적으로 제공하고, 외상 후 스트레스 장애(PTSD) 등에 대한 심리 치료를 의무적으로 지원해야 합니다. 둘째, 고의나 중과실이 없는 정당한 물리력 행사에 대해서는, 결과적으로 상대가 다쳤더라도 민·형사상 책임을 면제해주는 '직무수행 면책 규정'을 실질적으로 강화하여, 경찰관이 소신껏 직무를 수행할 수 있는 환경을 만들어야 합니다.

(3) 질문 2: 본인은 체격이 왜소한 편인데, 건장한 범죄자를 마주했을 때 심리적으로 위축되지 않고 제압할 자신이 있습니까?

(4) 답변 2: 네, 자신 있습니다. 현대 경찰의 범인 제압 능력은 단순히 완력에서만 나오는 것이 아니라고 생각합니다. 저는 저의 신체적 단점을 보완하기 위해, 누구보다 열심히 체포술과 무도 훈련에 임하여 상대의 힘을 역이용하는 기술을 익혔습니다. 또한, 경찰봉이나 테이저건 등 주어진 장비를 가장 효과적으로 사용할 수 있는 전술적 판단 능력을 키웠습니다. 저의 자신감은 막연한 용기가 아닌, 끊임없는 훈련과 준비에서 나오는 '기술적 자신감'입니다.

📢 발표 면접 과제 2: [방패 사용과 방어적 물리력]

1. 상황자료

당신은 불법 시위 현장을 관리하는 경찰 기동대원 C순경입니다. 해산을 요구하는 경찰에 맞서, 일부 흥분한 시위대가 경찰 저지선을 향해 접근하며 물병과 계란 등을 던지고 있습니다. 아직 쇠파이프나 화염병과 같은 위험한 물건은 등장하지 않았지만, 시위대의 행동이 점점 과격해지고 있으며, 대열의 맨 앞에서 방패를 들고 있는 당신과 동료들은 계속해서 날아오는 투척물에 맞고 있는 상황입니다. 현장 지휘관은 "절대 대열을 이탈하지 말고, 방패로 투척물을 막으며 현재 위치를 고수하라!"고 명령했습니다. 하지만 일부 시위대는 욕설을 하며 당신의 방패를 잡아당기고 발로 차는 등 직접적인 신체 접촉을 시도하고 있습니다.

상황처리 과제

당신이 C순경이라면, 이 상황에서 방패를 어떻게 사용하는 것이 경직법 제10조의2에 따른 가장 적절한 '방어적 물리력' 행사에 해당하는지 구체적으로 설명하시오.

2. 상황판단(법적 근거 중심)

이 상황은 경직법 제10조의2 제1항 제2호 '자신이나 다른 사람의 생명·신체의 방어 및 보호' 및 제3호 '공무집행에 대한 항거 제지'를 근거로 경찰장구인 '방패'를 사용해야 하는 명백한 경우입니다. 시위대가 던지는 투척물과 방패를 잡아당기는 행위는 경찰관의 신체에 대한 직접적인 위협이자, 질서유지선 유지라는 공무집행에 대한 항거입니다. 방패는 이러한 공격으로부터 경찰관 자신과 대열을 보호하는 가장 대표적인 방어용 장구입니다. 따라서 방패를 사용하여 투척물을 막고, 대열을 유지하는 것은 '필요한 한도' 내의 정당한 물리력 행사에 해당합니다.

3. 문제점 및 해결방안(단계별 조치)

1) 문제점: 방패를 방어 목적이 아닌, 공격적인 용도로 사용할 경우(예: 방패로 가격하거나 찍는 행위), 과잉 대응 및 폭력 진압이라는 비판을 받을 수 있으며, 시위대를 자극하여 상황을 더욱 악화시킬 수 있습니다.

2) 해결방안:

  (1) 1단계(방어 대형 유지): 지휘관의 명령에 따라, 동료들과 어깨를 맞대고 대열을 유지하여 빈틈을 만들지 않겠습니다. 날아오는 투척물에 대해서는 방패를 들어 올려 머리와 몸의 상체를 보호하는 '방어적 자세'를 유지하겠습니다.

  (2) 2단계(소극적 저지): 시위대가 방패를 잡아당기거나 발로 찰 경우, 방패를 공격적으로 휘두르기보다는, 몸의 무게 중심을 낮추고 방패를 지면에 단단히 고정하여 '밀어내는 힘'으로 저지선을 유지하겠습니다. 이는 상대방을 가격하는 것이 아니라, 대열을 유지하기 위한 최소한의 소극적 저항입니다.

  (3) 3단계(경고 및 채증 병행): 방패로 방어하면서, 동시에 "폭력을 멈추십시오! 투척 행위와 장

비 손괴 행위는 모두 처벌받습니다!"라고 지속적으로 경고하여, 그들의 행위가 위법임을 알리겠습니다. 또한, 현장 채증조가 폭력 행위자들을 영상으로 기록하여 추후 사법처리를 위한 증거를 확보하도록 돕겠습니다.

(4) 4단계(위험 행위자 선별적 검거): 만약 특정 시위대가 방패를 빼앗으려 하거나, 경찰관을 직접적으로 폭행하는 등 대열 전체에 심각한 위험을 초래하는 경우, 지휘관에게 즉시 보고하고, 지시에 따라 여러 명의 경찰관이 신속하게 해당 인원만 선별적으로 검거하여 위험 요소를 제거하겠습니다.

4. 면접관과 질의응답(꼬리질문)

1) 면접관 1(법률 전문가)

(1) 질문 1: 방패 모서리로 시위대를 찍어 넘어뜨리는 행위도 '방어'의 일환으로 볼 수 있습니까?

(2) 답변 1: 아니라고 생각합니다. 이는 방어의 범위를 넘어서는 명백한 '공격' 행위입니다. 방패의 본래 용도는 외부의 충격을 막아 내는 것이지, 상대방에게 상해를 입히는 것이 아닙니다. 방패 모서리는 매우 위험할 수 있으므로, 이를 이용해 가격하는 행위는 '필요한 한도'를 현저히 벗어난 과잉진압이며, 독직폭행죄에 해당할 수 있습니다.

(3) 질문 2: 시위대가 던진 돌멩이에 맞아 방패가 부서졌습니다. 이 경우, 경찰은 국가를 상대로 보상을 받을 수 있습니까?

(4) 답변 2: 방패 자체에 대한 보상보다는, 그 과정에서 경찰관이 부상을 입었다면 '공무상 요양' 신청을 통해 치료비 전액을 국가로부터 지원받을 수 있으며, '국가유공자' 등록을 통해 상이 등급에 따른 보상을 받을 수 있습니다. 또한, 경찰은 방패를 파손하고 경찰관에게 상해를 입힌 시위대를 특수공무집행방해치상죄로 검거할 수도 있습니다.

2) 면접관 2(현장 지휘관)

(1) 질문 1: 옆에 있던 동료가 날아온 돌에 맞아 쓰러졌습니다. 지휘관은 대열을 유지하라고 명령했는데, 어떻게 하겠습니까?

(2) 답변 1: 동료의 안전이 최우선입니다. 즉시 "부상자 발생!"이라고 외쳐 지휘관과 주변 동료들에게 상황을 알리겠습니다. 그리고 바로 뒤에 있는 동료에게 제 위치를 잠시 맡아 달라고 요청한 후, 쓰러진 동료를 신속하게 방패로 감싸 보호하며 대열의 가장 안전한 후방으로 이송하겠습니다. 지휘관의 명령도 중요하지만, 눈앞의 동료를 위험에 방치할 수는 없습니다. 신속히 구조한 후 즉시 제자리로 복귀하겠습니다.

(3) 질문 2: 시위대가 화염병을 던지기 시작했습니다. 방패만으로는 막을 수 없는 상황인데, 어

떻게 해야 합니까?

(4) 답변 2: 화염병 투척은 경찰관의 생명을 직접적으로 위협하는 살인미수 행위입니다. 즉시 지휘관에게 "화염병 투척!"이라고 보고하고, 소화 장비와 살수차 등 화재 진압을 위한 지원을 요청해야 합니다. 방패만으로는 대응이 불가능하므로, 지휘관의 판단에 따라 검거조를 투입하여 화염병 투척자를 즉시 제압하거나, 최루액 발사 또는 살수차 사용 등 한 단계 높은 수준의 물리력을 사용하여 위협을 제거하고 현장을 통제해야 합니다.

3) 면접관 3(인권·소통 전문가)

(1) 질문 1: 방패로 막고 서 있는 경찰의 모습이, 시민들과 소통을 거부하는 '불통의 벽'처럼 보일 수도 있습니다. 이런 부정적인 이미지를 어떻게 개선할 수 있을까요?

(2) 답변 1: 경찰의 진압 장비는 시민을 공격하기 위한 것이 아니라, 경찰 자신을 보호하여 결과적으로 공공의 안녕과 질서를 유지하기 위한 최소한의 수단임을 꾸준히 알려야 합니다. 평상시에 경찰이 시민들과 적극적으로 소통하고, 집회의 자유를 최대한 보장해 주는 모습을 보여 줌으로써 신뢰를 쌓아야 합니다. 그러면 불가피하게 방패를 들어야 하는 상황이 오더라도, 시민들께서 '경찰이 우리를 억압하려는 것이 아니라, 불법 폭력으로부터 스스로를 보호하고 질서를 유지하려는 것'이라고 이해해 주실 것이라 믿습니다.

(3) 질문 2: 진압이 끝난 후, 현장에 다수의 부상자가 발생했습니다. 경찰관으로서 가장 먼저 해야 할 일은 무엇입니까?

(4) 답변 2: 현장 통제와 범인 검거도 중요하지만, 인도주의적 차원에서 부상자에 대한 구호 조치가 가장 먼저라고 생각합니다. 즉시 119 구급대를 추가로 요청하고, 경찰관들이 직접 부상자들의 상태를 확인하며 응급처치를 돕고, 병원 후송을 지원해야 합니다. 시위대와 경찰이기 이전에, 모두가 소중한 생명을 가진 대한민국 국민이기 때문입니다. 이러한 모습은 경찰의 이미지를 개선하는 데도 큰 도움이 될 것입니다.

4) 면접관 4(조직·정책 전문가)

(1) 질문 1: 최근 집회 시위 문화가 변하고 있습니다. 경찰의 집회 관리 패러다임도 바뀌어야 한다고 생각하는데, 어떤 방향으로 나아가야 할까요?

(2) 답변 1: '억제와 관리' 중심의 패러다임에서, '소통과 협력'을 통한 '안전한 집회 조력' 패러다임으로 나아가야 합니다. 경찰은 집회를 통제 대상으로만 볼 것이 아니라, 헌법에 보장된 국민의 기본권 행사를 안전하게 보장해 주는 '조력자'이자 '서비스 제공자'가 되어야 합니다. 이를 위해 집회 주최 측과 사전에 긴밀히 소통하여 갈등 요소를 미리 줄이고, 일반 시민의 불편을 최소화하며, 모두가 안전하게 자신의 목소리를 낼 수 있는 환경을 만드는 데 집중해

야 합니다.

(3) 질문 2: 당신은 기동대라는, 어떻게 보면 경찰 조직 내에서 가장 힘들고 위험한 곳에 지원했습니다. 특별한 이유가 있습니까?

(4) 답변 2: 저는 경찰관이라는 직업이 '공동체의 최후의 보루'라고 생각합니다. 그리고 기동대는 사회의 갈등과 위험이 가장 극적으로 표출되는 최전선에서, 온몸으로 그 혼란을 막아 내고 질서를 회복하는 부대입니다. 가장 힘들고 위험한 곳이기에, 역설적으로 경찰의 존재 이유를 가장 명확하게 증명할 수 있는 곳이라고 생각했습니다. 저는 가장 어려운 곳에서 저 자신을 단련하고, 대한민국 공동체의 안녕과 질서를 지키는 데 직접 기여하고 싶어 기동대에 지원했습니다.

제10조의3(분사기 등의 사용)

[조문 원문]

경찰관은 다음 각 호의 직무를 수행하기 위하여 부득이한 경우에는 현장책임자가 판단하여 필요한 최소한의 범위에서 분사기(「총포·도검·화약류 등의 안전관리에 관한 법률」에 따른 분사기를 말하며, 그에 사용하는 최루 등의 작용제를 포함한다. 이하 같다) 또는 최루탄을 사용할 수 있다.

1호. 범인의 체포 또는 범인의 도주 방지

2호. 불법집회·시위로 인한 자신이나 다른 사람의 생명·신체와 재산 및 공공시설 안전에 대한 현저한 위해의 발생 억제

[조문 해부(항·목별)]

- **사용 장비**: '**분사기(가스분사기, 스프레이 등)**'와 '**최루탄**'입니다. 액체, 기체 등 화학물질을 분사하여 상대방에게 일시적으로 고통을 주어 무력화시키는 장비로, 그 효과가 광범위하고 무차별적으로 나타날 수 있어 사용에 신중을 기해야 합니다.
- **판단권자**: '**현장책임자**'. 이는 매우 중요한 요건입니다. 일선 경찰관 개개인이 자신의 판단만으로 임의로 사용할 수 있는 것이 아니라, 현장을 지휘하는 책임자(팀장, 지휘관 등)의 판단과 명령에 따라 사용해야 함을 원칙으로 합니다. 이는 남용을 막고 책임 소재를 명확히 하기 위한 핵심적인 통제 장치입니다.
- **핵심 사용 요건**:
    - '**부득이한 경우**': 보충성의 원칙을 의미합니다. 이는 다른 모든 수단, 즉 구두 경고, 물리력, 다른 경찰장구(경찰봉 등)를 사용해서는 상황을 통제할 수 없거나, 그러한 수단을 사용하는 것이 현저히 곤란한 최후의 경우에만 사용해야 함을 뜻합니다.
    - '**필요한 최소한의 범위**': 비례의 원칙을 의미합니다. 사용하더라도 그 목적 달성에 필요한 최소한의 양과 횟수, 범위에 그쳐야 합니다.
- **구체적 허용 사유**:
    - **제1호(범인 체포·도주 방지)**: 범인이 격렬하게 저항하거나, 흉기를 소지하는 등 다른 방법으로는 체포나 도주 방지가 현저히 곤란한 경우에 사용할 수 있습니다. 제10조의2(경

찰장구)보다 더 높은 수준의 저항이나 위험이 있을 때 적용됩니다.

- **제2호(불법집회·시위 시 위해 억제):** 이 요건은 매우 엄격합니다. 단순한 불법집회·시위라는 이유만으로는 사용할 수 없습니다. 반드시 생명·신체·재산·공공시설 안전에 대한 '현저한 위해'가 발생하거나, 발생이 임박해야 합니다. '현저한 위해'란, 폭력 행위로 다수의 부상자가 발생하거나, 주요 시설이 파괴·점거되는 등 사회적으로 용납하기 어려운 수준의 구체적이고 명백한 위험을 의미합니다.

 **Study Point(시험 합격 전략)**

[판단권자 명시: '현장책임자'의 중요성]

- 분사기·최루탄 사용의 판단 주체는 '현장책임자'임을 반드시 암기해야 합니다. 이는 경찰장구(개별 경찰관 판단 가능)와 구별되는 중요한 차이점입니다. 시험에서는 "경찰관은 긴급한 경우 자신의 판단하에 분사기를 사용할 수 있다"는 식의 오답 보기가 자주 출제됩니다.(단, 1인 근무 등 현장책임자가 본인일 수밖에 없는 예외적 상황은 존재합니다)

[최상급 요건: '부득이한 경우'의 의미]

- '부득이하다'는 것은 '최후 수단성'을 의미합니다. 다른 방법이 있다면 절대 사용해서는 안 됩니다. 사례 문제에서 경찰관이 다른 대안(대화, 물리력, 경찰봉 등)을 시도하지 않고 곧바로 분사기를 사용했다면, 위법한 장비 사용으로 판단해야 합니다. 이 '보충성의 원칙'은 분사기 사용의 정당성을 판단하는 첫 번째 관문입니다.

[제2호의 엄격성: '현저한 위해'의 기준]

- '현저한 위해'는 분사기·최루탄 남용을 막는 핵심적인 개념입니다. 단순한 도로 점거, 구호 외침, 경찰과의 경미한 몸싸움 등은 '현저한 위해'로 보기 어렵습니다. 화염병, 쇠파이프 등이 등장하여 다수의 부상자가 발생하거나, 방송국·관공서 등 주요 시설이 파괴·점거될 위험이 임박한 수준이어야 합니다. 이 기준의 엄격성을 이해하는 것이 중요합니다.

[경찰장구와의 비교: 위험성의 차이]

- 분사기·최루탄은 경찰봉보다 한 단계 높은 위험성을 가진 장비입니다. 경찰봉은 특정 대상을 향한 '점'의 공격이지만, 분사기·최루탄은 주변까지 영향을 미치는 '면'의 공격이기 때문입니

다. 따라서 경찰봉 사용 요건(제10조의2)보다 분사기 사용 요건(제10조의3 '부득이한 경우')이 더 엄격하게 규정되어 있습니다.

[사용 후 조치 의무]

• 법 조문에는 없지만, 대통령령인「위해성 경찰장비의 사용기준 등에 관한 규정」에는 분사기 사용 후 대상자의 건강 상태를 확인하고, 부상자가 발생한 경우, 즉시 필요한 경우 구호 조치(예: 물로 씻어 주기)를 해야 할 의무가 규정되어 있습니다. 장비 사용으로 끝나는 것이 아니라, 사용 후 인권 보호 조치까지가 경찰의 임무임을 기억해야 합니다.

제10조의4(무기의 사용)

[조문 원문]

① 경찰관은 범인의 체포, 범인의 도주 방지, 자신이나 다른 사람의 생명·신체의 방어 및 보호, 공무집행에 대한 항거의 제지를 위하여 필요하다고 인정되는 상당한 이유가 있을 때에는 그 사태를 합리적으로 판단하여 필요한 한도에서 무기를 사용할 수 있다. 다만, 다음 각 호의 어느 하나에 해당할 때를 제외하고는 사람에게 위해를 끼쳐서는 아니 된다.

1호. 「형법」에 규정된 정당방위와 긴급피난에 해당할 때

2호. 다음 각 목의 어느 하나에 해당하는 때에 그 행위를 방지하거나 그 행위자를 체포하기 위하여 무기를 사용하지 아니하고는 다른 수단이 없다고 인정되는 상당한 이유가 있을 때

가목. 사형·무기 또는 장기 3년 이상의 징역이나 금고에 해당하는 죄를 범하거나 범하였다고 의심할 만한 충분한 이유가 있는 사람이 경찰관의 직무집행에 항거하거나 도주하려고 할 때

나목. 체포·구속영장과 압수·수색영장을 집행하는 과정에서 경찰관의 직무집행에 항거하거나 도주하려고 할 때

다목. 제3자가 가목 또는 나목에 해당하는 사람을 도주시키려고 경찰관에게 항거할 때

라목. 범인이나 소요를 일으킨 사람이 무기·흉기 등 위험한 물건을 지니고 경찰관으로부터 3회 이상 물건을 버리라는 명령이나 항복하라는 명령을 받고도 따르지 아니하면서 계속 항거할 때

3호. 대간첩 작전 수행 과정에서 무장간첩이 항복하라는 경찰관의 명령을 받고도 따르지 아니할 때

② 제1항에서 "무기"란 사람의 생명이나 신체에 위해를 끼칠 수 있도록 제작된 권총·소총·도검 등을 말한다.

③ 대간첩·대테러 작전 등 국가안전에 관련되는 작전을 수행할 때에는 개인화기(個人火器) 외에 공용화기(共用火器)를 사용할 수 있다.

[조문 해부(항·목별)]

- **②항(무기의 정의):** 먼저 '무기'의 개념부터 정의합니다. 경찰장구(수갑, 경찰봉)와 달리, 처음부터 **사람의 생명·신체에 위해를 가할 목적**으로 만들어진 **권총, 소총, 도검 등**을 의미합니다.

이는 경찰이 사용할 수 있는 가장 마지막이자 가장 강력한 물리력 수단입니다.

- **①항(무기 사용의 원칙과 한계):**
  - **일반적 사용(비위해 사용):** 전반부에서는 범인 체포, 도주 방지, 자기방어, 공무집행 항거 제지 등 필요하고 합리적인 경우 **'무기' 자체는 사용 가능**하다고 규정합니다. 이는 공포탄을 발사하거나, 타이어를 쏘는 등 사람에게 직접적인 위해를 가하지 않는 경우를 포함합니다.
  - **위해 사용의 원칙적 금지:** 이 조항의 핵심은 "사람에게 위해를 끼쳐서는 아니 된다"는 단서입니다. 즉, 사람을 향해 총을 쏘는 행위(위해 사용)는 원칙적으로 금지됩니다.
  - **위해 사용의 예외적 허용:** 오직 아래의 **매우 엄격하고 제한적인 사유**에 해당할 때만 예외적으로 사람에게 위해를 가하는 것이 허용됩니다.
    - **제1호(정당방위·긴급피난):** 자신 또는 타인의 생명·신체에 대한 급박하고 부당한 침해가 있을 때, 이를 막기 위해 총기를 사용하는 경우입니다. 형법상의 일반 원칙을 재확인한 것입니다.
    - **제2호(직무상 위해 사용):** 경찰의 직무수행 중 최후의 수단으로만 허용되는 경우입니다. "무기를 사용하지 아니하고는 다른 수단이 없다고 인정되는 상당한 이유(보충성 원칙)"가 반드시 전제되어야 합니다.
      - **가·나·다목:** 중대범죄자(장기 3년 이상)나 **영장 집행 대상자**가 도주·항거하거나, 제3자가 이를 도울 때.
      - **라목:** 범인·소요 사태 유발자가 **무기·흉기**를 든 채, '3회 이상'의 투항·포기 명령에 불응하며 계속 저항할 때. '3회 이상'이라는 구체적인 절차적 요건이 특징입니다.
    - **제3호(대간첩 작전):** 무장간첩이 투항 명령에 불응하는 특수한 경우입니다.
- **③항(공용화기 사용):** 대간첩·대테러 작전과 같이 국가안보와 관련된 매우 위급한 상황에서는, 권총 등 '개인화기'를 넘어 기관총과 같은 '공용화기'의 사용까지도 예외적으로 허용하고 있습니다.

 **Study Point(시험 합격 전략)**

[단계적 구조의 이해: '위해사용'의 엄격성]

- 무기 사용은 2단계 구조로 이해해야 합니다. 1단계(일반사용): 총을 꺼내 겨누거나 공포탄을 쏘는 등 비위해적 사용은 비교적 넓게 허용. 2단계(위해사용): 사람을 향해 쏘는 것은 원칙적

금지. 오직 제1항 단서 각 호의 예외 사유를 모두 충족할 때만 허용. 이 구조를 이해하지 못하면 모든 문제에서 혼동을 겪게 됩니다.

[제2호의 핵심: '중대성' + '보충성']

- 제2호 각 목의 상황에서 위해사용이 정당화되려면, ① 대상 범죄나 저항의 '중대성'과 ② '무기 외에는 다른 수단이 없다'는 '보충성(최후수단성)'이 모두 충족되어야 합니다. "중대범죄자가 도주하려 했으므로 즉시 발포했다"는 보기는 틀릴 수 있습니다. 다른 수단(추격, 공조 등)이 있었다면 보충성 원칙에 위배되기 때문입니다.

[제2호 라목의 '3회 이상' 명령]

- '3회 이상'의 투항·포기 명령은 객관식과 사례형 모두에서 단골로 출제되는 핵심 절차입니다. 경찰관이 단 한 번만 경고하고 발포했다면, 다른 요건을 모두 충족했더라도 위법한 무기 사용이 됩니다. 반드시 암기해야 할 숫자입니다.

[경찰장구·분사기와의 비교]

- 무기는 경찰이 사용할 수 있는 물리력의 최정점에 있습니다. 사용 요건 역시 경찰장구(제10조의2), 분사기(제10조의3)와는 비교할 수 없을 정도로 엄격합니다. 각 장비별 사용 요건을 비교하는 표를 만들어, 위험성이 높아질수록 법적 요건이 어떻게 더 엄격해지는지를 체계적으로 학습해야 합니다.

[정당방위(1호) vs. 직무상 사용(2호)]

- 두 가지는 위해사용의 근거가 다릅니다. 제1호 정당방위는 경찰관이기 이전에 한 명의 시민으로서 가지는 자연법적 권리에 가깝습니다. 반면, 제2호는 경찰관이라는 특수한 신분과 직무 때문에 부여된 예외적 권한입니다. 실전에서는 두 요건이 동시에 충족되는 경우가 많지만, 법리적으로는 구별할 수 있어야 합니다.

경직법 제10조의4 상황 재구성

💬 발표 면접 과제 1: [인질극과 총기 사용의 결단]

1. 상황자료

당신은 편의점 강도 사건 신고를 받고 출동한 형사 A경위입니다. 현장에 도착하니, 범인 B씨가 출동한 경찰에 포위되자 편의점 아르바이트생 C씨를 붙잡아 목에 칼을 겨누고 있는 상황입니다. B씨는 극도로 흥분하여 "당장 순찰차와 현금 1억 원을 준비하지 않으면 10분마다 인질을 한 군데씩 찌르겠다!"고 외치고 있습니다. 당신은 B씨와 약 7미터 거리에서 총을 겨누고 대치하고 있습니다. B씨는 C씨를 인간 방패 삼아 조금씩 출입문 쪽으로 이동하고 있으며, C씨는 공포에 질려 울고 있습니다. 협상 전문가가 도착하려면 최소 20분 이상 걸리고, B씨가 C씨의 팔에 실제로 상처를 내며 위협의 강도를 높이고 있는 일촉즉발의 순간입니다.

상황처리 과제

당신이 A경위라면, 이 상황에서 인질의 생명을 구하기 위해 범인 B씨를 향해 권총을 발포할 것인지, 만약 발포한다면 그 법적 근거와 실행 시 고려해야 할 사항을 구체적으로 발표하시오.

2. 상황판단(법적 근거 중심)

이 상황은 총기 사용, 특히 사람에게 위해를 가하는 발포가 정당화될 수 있는 전형적인 사례라고 판단합니다. (법적 근거) B씨가 인질 C씨의 목에 칼을 겨누고 실제로 상해를 가하는 행위는, C씨의 생명·신체에 대한 급박하고도 부당한 침해입니다. 이는 제1항 제1호의 '정당방위(타인을 위한 방위)' 요건을 명백히 충족합니다. 또한, B씨는 강도라는 중대범죄(장기 3년 이상)를 저질렀고, 인질의 생명을 위협하며 항거하고 있으며, 대화나 설득 등 다른 수단으로는 이 위험을 막을 수 없는 '보충성' 요건도 충족하므로, 제2호 가목의 요건도 동시에 만족합니다. 따라서 인질의 생명을 구하기 위한 최후의 수단으로서의 발포는 정당한 직무집행입니다.

3. 문제점 및 해결방안(단계별 조치)

1) 문제점: 발포 시 총알이 빗나가 인질이나 주변 시민이 맞을 위험이 있으며, 범인이 총에 맞으면서 반사적으로 인질에게 더 큰 상해를 입힐 수 있는 등 예측 불가능한 위험이 따릅니다.

2) 해결방안:

   (1) 1단계(최후의 설득 및 경고): 발포 직전까지 B씨를 진정시키기 위한 대화를 시도하겠습니다. "B씨, 아직 늦지 않았습니다. 칼을 내려놓으면 정상 참작의 여지가 있습니다. 인질을 다치게 하면 당신의 죄만 무거워집니다!"라고 외치겠습니다. 동시에, B씨가 눈치채지 못하게 다른 경찰관들에게 주변 시민을 대피시키고 안전 구역을 확보하도록 수신호를 보내겠습니다.

   (2) 2단계(발포 결심 및 조준): B씨가 설득에 응하지 않고, 인질의 목을 향해 칼을 더 깊이 겨누는 등 결정적인 위해 행위를 하려는 '결정적 순간'이 포착되면, 발포를 결심하겠습니다. 이때, 인질의 피해를 최소화하기 위해, B씨의 움직임을 멈추게 할 수 있는 **하체를 정확하고 신속하게 조준**하겠습니다.

   (3) 3단계(단호한 격발 및 후속 조치): 조준이 완료되고 발포에 대한 확신이 서면, 주저 없이 격발하겠습니다. 발포 후에는 즉시 동료들과 함께 진입하여, 쓰러진 B씨로부터 흉기를 제거하고 제압하며, 동시에 인질 C씨의 안전을 확보하고 119 구급대를 통해 즉시 병원으로 후송하는 등 **인질 구호를 최우선**으로 하겠습니다.

   (4) 4단계(현장 보존 및 보고): 상황이 종료되면, 현장을 즉시 보존하여 발포의 정당성을 입증할 증거(CCTV 등)를 확보하겠습니다. 그리고 지휘계통에 따라 발포 사실을 즉시 보고하고, 이후 진행될 청문감사관실의 조사와 수사에 성실히 임하여 저의 조치가 법과 원칙에 따른 불가피한 선택이었음을 입증하겠습니다.

4. 면접관과 질의응답(꼬리질문)

1) 면접관 1(법률 전문가)

   (1) 질문 1: 이번 발포로 범인 B씨가 사망했습니다. 정당방위가 인정되더라도, 경찰관은 심리적 트라우마 등 어려움을 겪을 수 있습니다. 조직은 이 경찰관을 어떻게 보호해야 할까요?

   (2) 답변 1: '심리적 보호'와 '법률적 보호'가 모두 필요합니다. 조직은 해당 경찰관에게 즉시 의무적으로 '외상 후 스트레스 장애(PTSD)' 전문 심리 상담 및 치료를 지원해야 합니다. 또한, 이후 진행될 수사나 재판 과정에서 혼자 대응하게 두는 것이 아니라, 조직 차원에서 전담 변호사를 지원하여 법률적으로 철저히 보호하고, 그의 행위가 정당했음을 함께 입증해 주는 노력을 통해 조직이 직원을 끝까지 책임진다는 신뢰를 보여 주어야 합니다.

2) 면접관 2(현장 지휘관)

(1) 질문 1: 당신이 총을 겨누고 있는데, 다른 동료 경찰관이 당신의 판단과 상관없이 먼저 발포해 버렸다면 어떻게 하겠습니까?

(2) 답변 1: 일단 상황은 종료되었으므로, 즉시 후속 조치(인질 구호, 범인 제압)에 집중하겠습니다. 그리고 상황 종료 후, 해당 동료의 발포가 성급하거나 부적절하지는 않았는지 현장 지휘관으로서 철저히 확인하겠습니다. 만약 그의 발포가 상황을 악화시킬 수 있었던 위험한 판단이었다면, 지휘계통 보고 및 감찰 조사를 통해 그 책임을 명확히 하고, 전술적 판단 능력에 대한 재교육이 이루어지도록 조치하겠습니다.

(3) 질문 2: 저격팀이 5분 뒤에 현장에 도착할 수 있다는 무전이 왔습니다. 5분을 기다리시겠습니까, 아니면 직접 쏘겠습니까?

(4) 답변 2: 범인이 인질에게 '결정적인 위해'를 가하려 하지 않고, 현 상태가 5분 정도 유지될 수 있다고 판단된다면, 더 정확하고 안전하게 상황을 종료할 수 있는 저격팀을 기다리는 것이 원칙입니다. 하지만 범인이 카운트다운을 하거나, 인질에게 이미 상해를 입히고 있는 등 1분 1초가 급박한 상황이라면, 현장의 판단을 믿고 제가 직접 해결해야 합니다. 기다리다 인질이 희생되는 것이 최악의 결과이기 때문입니다.

3) 면접관 3(인권 · 소통 전문가)

(1) 질문 1: 결과적으로 범인이 사망했습니다. 범인도 생명권을 가진 한 명의 인간인데, 그의 생명을 빼앗은 것에 대한 도의적 책임감을 느끼십니까?

(2) 답변 1: 네, 무거운 도의적 책임감을 느낍니다. 경찰관으로서 범인을 죽이는 것이 아니라 살려서 법의 심판을 받게 하는 것이 최선이었을 것입니다. 하지만 저는 당시 현장에서 '범인의 생명권'과 '무고한 인질의 생명권'이라는 두 가지 가치 사이에서 하나를 선택해야만 했습니다. 저는 불법적으로 타인의 생명을 위협하는 범인의 생명보다는, 무고하게 희생될 위기에 처한 인질의 생명을 구하는 것이 경찰관의 제1의 사명이라고 판단했습니다. 안타깝지만 불가피한 선택이었습니다.

(3) 질문 2: 이번 사건이 '경찰의 과잉 대응'이라는 여론으로 번지지 않도록, 국민들과 어떻게 소통해야 할까요?

(4) 답변 2: 편의점 내부 CCTV 영상 등 객관적인 증거를 신속하고 투명하게 공개하는 것이 가장 중요합니다. 영상을 통해 당시 범인이 얼마나 위협적이었고, 인질이 얼마나 위험한 상황이었는지, 경찰이 발포 외에 다른 선택을 할 수 없었던 급박한 상황이었음을 국민들께서 직접 보시고 판단하도록 해야 합니다. 경찰의 주장이 아닌, 객관적 사실을 통해 소통할 때 국

민의 이해와 지지를 얻을 수 있을 것입니다.

4) 면접관 4(조직·정책 전문가)

  (1) 질문 1: 일선 경찰관들의 총기 사용 능력과 판단력을 향상시키기 위해, 현재의 사격 훈련은 충분하다고 생각하십니까? 개선점이 있다면 무엇일까요?

  (2) 답변 1: 현재의 정적인 실내 사격 훈련만으로는 부족하다고 생각합니다. 개선점으로는, 첫째, 인질범, 돌진하는 피의자 등 실제 상황과 유사한 다양한 시나리오를 적용한 '상황조치훈련(시뮬레이션 사격)'을 대폭 확대해야 합니다. 둘째, '쏠 때'를 훈련하는 것만큼 '쏘지 말아야 할 때'를 판단하는 훈련도 중요합니다. 셋째, 총기 사용 이후의 심리적 압박감을 이겨 내는 멘탈 관리 훈련도 병행되어야 합니다.

  (3) 질문 2: 본인은 이처럼 극도의 스트레스 상황에서, 한 사람의 생명을 빼앗을 수도 있는 격발을 망설임 없이 할 수 있다고 생각합니까?

  (4) 답변 2: 네, 할 수 있다고 생각합니다. 그 근거는 저의 '사명감'과 '훈련에 대한 믿음'입니다. 저는 경찰관으로서 무고한 시민의 생명을 지키는 것이 저의 가장 중요한 사명이라는 점을 한시도 잊지 않을 것입니다. 그 사명을 완수하기 위해 방아쇠를 당겨야 한다면, 개인적인 감정이나 두려움 때문에 망설이지는 않겠습니다. 그리고 저의 격발이 저 혼자의 판단이 아닌, 수없이 반복된 훈련과 법률이 정한 절차에 따른 가장 합리적인 행동이라는 믿음이 있기 때문에, 그 무거운 결정을 내릴 수 있다고 생각합니다.

💬 발표 면접 과제 2: [도주하는 흉기 소지자와 발포의 한계]

1. 상황자료

당신은 흉기 난동범을 추격 중인 형사 B경위입니다. 범인 C씨는 공원에서 무차별적으로 칼을 휘둘러 시민 2명에게 중상을 입히고, 현재 칼을 손에 든 채 인근 주택가 골목으로 도주하고 있습니다. 당신은 C씨의 뒤를 약 15미터 거리를 두고 추격하며 "칼 버리고 멈춰! 안 그러면 총 쏜다!"고 수차례 외쳤지만, C씨는 무시하고 계속 도주 중입니다. 골목길에는 간간이 행인들이 지나다니고 있으며, C씨가 또 다른 시민을 공격할 가능성을 배제할 수 없습니다. 당신은 C씨를 놓치면 더 큰 인명 피해가 발생할 수 있다는 생각에, 그의 도주를 막기 위해 다리를 향해 총을 쏘는 것을 고려하고 있습니다.

상황처리 과제

당신이 B경위라면, 도주하는 C씨를 향해 총을 쏘는 것이 타당한지, 그 법적 근거와 위험성, 그리고 가장 바람직한 대응 방안에 대해 발표하시오.

2. 상황판단(법적 근거 중심)

이 상황은 총기 사용, 특히 위해사용의 정당성을 판단하기가 매우 어려운 딜레마 상황입니다.(긍정 요건) C씨는 살인미수라는 중대범죄(장기 3년 이상)를 저질렀고(제2호 가목), 흉기를 든 채 도주하고 있으므로 그 자체로 잠재적 위험이 매우 높습니다.(부정 요건) 하지만 C씨는 현재 직접적으로 누구를 공격하고 있는 상태는 아니며, '무기를 사용하지 않고는 다른 수단이 없다'는 보충성 요건이 충족되었는지 불분명합니다. 또한, 골목길에 행인이 있어 발포 시 유탄으로 인해 제3자가 다칠 위험이 매우 큽니다. 이는 비례의 원칙에 위배될 수 있습니다. 따라서, C씨의 위험성은 인정되나 제3자 피해 가능성이 매우 높아, 직접 발포보다는 다른 방법을 우선 강구하는 것이 더 타당하다고 판단됩니다.

3. 문제점 및 해결방안(단계별 조치)

1) 문제점: 섣부른 발포는 무고한 시민의 희생이라는 최악의 결과를 낳을 수 있습니다. 반면, 추격을 놓쳐 범인이 추가 범죄를 저지를 경우, 경찰의 소극적 대응이 비판받을 수 있습니다.

2) 해결방안:

(1) 1단계(위협 사격 및 지속적 경고): C씨의 신체를 직접 조준하기보다는, 주변에 안전이 확보된 벽이나 공터를 향해 **공포탄 또는 위협 사격**을 하여 C씨에게 심리적 압박을 가하고, 그의 발을 멈추게 하는 시도를 먼저 하겠습니다. 동시에 "계속 도주하면 실탄을 사용하겠다!"고 지속적으로 경고하겠습니다.

(2) 2단계(공조 요청 및 포위망 형성): 무리한 단독 추격을 지양하고, 무전기를 통해 C씨의 인상착의와 도주 경로를 112상황실과 동료들에게 실시간으로 전파하겠습니다. C씨가 진입한 골목의 출구를 다른 순찰차가 미리 차단하여 **포위망을 형성**하도록 하는 것이 가장 중요합니다.

(3) 3단계(테이저건 등 대체 장비 활용): 만약 추격 거리가 좁혀져 5~7미터 이내로 접근하게 된다면, 권총보다는 **테이저건**을 사용하여 C씨를 제압하는 것을 우선적으로 고려하겠습니다. 테이저건은 권총보다 제3자 피해 위험이 현저히 낮고, C씨의 저항을 효과적으로 무력화시킬 수 있기 때문입니다.

(4) 4단계(최후의 발포 조건 설정): 그럼에도 불구하고 C씨가 포위망을 뚫고, 눈앞의 또 다른 시민을 공격하려는 **'명백하고 현존하는'** 추가적인 **위협**을 가하는 순간이 온다면, 그때 비로소 최후의 수단으로서 제3자의 안전을 최대한 확보한 후 C씨의 하체를 조준하여 발포하겠습니다. 즉, 단순 도주가 아닌, **'2차 공격 행위'가 임박했을 때**를 발포의 조건으로 삼겠습니다.

4. 면접관과 질의응답(꼬리질문)

1) 면접관 1(법률 전문가)

(1) 질문 1: C씨는 이미 2명에게 중상을 입힌 흉악범입니다. 제3의 피해자가 나오기 전에 미리 쏘는 것이 '예방적' 차원에서 더 타당하지 않습니까?

(2) 답변 1: 예방의 필요성은 충분히 인정됩니다. 하지만 경찰의 물리력 행사는 '추상적 위험'이 아닌 '구체적이고 임박한 위험'에 대해서만 가능합니다. C씨가 흉기를 든 채 도주하는 것은 분명 위험하지만, 아직 특정인을 공격 대상으로 삼지 않은 상태입니다. 이 단계에서 섣불리 발포했다가 무고한 시민이 다친다면, 그 예방 행위의 정당성을 인정받기 매우 어렵습니다. 위험의 예방과 제3자 보호라는 두 가치를 저울질하여, 더 명백한 위험이 발생했을 때 개입하는 것이 법적으로 더 안전한 판단입니다.

(3) 질문 2: 총을 쏘지 않고 추격하다가, C씨가 한 주택으로 침입하여 새로운 인질극을 벌인다면, 결국 당신의 소극적 판단이 상황을 악화시킨 것 아닙니까?

(4) 답변 2: 결과적으로 상황이 악화되었다면 그에 대한 지휘 책임과 도의적 책임감은 느끼겠지만, 저의 판단이 위법했다고는 생각하지 않습니다. 저는 불확실하고 위험한 발포보다는, 공조를 통한 포위와 체포라는 더 안전하고 합리적인 절차를 선택했습니다. 인질극이라는 새로운 상황이 발생했다면, 그에 맞는 새로운 전술, 즉 특공대 투입과 협상 등 다음 단계의 대응으로 전환하여 문제를 해결해야 합니다. 모든 상황을 예측하고 한 번에 해결할 수는 없으므로, 각 단계에서 가장 합리적인 판단을 내리는 것이 중요합니다.

2) 면접관 2(현장 지휘관)

(1) 질문 1: 추격 중에 범인이 골목 코너를 돌아서 시야에서 사라졌습니다. 어떻게 하겠습니까?

(2) 답변 1: 무작정 코너 안으로 뛰어 들어가는 것은 매복 공격을 당할 수 있어 매우 위험합니다. 일단 코너 밖에서 엄폐하여 내부 상황을 살피고, 동료에게 제 위치를 알리고 신속한 지원을 요청하겠습니다. 지원 인력이 도착하면, 한 명은 엄호하고 다른 한 명은 카메라 등 장비를 이용해 코너 안쪽을 확인하는 등, 안전을 확보한 상태에서 전술적으로 진입하여 수색을 계속하겠습니다.

(3) 질문 2: 당신은 권총만 가지고 있고, 테이저건은 순찰차에 두고 왔습니다. 어떻게 하겠습니까?

(4) 답변 2: 제가 가진 장비 내에서 최선의 판단을 해야 합니다. 테이저건이 없다면, 권총을 사용하되 '위해사용'의 기준을 더욱 엄격하게 적용하겠습니다. 즉, 공포탄을 쏘거나, C씨가 다른 사람을 공격하려는 명백한 순간이 오기 전까지는 직접 조준 사격을 최대한 자제하고, 공조와 포위망 형성에 더욱 주력하여 상황을 해결하겠습니다. 장비의 한계를 인정하고, 그에 맞춰 더 안전한 전술을 구사하는 것이 현명한 판단입니다.

3) 면접관 3(인권 · 소통 전문가)

(1) 질문 1: '경찰은 총을 쏴야 할 때 쏘지 않는다'는 비판과, '경찰이 총을 함부로 쏜다'는 비판이 공존합니다. 이 모순적인 상황에 대해 어떻게 생각하십니까?

(2) 답변 1: 이는 경찰의 총기 사용이 얼마나 어렵고 무거운 결정인지를 보여 주는 것이라고 생각합니다. 이 두 가지 비판을 모두 겸허히 받아들이고, 경찰은 '총기를 사용해야만 하는 명백하고 불가피한 상황'을 국민들에게 더 적극적으로 알리고 설득해야 할 의무가 있다고 생각합니다. 꾸준한 소통과 더불어, 모든 총기 사용 사례를 투명하게 공개하고 엄격하게 평가받음으로써, '경찰의 총기 사용은 오직 국민을 지키기 위한 최후의 보루'라는 사회적 신뢰를 쌓아 나가는 것만이 이 모순을 해결하는 길이라고 믿습니다.

4) 면접관 4(조직 · 정책 전문가)

(1) 질문 1: 도심에서의 총기 사용은 매우 위험합니다. 이런 상황에서 안전을 확보하기 위해, 경찰의 장비나 시스템 측면에서 어떤 개선이 필요하다고 봅니까?

(2) 답변 1: '정밀 타격'과 '정보 우위'를 위한 개선이 필요합니다. 첫째, 유탄의 위험을 최소화할 수 있는 특수탄(예: 저관통탄)이나, 레이저 조준기 등 명중률을 높일 수 있는 부수 장비의 도입을 검토해야 합니다. 둘째, 모든 경찰관이 실시간으로 현장 상황과 용의자의 위치를 공유할 수 있는 '스마트 지휘 시스템'을 구축해야 합니다. 이를 통해 추격전이 아닌, 정보에 기반한 '포위 섬멸' 작전이 가능해져, 위험한 총기 사용 자체를 줄일 수 있습니다.

(3) 질문 2: 본인은 총기 사용이라는 극단적인 스트레스 상황을 감당할 수 있는 정신적 강인함을 갖추고 있다고 생각합니까?

(4) 답변 2: 네, 갖추고 있다고 생각합니다. 제가 생각하는 정신적 강인함은 두려움을 느끼지 않는 것이 아니라, 두려움을 통제하고 주어진 임무를 완수하는 능력입니다. 저는 반복적인 실전 훈련을 통해, 스트레스 상황에서도 법규와 절차에 따라 행동하는 '절제된 담대함'을 길러 왔습니다. 또한, 총기 사용이 가져올 무거운 책임감과 심리적 후유증에 대해서도 명확히 인지하고 있으며, 이를 극복하기 위해 동료 및 전문가와 소통하고 도움을 요청할 준비가 되어 있습니다. 이러한 현실적인 자세가 저의 정신적 강인함의 근간이라고 생각합니다.

제10조의5(경찰착용기록장치의 사용)

[조문 원문]

① 경찰관은 다음 각 호의 어느 하나에 해당하는 직무 수행을 위하여 필요한 경우에는 필요한 최소한의 범위에서 경찰착용기록장치를 사용할 수 있다.

1호. 경찰관이 「형사소송법」 제200조의2, 제200조의3, 제201조 또는 제212조에 따라 피의자를 체포 또는 구속하는 경우

2호. 범죄 수사를 위하여 필요한 경우로서 다음 각 목의 요건을 모두 갖춘 경우

가목. 범행 중이거나 범행 직전 또는 직후일 것

나목. 증거보전의 필요성 및 긴급성이 있을 것

3. 제5조제1항에 따른 인공구조물의 파손이나 붕괴 등의 위험한 사태가 발생한 경우

4. 경찰착용기록장치에 기록되는 대상자(이하 이 조에서 "기록대상자"라 한다)로부터 그 기록의 요청 또는 동의를 받은 경우

5. 제4조제1항 각 호에 해당하는 것이 명백하고 응급구호가 필요하다고 믿을 만한 상당한 이유가 있는 경우

6. 제6조에 따라 사람의 생명·신체에 위해를 끼치거나 재산에 중대한 손해를 끼칠 우려가 있는 범죄행위를 긴급하게 예방 및 제지하는 경우

7. 경찰관이 「해양경비법」 제12조 또는 제13조에 따라 해상검문검색 또는 추적 나포하는 경우

8. 경찰관이 「수상에서의 수색구조 등에 관한 법률」에 따라 같은 법 제2조제4호의 수난구호 업무 시 수색 또는 구조를 하는 경우

9. 그 밖에 제1호부터 제8호까지에 준하는 경우로서 대통령령으로 정하는 경우

② 이 법에서 "경찰착용기록장치"란 경찰관이 신체에 착용 또는 휴대하여 직무수행 과정을 근거리에서 영상·음성으로 기록할 수 있는 기록장치 또는 그 밖에 이와 유사한 기능을 갖춘 기계장치를 말한다.

[조문 해부(항·목별)]

- **②항(정의):** 먼저 장비의 개념을 정의합니다. '경찰착용기록장치'는 흔히 '바디캠(Bodycam)'으

로 불리며, 경찰관의 신체에 부착하여 **영상과 음성**을 함께 기록하는 장치입니다. 이는 경찰 활동의 투명성과 책임성을 높이고, 현장 증거를 확보하기 위한 중요한 장비입니다.

- **①항(사용 요건):**
    - **공통 원칙:** 바디캠 사용은 **'필요한 최소한의 범위'** 내에서만 허용됩니다. 즉, 상시 녹화가 아니라 법률에 규정된 특정 상황에서만 제한적으로 사용해야 한다는 '열거주의 원칙'과 '비례의 원칙'을 채택하고 있습니다.
    - **구체적 허용 사유:**
        - **제1호(체포·구속 시):** 현행범 체포, 긴급체포, 영장에 의한 체포·구속 등 피의자의 신체의 자유를 직접적으로 제한하는 중요한 순간에 그 과정의 적법성을 기록하기 위해 사용합니다.
        - **제2호(현장 수사 시):** 가장 요건이 까다로운 조항입니다. 가. 시간적 근접성(범행 중·직전·직후)과 나. 내용적 긴급성(증거보전의 필요·긴급성)이라는 **두 가지 요건을 모두 충족**해야 합니다. 단순히 용의자를 탐문하는 상황에서는 사용할 수 없습니다.
        - **제3, 5, 6호(경직법상 위험 방지 및 범죄 제지):** 제5조(재난 등 위험 방지), 제4조(보호조치), 제6조(범죄 예방·제지) 등 경찰관이 물리력을 행사하거나 중요한 판단을 내려야 하는 급박한 상황에서 그 조치의 정당성을 입증하기 위해 사용합니다.
        - **제4호(대상자의 요청·동의):** 경찰뿐만 아니라, 국민 역시 자신의 권익 보호를 위해 경찰에게 녹화를 '요청'할 수 있는 권리를 부여한 매우 중요한 조항입니다. 이는 바디캠이 경찰만을 위한 장비가 아님을 보여 줍니다.
        - **제7, 8호(해양경찰의 특수 임무):** 해상에서의 검문검색, 수색구조 등 해양경찰의 특수한 직무 수행 시 사용 근거를 마련한 것입니다.
        - **제9호(위임 규정):** 향후 발생할 수 있는 새로운 유형의 상황에 대비하여, 세부적인 사용 요건을 대통령령으로 추가할 수 있도록 길을 열어 둔 보충적 규정입니다.

Study Point(시험 합격 전략)

[최신 신설 조항: 출제 가능]

- 2024년 1월 30일 신설되어 시행된 최신 조항이므로, 향후 모든 경찰 채용 시험 및 승진 시험에서 출제될 가능성이 매우 높습니다. 각 호의 사용 요건을 정확히 암기하고 그 의미를 이해하는 것이 필수적입니다. 특히, 다음 조항인 제10조의6(사용 고지 등)과 제10조의7(관리체계)과 연

 제2부 • 경찰관 직무집행법 해설

계하여 학습해야 합니다.

[상시 녹화 금지: 열거주의 원칙]

- 바디캠의 가장 중요한 원칙은 '상시 녹화 금지'입니다. 제1항 각 호에 열거된 상황이 아닐 경우, 경찰관은 임의로 바디캠을 켜서 시민을 촬영할 수 없습니다. 이는 경찰의 자의적인 감시와 사생활 침해를 막기 위한 핵심적인 통제 장치입니다. "경찰관은 범죄 예방을 위해 순찰 중 상시 바디캠을 작동할 수 있다"는 보기는 명백한 오답입니다.

[제2호의 이중 요건: '현장성' + '긴급성']

- '범죄 수사'를 목적으로 바디캠을 사용하려면 '현장성(범행 중·직전·직후)'과 '긴급성(증거보전 필요·긴급)'이 모두 충족되어야 합니다. 예를 들어, 범행이 종료된 후 한참 뒤에 참고인을 조사하거나, 다른 증거 확보 수단이 충분한 경우에는 제2호를 근거로 바디캠을 사용할 수 없습니다. 이 까다로운 이중 요건은 시험에서 사례형으로 출제되기 매우 좋습니다.

[국민의 권리: 제4호의 '기록 요청권']

- 제4호는 경찰의 권한이 아닌, 국민의 권리를 규정한 것으로 이해해야 합니다. 시민이 경찰과의 상호작용 과정에서 자신의 주장을 입증하거나, 경찰의 부당한 행위를 막기 위해 녹화를 '요청'할 수 있습니다. 이는 바디캠이 경찰의 책임성을 확보하고 대국민 신뢰를 높이는 양방향 소통 장비로서의 역할을 함을 보여 줍니다.

[다른 조항과의 시너지 효과]

- 바디캠은 제4조(보호조치), 제5조(위험방지), 제6조(범죄제지), 제10조의2(장구사용), 제10조의4(무기사용) 등 다른 물리력 행사 조항과 밀접하게 연결됩니다. 경찰관이 이러한 강제력을 행사할 때, 바디캠을 통해 그 '과정의 정당성'을 객관적으로 입증할 수 있습니다. 이는 경찰관 스스로를 보호하는 중요한 방어 수단이 되기도 합니다.

경직법 제10조의5 상황 재구성

발표 면접 과제 1: [시민의 녹화 요청과 제3자 사생활 보호]

1. 상황자료

당신은 층간소음 문제로 출동한 파출소 경찰관 A순경입니다. 아래층 주민 B씨는 "윗집 C씨가 몇 달째 밤마다 고의적으로 발망치를 쿵쿵거려 잠을 잘 수가 없다"고 주장하고, 윗집 주민 C씨는 "B씨가 너무 예민해서 일상적인 소음에도 인터폰으로 욕설을 하며 괴롭힌다"고 맞서고 있습니다. 양측의 감정이 격해져 서로 고성이 오가는 상황. 그때, 아래층 주민 B씨가 당신에게 "경찰관님, 저 사람이 지금 제게 폭언하는 장면과 경찰관님의 처리 과정을 전부 녹화하고 싶으니, 지금 당장 바디캠을 켜 주십시오!"라고 강력하게 요구했습니다. 하지만 윗집 C씨는 "나는 내 모습이 녹화되는 것을 원치 않는다. 내 초상권과 사생활을 침해하지 말라"며 녹화에 명백히 반대하고 있는 상황입니다.

상황처리 과제

당신이 A순경이라면, 이처럼 한쪽 당사자의 '녹화 요청'과 다른 쪽 당사자의 '사생활 보호' 주장이 충돌할 때, 경직법 제10조의5를 어떻게 적용하여 대응할 것인지 구체적인 계획을 발표하시오.

2. 상황판단(법적 근거 중심)

이 상황은 경직법 제10조의5 제1항 제4호 '기록대상자의 요청'이 있는 경우에 해당합니다. B씨는 기록대상자로서 녹화를 '요청'할 정당한 권리가 있습니다. 그러나 동시에, 녹화에 반대하는 C씨의 헌법상 초상권과 사생활의 자유 역시 보호받아야 할 중요한 가치입니다. 법률은 이러한 충돌 상황에 대한 명확한 해결책을 제시하고 있지 않으므로, 경찰관은 현장에서 두 법익을 비교형량하여 '필요한 최소한의 범위' 내에서 바디캠을 사용하는 합리적인 결정을 내려야 합니다. B씨의 권익 보호와 경찰 활동의 투명성 확보라는 공익이 C씨의 사생활 침해라는 사익보다 우선한다고 판단되므로, 녹화는 하되, 그 범위를 최소화하는 방향으로 조치하는 것이 타당합니다.

3. 문제점 및 해결방안(단계별 조치)

1) 문제점: 어느 한쪽의 주장만 받아들일 경우, 다른 쪽의 권리를 침해했다는 민원이나 소송에 휘말릴 수 있으며, 현장의 갈등이 더욱 증폭될 수 있습니다.

2) 해결방안:

  (1) 1단계(양측에 대한 원칙 설명): 먼저 양측을 진정시키고, "B 선생님의 녹화 요청권은 법에 보장된 정당한 권리입니다. C 선생님의 사생활 보호 권리 또한 존중되어야 합니다. 따라서 저는 두 분의 권리를 모두 존중하여, 필요한 최소한의 범위 내에서만 녹화를 진행하겠습니다"라고 원칙을 명확히 설명하여 조치의 공정성에 대한 신뢰를 주겠습니다.

  (2) 2단계(녹화 범위의 제한): 바디캠을 작동시키되, C씨의 얼굴이나 집 내부 등 사적인 영역이 직접적으로 촬영되지 않도록 **카메라의 각도를 조절**하겠습니다. 예를 들어, 제 가슴보다 아래쪽을 비추어 양측의 음성 위주로 녹음되도록 하거나, 제 신체를 기준으로 양측을 분리하여 대화하는 모습을 촬영하는 등 사생활 침해를 최소화하는 노력을 하겠습니다.

  (3) 3단계(녹화 목적의 명확화): 녹화를 시작하면서, "지금부터 양 당사자의 폭언이나 폭행 등 불법 행위 발생 여부와 경찰의 공정한 직무집행 과정을 기록하기 위해 녹화를 시작하겠습니다"라고 **목적을 명확히 고지**하겠습니다. 이는 C씨에게 녹화가 자신을 감시하기 위함이 아니라, 모두를 보호하기 위한 절차임을 이해시키는 효과가 있습니다.

  (4) 4단계(조사 후 처리 및 영상 관리): 현장 조치가 끝난 후에는, 녹화된 영상이 제10조의6에 따라 임의로 편집되거나 유출되지 않고, 오직 사건 처리를 위한 목적으로만 안전하게 관리될 것임을 양측에 설명하여 안심시키겠습니다.

4. 면접관과 질의응답(꼬리질문)

1) 면접관 1(법률 전문가)

  (1) 질문 1: C씨가 "내 동의 없이 녹화한 것은 불법 촬영이니 당장 삭제하라"고 요구한다면, 현장에서 영상을 삭제해 줘도 됩니까?

  (2) 답변 1: 절대 안 됩니다. 경직법 제10조의6 제3항은 영상음성기록을 임의로 편집·복사하거나 삭제하는 것을 금지하고 있습니다. 이 영상은 B씨의 요청에 따라 적법하게 촬영된 '공무수행의 기록'이므로, 경찰관이 임의로 삭제할 수 없습니다. C씨에게는 "이 영상은 법률에 따라 적법하게 촬영된 공무 기록이므로 현장에서 삭제할 수 없습니다. 이의가 있으시면 정식으로 정보공개청구나 이의제기 절차를 밟으실 수 있습니다"라고 안내하겠습니다.

  (3) 질문 2: 만약 녹화된 영상에서 C씨가 B씨를 폭행하는 장면이 찍혔다면, C씨의 동의 없이 이

영상을 증거로 사용할 수 있습니까?

(4) **답변 2**: 네, 사용할 수 있습니다. 이 영상은 B씨의 정당한 요청에 따라 시작된 적법한 직무 집행의 기록물이며, 그 과정에서 우연히 촬영된 폭행 장면은 '위법수집증거'에 해당하지 않습니다. 따라서 C씨의 동의 여부와 상관없이, 폭행 혐의를 입증하는 유력한 증거로 사용할 수 있습니다.

2) 면접관 2(현장 지휘관)

(1) **질문 1**: 두 사람의 싸움이 격해져서, B씨가 C씨를 밀치고 C씨가 넘어졌습니다. 바디캠을 켜는 것보다 두 사람을 뜯어말리는 게 먼저 아닐까요?

(2) **답변 1**: 네, 당연합니다. 바디캠 작동은 부수적인 조치일 뿐, 경찰관의 최우선 임무는 눈앞의 물리적 충돌을 막고 현장의 안정을 확보하는 것입니다. 따라서 저는 즉시 두 사람 사이에 개입하여 물리적으로 분리하는 조치를 최우선으로 하겠습니다. 바디캠은 그 과정에서 저의 안전을 확보하고, 제압 과정의 정당성을 기록하기 위해 동시에 작동시키는 것이지, 바디캠을 켜느라 현장 조치를 소홀히 하는 일은 없어야 합니다.

(3) **질문 2**: 바디캠 배터리가 방전되었거나, 고장이 나서 녹화를 할 수 없는 상황이라면 어떻게 하겠습니까?

(4) **답변 2**: 바디캠이 없더라도 경찰관의 직무수행은 계속되어야 합니다. 바디캠의 부재를 양측에 알리고, 대신 동료 경찰관에게 휴대폰 등을 이용해 현장 상황을 촬영해 달라고 요청하거나, 그것도 어렵다면 저의 수첩에 양측의 주장과 현장 상황을 6하 원칙에 따라 더욱 상세하게 기록하여 객관성을 확보하는 데 최선을 다하겠습니다.

3) 면접관 3(인권·소통 전문가)

(1) **질문 1**: 경찰관이 바디캠을 켜는 행위 자체가, 시민들에게는 위압감을 주고 상황을 더 경직시킬 수도 있지 않을까요?

(2) **답변 1**: 네, 그럴 수 있습니다. 그래서 바디캠 사용 시 '어떻게 소통하는가'가 매우 중요합니다. 단순히 "녹화 시작하겠습니다"라고 통보하기보다는, "두 분의 말씀을 정확하게 기록하고, 제가 어느 한쪽에 치우치지 않고 공정하게 처리하는 모습을 보여 드리기 위해 잠시 녹화를 하겠습니다. 오해 없으시길 바랍니다"와 같이, 녹화의 목적이 통제나 감시가 아닌 '공정성'과 '투명성' 확보에 있음을 부드럽게 설명하여 심리적 저항감을 줄이는 노력이 필요합니다.

(3) **질문 2**: 바디캠의 순기능과 역기능은 무엇이라고 생각합니까?

(4) **답변 2**: **순기능**은 첫째, 경찰 활동의 투명성과 책임성을 높여 대국민 신뢰를 향상시킵니다.

둘째, 객관적인 영상 증거를 확보하여 사건의 실체적 진실을 규명하는 데 도움이 됩니다. 셋째, 경찰관과 시민 모두의 돌발 행동을 억제하여 현장을 안정시키는 효과가 있습니다. **역기능**은 첫째, 시민들의 사생활과 초상권을 침해할 우려가 있습니다. 둘째, 경찰관이 소송 등을 우려하여 소극적으로 대응하게 만들 수 있습니다. 셋째, 영상이 악의적으로 편집되어 여론을 왜곡하는 데 사용될 수 있습니다.

4) 면접관 4(조직·정책 전문가)

(1) **질문 1**: 모든 경찰관에게 바디캠을 보급하고 운영하려면 막대한 예산과 인력이 필요합니다. 그만한 가치가 있다고 생각하십니까?

(2) **답변 1**: 네, 충분히 그 이상의 가치가 있다고 생각합니다. 바디캠은 단기적으로는 비용이 들지만, 장기적으로는 경찰의 직무집행 과정에서 발생하는 수많은 소송과 분쟁, 민원을 획기적으로 줄여 사회적 비용을 절감할 수 있습니다. 무엇보다, 경찰과 시민 사이의 불필요한 오해와 불신을 해소하고, 투명성을 기반으로 한 신뢰 관계를 구축하는 데 핵심적인 역할을 할 것입니다. 이는 돈으로 환산할 수 없는 가장 큰 가치라고 생각합니다.

(3) **질문 2**: 본인이 바디캠을 착용하고 근무하게 된다면, 가장 유의해야 할 점은 무엇이라고 생각합니까?

(4) **답변 2**: '바디캠에 의존하지 않는 경찰관이 되어야 한다'는 점을 가장 유의하겠습니다. 바디캠은 훌륭한 보조 수단이지만, 그것이 경찰관의 판단력이나 소통 능력, 공감 능력을 대체할 수는 없습니다. 저는 바디캠의 카메라 렌즈를 통해 현장을 보는 것이 아니라, 제 눈으로 직접 시민과 소통하고, 제 머리로 상황의 본질을 판단하며, 제 가슴으로 시민의 마음을 이해하는 인간적인 경찰관이 되겠습니다. 바디캠은 그런 저의 노력이 왜곡되지 않도록 지켜 주는 든든한 증인이 되어 줄 것이라 믿습니다.

📋 발표 면접 과제 2: [범죄 수사와 증거보전의 긴급성]

1. 상황자료

당신은 마약수사팀 소속 B경위입니다. "한 남성이 공원 화장실에서 주사기를 사용하고 있다"는 112 신고를 받고 현장에 출동했습니다. 당신이 화장실에 도착했을 때, 용의자 D씨가 막 밖으로 나오고 있었고, 그의 팔에는 새로운 주사 자국이 선명하게 보였습니다. 당신은 D씨를 제지하고 마약류관리법 위반 혐의로 조사를 시작했습니다. D씨는 혐의를 완강히 부인하며, 화장실 안쪽 변기 수조에 무언가를 급하게 버리고 물을 내리려는 행동을 보였습니다. 당신은 D씨가 증거물(사용한 주사기 등)을 인멸하려 한다고 판단하고, 그 장면을 촬영하기 위해 바디캠을 작동시키려 합니다. D씨는 아직 체포된 상태는 아닙니다.

상황처리 과제

당신이 B경위라면, 이 상황에서 바디캠을 사용하는 것이 경직법 제10조의5 제1항 제2호에 따라 정당한지 판단하고, 그 법적 근거와 현장 조치 계획을 발표하시오.

2. 상황판단(법적 근거 중심)

이 상황에서 바디캠 사용은 경직법 제10조의5 제1항 제2호의 요건을 완벽히 충족하여 정당합니다. (가목: 시간적 근접성) D씨의 팔에 선명한 주사 자국이 있고, 그가 막 화장실에서 나온 점으로 보아 마약 투약이라는 '범행 직후'임이 명백합니다. (나목: 내용적 긴급성) D씨가 변기 수조에 증거물을 버리고 물을 내리려는 행위는, 지금 당장 촬영하지 않으면 증거가 영원히 사라져 버리는 '증거보전의 필요성 및 긴급성'이 매우 높은 상황입니다. 따라서 이 두 가지 요건을 모두 충족하므로, 영장 없이 증거인멸 시도 장면을 촬영하기 위해 바디캠을 사용하는 것은 적법하고 필요한 조치입니다.

3. 문제점 및 해결방안(단계별 조치)

1) 문제점: D씨가 바디캠 촬영을 인지하고 더 격렬하게 저항하거나, 촬영에 신경 쓰다가 증거물 확보에 실패할 수 있습니다.

2) 해결방안:

  (1) 1단계(증거인멸 행위 우선 제지): 바디캠을 켜는 것과 동시에, D씨가 변기 물을 내리지 못하도록 물리력을 사용하여 우선적으로 제지하겠습니다. "움직이지 마! 증거인멸 현행범으로 체포할 수 있어!"라고 외치며 그의 행동을 막는 것이 최우선입니다.

  (2) 2단계(바디캠 작동 및 고지): D씨의 행동을 제지하면서 즉시 바디캠을 작동시키겠습니다. 그리고 제10조의6에 따라 "지금부터 마약류관리법 위반 및 증거인멸 혐의에 대한 증거 수집을 위해 녹화를 시작하겠습니다"라고 명확히 고지하겠습니다. (단, 상황이 너무 급박하여 고지가 곤란하다면 사후에 그 사유를 기록하는 것으로 대체할 수 있습니다)

  (3) 3단계(증거물 확보 및 현장 보존): D씨를 제압한 후, 그가 버리려 했던 변기 수조 내부를 확인하여 주사기 등 증거물을 확보하겠습니다. 이 모든 과정은 바디캠으로 연속하여 촬영하여 증거 수집 과정의 연속성과 무결성을 입증하겠습니다. 이후, 현장에 폴리스라인을 설치

하고 과학수사팀의 감식을 요청하는 등 현장 보존 조치를 하겠습니다.

(4) 4단계(현행범 체포): 증거인멸을 시도한 D씨를 마약류관리법 위반 및 증거인멸 미수의 현행범으로 간주하고, 미란다 원칙을 고지한 후 즉시 체포하여 경찰서로 연행하겠습니다.

4. 면접관과 질의응답(꼬리질문)

1) 면접관 1(법률 전문가)

(1) 질문 1: D씨가 아직 '범행 중'이 아니라 '범행 직후'인데, 이 경우에도 제2호 가목이 적용됩니까?

(2) 답변 1: 네, 명백히 적용됩니다. 법 조문은 '범행 중이거나 범행 직전 또는 직후일 것'이라고 규정하고 있습니다. '직후'란 범행이 종료된 직후부터 범인과 범죄의 관련성이 명백하고, 현장성이 유지되는 시간적 단계를 의미합니다. 주사 자국이 선명하고 막 현장에서 나온 D씨의 경우는 '직후'의 전형적인 사례로 볼 수 있습니다.

(3) 질문 2: 바디캠으로 촬영한 영상은 '진술 영상'이 아닌데, 법정에서 증거능력이 인정될까요?

(4) 답변 2: 네, 증거능력이 인정될 가능성이 매우 높습니다. 이 영상은 피의자의 진술을 녹화한 것이 아니라, 범죄 현장의 상황과 피의자의 행동(증거인멸 시도)을 객관적으로 기록한 것입니다. 따라서 형사소송법 제313조의 '그 밖의 특히 신용할 만한 정황에 의하여 작성된 문서(또는 영상)'에 준하여, 촬영의 적법성과 영상의 무결성이 입증된다면 충분히 증거능력이 인정될 수 있습니다.

2) 면접관 2(현장 지휘관)

(1) 질문 1: 당신이 D씨와 몸싸움을 벌이며 제지하는 동안, 누가 바디캠을 조작하고 촬영 각도를 맞춥니까? 현실적으로 가능할까요?

(2) 답변 1: 바디캠은 한번 켜 두면 제 가슴에 부착된 채 전방을 계속 촬영하므로, 별도의 조작은 필요 없습니다. 저의 임무는 D씨를 제압하고 증거를 확보하는 데 집중하는 것이고, 바디캠은 그 모든 과정을 저의 시점에서 자연스럽게 기록하는 역할을 합니다. 따라서 몸싸움 중이라도 바디캠을 켜는 짧은 동작만으로도 충분히 그 목적을 달성할 수 있습니다.

(3) 질문 2: 화장실 변기 수조에서 주사기가 아니라, 그냥 담배꽁초가 나왔습니다. 어떻게 하겠습니까?

(4) 답변 2: 주사 자국 등 다른 정황이 명백하므로, 마약 투약 혐의 자체는 사라지지 않습니다. D씨를 경찰서로 임의동행(거부 시 체포영장 신청)하여 마약 간이시약 검사를 실시하겠습니다. 또한, 담배꽁초를 버리려 했던 행위 자체는 '증거인멸 시도'라는 의심을 더욱 강하게 하므로, D씨를 더 집중적으로 수사하는 근거로 삼겠습니다. 바디캠 영상은 D씨가 무언가

를 급하게 숨기려 했다는 객관적인 증거로 여전히 유효합니다.

3) 면접관 3(인권·소통 전문가)

(1) 질문 1: D씨는 '경찰이 나를 범인으로 몰아가며 불법 촬영을 했다'고 주장합니다. 그의 주장에 어떻게 대응해야 할까요?

(2) 답변 1: "D 선생님의 행동을 촬영한 것은 선생님을 범인으로 단정해서가 아니라, 모든 가능성을 열어 두고 현장의 상황을 객관적으로 기록하기 위한 법적 절차였습니다. 만약 선생님께서 아무런 잘못이 없으셨다면, 이 영상은 오히려 선생님의 무고함을 입증해 줄 가장 확실한 증거가 되었을 것입니다"라고 설명하며, 바디캠이 피의자의 인권을 침해하는 도구가 아니라, 오히려 보호할 수도 있는 공정한 장비임을 강조하겠습니다.

(3) 질문 2: 마약사범은 결국 치료와 재활이 필요한 환자이기도 합니다. 경찰관으로서 수사 과정에서 어떤 점을 유의해야 할까요?

(4) 답변 2: 단죄와 치료라는 두 가지 관점에서 균형을 잡아야 한다고 생각합니다. 마약 유통 등 사회에 해악을 끼친 범죄에 대해서는 엄정하게 수사하여 처벌해야 합니다. 하지만 동시에, 피의자가 마약 중독에서 벗어나 사회에 복귀할 수 있도록, 조사 과정에서 인격적으로 대우하고, 그가 이용할 수 있는 치료·재활 프로그램 등에 대한 정보를 제공하는 등 인간적인 관심을 보이는 것도 경찰의 중요한 역할이라고 생각합니다.

4) 면접관 4(조직·정책 전문가)

(1) 질문 1: 바디캠 영상 데이터는 방대하고 민감한 개인정보를 담고 있습니다. 이 데이터의 보안 및 관리를 위해 어떤 시스템이 필요하다고 생각합니까?

(2) 답변 1: '엄격한 접근 통제'와 '자동화된 관리 시스템'이 필요합니다. 첫째, 모든 영상은 암호화된 중앙 서버에만 저장되고, 사건 담당자 등 허가된 최소한의 인원만 열람할 수 있도록 로그 기록을 철저히 관리하는 접근 통제 시스템이 필요합니다. 둘째, 영상의 보존 기간을 법으로 정하고, 이 기간이 지나면 자동으로 영구 삭제되는 시스템을 구축하여, 데이터가 불필요하게 장기 보관되어 오용될 소지를 원천 차단해야 합니다.

(3) 질문 2: 본인이 마약수사팀에 배치된다면, 바디캠을 어떻게 활용하여 팀의 수사 역량을 높일 수 있을까요?

(4) 답변 2: 두 가지 방식으로 활용하겠습니다. 첫째, '증거 능력 강화'입니다. 현장 단속이나 압수수색 등 모든 강제수사 과정에서 바디캠을 적극 활용하여, 절차의 적법성을 명확히 입증하고 위법수집증거 논란을 원천 차단하겠습니다. 둘째, '운용 능력 향상'입니다. 현장 활동이 끝난 후, 팀원들과 함께 바디캠 영상을 복기하며, 우리의 대응 과정에서 잘된 점과 부족

　　　　　　　　　　　　　　　　　　

했던 점을 분석하고 토론하는 과정을 정례화하겠습니다. 이를 통해 팀 전체의 현장 대응 능력을 상향 평준화하는 기회로 활용하겠습니다.

💬 발표 면접 과제 3: [선별적 녹화와 공정성 훼손]

1. 상황자료

당신은 집회 현장 관리를 담당하는 기동대원 C순경입니다. 시위대와 경찰이 대치하는 과정에서 몸싸움이 발생했습니다. 당신은 바디캠을 착용하고 있었고, 시위대가 경찰 방패를 잡아당기고 경찰관에게 욕설을 하는 장면에서는 바디캠을 작동시켜 녹화했습니다. 잠시 후, 상황이 격해지자 동료 경찰관 D경장이 시위 참가자 한 명을 방패로 강하게 밀쳐 넘어뜨렸고, 넘어진 참가자가 고통을 호소하는 상황이 발생했습니다. 당신은 그 장면을 목격했지만, '동료에게 불리한 영상이 될 수 있겠다'는 생각에 순간적으로 바디캠의 녹화 버튼을 다시 눌러 그 부분은 녹화되지 않도록 했습니다. 이후, 시위대가 다시 격렬하게 저항하자 당신은 다시 녹화 버튼을 눌렀습니다.

상황처리 과제

당신이 C순경이라면, 이처럼 자신이나 동료에게 불리한 장면을 의도적으로 녹화하지 않은 '선별적 녹화' 행위가 어떤 문제를 야기할 수 있는지, 그리고 바디캠을 착용한 경찰관으로서 가져야 할 올바른 자세는 무엇인지 설명하시오.

2. 상황판단(법적 근거 중심)

이러한 '선별적 녹화' 행위는 바디캠 제도의 근본 취지를 훼손하는 매우 심각하고 잘못된 행동입니다. (법적 문제) 비록 바디캠 사용을 강제하는 규정은 없지만, 일단 사용하기 시작했다면 사건의 전 과정을 연속적이고 객관적으로 기록해야 합니다. 경직법 제10조의6 제3항은 "영상음성기록을 임의로 편집·복사하거나 삭제하여서는 아니 된다"고 규정하고 있는데, 특정 구간을 의도적으로 녹화하지 않는 행위는 '임의적 편집'에 준하는 객관성 훼손 행위로 볼 수 있습니다. (신뢰의 문제) 이는 바디캠을 경찰에게 유리한 증거만 수집하는 '선택적 감시 도구'로 전락시키는 행위입니다. 결국, 경찰이 제출하는 모든 바디캠 영상의 증거 능력과 신뢰성을 스스로 무너뜨려, 바디캠 제도의 존립 자체를 위협하는 행위입니다.

3. 문제점 및 해결방안(단계별 조치)

1) 문제점: 동료를 감싸 주려는 의도였지만, 결과적으로는 경찰의 공정성과 바디캠 영상의 증거 능력을 모두 훼손하여 조직 전체에 더 큰 해를 끼치는 행위입니다. 만약 추후 청문회나 재판 과정에서 이 사실이 밝혀질 경우, 해당 경찰관은 증거인멸 등의 혐의로 의심받을 수 있습니다.

2) 해결방안(경찰관으로서 가져야 할 올바른 자세):

   (1) 1단계(인식의 전환: 바디캠은 '모두'를 위한 기록): 바디캠은 경찰'만'을 위한 것이 아니라, 경찰과 시민 '모두'의 행위를 객관적으로 기록하여 진실을 밝히기 위한 장비임을 명확히 인식해야 합니다. 동료의 잘못이 있다면 그것 역시 기록되어야 하며, 그것이 바로 조직의 자정 능력을 **보여 주고** 국민의 신뢰를 얻는 길입니다.

   (2) 2단계(객관적 · 연속적 녹화 원칙): 일단 제10조의5에 규정된 녹화 개시 요건이 충족되어 녹화를 시작했다면, 그 상황이 종료될 때까지는 임의로 녹화를 중단하지 않고 **전 과정을 연속적으로 녹화**하는 것을 원칙으로 삼아야 합니다. 불리한 장면이라고 해서 녹화를 중단하는 것은 진실을 왜곡하는 행위임을 명심해야 합니다.

   (3) 3단계(동료의 잘못에 대한 정당한 절차): 동료의 과잉 대응 등 부적절한 행위를 목격했다면, 이를 녹화하지 않고 묵인할 것이 아니라, 녹화된 영상을 근거로 **내부 보고 절차**를 밟아 문제를 제기해야 합니다. 이것이 동료를 공격하는 것이 아니라, 조직을 더 건강하게 만들고 동료가 더 큰 잘못을 저지르지 않도록 돕는 진정한 동료애임을 인식해야 합니다.

   (4) 4단계(투명성을 통한 신뢰 확보): 경찰관은 바디캠 앞에서 항상 '국민이 나를 지켜보고 있다'는 자세로, 더욱 공정하고 인권 친화적으로 직무를 수행해야 합니다. 바디캠을 통해 나의 모든 행동이 기록되고 평가받을 수 있다는 사실을 긍정적인 '자기 통제'의 기회로 삼아야 합니다.

4. 면접관과 질의응답(꼬리질문)

1) 면접관 1(법률 전문가)

   (1) 질문 1: 선별적으로 녹화된 영상이라도, 그 영상 자체에 불법 행위(시위대의 폭행 등)가 담겨 있다면 증거능력이 인정되지 않습니까?

   (2) 답변 1: 증거능력이 인정될 수도 있지만, 그 '증명력'이 크게 흔들릴 것입니다. 변호인 측은 "경찰이 자신들에게 불리한 장면은 모두 삭제하고, 유리한 장면만 편집하여 제출했다. 이 영상만으로는 전체 상황을 객관적으로 판단할 수 없다"고 주장할 것이며, 그 주장은 재판부에 의해 상당 부분 받아들여질 가능성이 높습니다. 결국 영상의 가치 자체가 심각하게 훼손

되는 것입니다.

(3) 질문 2: 바디캠 사용이 의무가 아닌데, 애초에 바디캠을 켜지 않았다면 아무 문제가 없었을까요?

(4) 답변 2: 네, 법률적으로는 그렇습니다. 현행법은 바디캠 사용을 권장하는 것이지 의무화한 것은 아니기 때문입니다. 하지만 물리력 행사가 예상되는 중요한 상황에서 의도적으로 바디캠을 켜지 않았다면, 추후 "왜 객관적인 기록을 남기지 않았는가?"라는 비판에 직면하게 될 것입니다. 이는 법적 책임과는 별개로, 경찰의 직무수행에 대한 '신뢰성의 문제'를 야기할 수 있습니다.

2) 면접관 2(현장 지휘관)

(1) 질문 1: 동료 D경장이 당신에게 다가와 "C순경, 아까 그 장면 못 본 걸로 해 줘. 녹화한 거 있으면 지워 줘"라고 부탁한다면 어떻게 하겠습니까?

(2) 답변 1: 단호하게 거절하겠습니다. "D 선배님, 저도 마음은 안타깝지만, 영상을 임의로 삭제하는 것은 증거인멸이라는 더 큰 범죄가 될 수 있습니다. 지금이라도 팀장님께 자진해서 보고드리고, 절차에 따라 정당하게 평가받는 것이 선배님과 우리 팀 모두를 위해 올바른 길이라고 생각합니다"라고 설득하겠습니다. 동료를 위하는 길이 불법을 묵인하는 것은 아니라고 생각합니다.

(3) 질문 2: 바디캠 때문에 현장 경찰관들의 모든 행동이 감시당하고, 사소한 실수 하나만으로도 징계를 받게 될 수 있다는 우려가 있습니다. 이에 대한 생각은 어떻습니까?

(4) 답변 2: 충분히 공감되는 우려입니다. 따라서 바디캠 영상의 활용에 대한 명확한 원칙이 필요합니다. 바디캠 영상은 경찰관의 명백한 '불법 행위'나 '중대한 규정 위반'을 조사하는 데는 사용되어야 하지만, 사소한 실수를 찾아내어 질책하거나 '표적 감찰'의 수단으로 악용되어서는 안 될 것입니다. 징계보다는 '교육'과 '훈련'의 자료로 우선 활용하여, 실수를 통해 배우고 성장하는 긍정적인 조직 문화를 만드는 것이 중요합니다.

3) 면접관 3(인권·소통 전문가)

(1) 질문 1: 당신의 선별적 녹화 사실이 나중에 언론을 통해 밝혀졌습니다. 국민들에게 뭐라고 사과하고 설명하시겠습니까?

(2) 답변 1: 어떤 변명도 하지 않고 저의 잘못을 솔직하게 인정하고 사과하겠습니다. "국민 여러분, 죄송합니다. 저는 경찰관으로서 현장을 객관적이고 공정하게 기록해야 할 의무가 있었지만, 동료를 위하는 그릇된 마음에 그 책임을 저버렸습니다. 저의 잘못된 행동이 경찰 전체의 공정성에 대한 불신을 초래한 점, 깊이 반성하고 어떤 처벌이라도 달게 받겠습니다.

다시는 이런 일이 없도록 하겠습니다."라고 진심으로 사죄하겠습니다.

(3) 질문 2: 바디캠이 경찰과 시민의 관계를 더 좋게 만들 것이라고 생각합니까, 아니면 더 나쁘게 만들 것이라고 생각합니까?

(4) 답변 2: 어떻게 사용하느냐에 따라 달라질 것이라고 생각합니다. 만약 경찰이 바디캠을 투명하고 공정하게 사용하여, 스스로를 통제하고 시민과의 소통을 강화하는 도구로 활용한다면, 경찰과 시민의 관계는 신뢰를 바탕으로 훨씬 더 좋아질 것입니다. 하지만 만약 시민을 감시하고, 자신들의 잘못을 은폐하는 수단으로 악용한다면, 그 관계는 지금보다 훨씬 더 나빠질 것입니다. 결국 중요한 것은 장비가 아니라, 그것을 사용하는 경찰관의 '자세'와 '철학'이라고 생각합니다.

4) 면접관 4(조직 · 정책 전문가)

(1) 질문 1: 바디캠 사용에 대한 일선 경찰관들의 저항이나 우려를 불식시키기 위해, 조직 차원에서 어떤 리더십이 필요할까요?

(2) 답변 1: '솔선수범의 리더십'이 필요합니다. 지휘관들부터 솔선하여 바디캠 착용을 생활화하고, 바디캠 영상을 통해 자신의 지휘 활동을 투명하게 공개하고 평가받는 모습을 보여주어야 합니다. 리더가 먼저 바디캠을 '나를 감시하는 족쇄'가 아니라, '나의 정당함을 입증하는 방패'이자 '더 나은 경찰로 발전하는 거울'로 받아들이는 모습을 보일 때, 일선 직원들도 긍정적으로 따라올 것이라 생각합니다.

(3) 질문 2: 이 경험을 통해, 당신이 생각하는 '좋은 경찰 동료'란 어떤 사람인지 다시 한번 정의해 본다면?

(4) 답변 2: 제가 생각하는 '좋은 동료'는, 동료의 잘못을 무조건 감싸 주고 덮어 주는 사람이 아니라, 동료가 잘못된 길을 가려고 할 때 진심으로 안타까워하며 '그건 아니다'라고 용기 있게 말해 줄 수 있는 사람입니다. 그리고 동료가 법과 원칙을 지키다가 억울한 비난을 받을 때, 그의 곁에서 함께 싸워 주고 그의 정당함을 끝까지 믿어 주는 사람입니다. 진정한 동료애는 불법을 묵인하는 의리가 아니라, 정의를 향한 쓴소리와 격려를 함께 나눌 수 있는 '동료애'라고 생각합니다.

제10조의6(경찰착용기록장치의 사용 고지 등)

[조문 원문]

① 경찰관이 경찰착용기록장치를 사용하여 기록하는 경우로서 이동형 영상정보처리기기로 사람 또는 그 사람과 관련된 사물의 영상을 촬영하는 때에는 불빛, 소리, 안내판 등 대통령령으로 정하는 바에 따라 촬영 사실을 표시하고 알려야 한다.

② 제1항에도 불구하고 제10조의5제1항 각 호에 따른 경우로서 불가피하게 고지가 곤란한 경우에는 제3항에 따라 영상음성기록을 전송·저장하는 때에 그 고지를 못한 사유를 기록하는 것으로 대체할 수 있다.

③ 경찰착용기록장치로 기록을 마친 영상음성기록은 지체 없이 제10조의7에 따른 영상음성기록정보 관리체계를 이용하여 영상음성기록정보 데이터베이스에 전송·저장하도록 하여야 하며, 영상음성기록을 임의로 편집·복사하거나 삭제하여서는 아니 된다.

④ 그 밖에 경찰착용기록장치의 사용기준 및 관리 등에 필요한 사항은 대통령령으로 정한다.

[조문 해부(항·목별)]

① 경찰착용기록장치(바디캠) 사용 시 **사전 고지 의무**를 원칙으로 규정합니다.

- **주체 및 행위:** 경찰관이 바디캠으로 사람 또는 관련 사물을 촬영할 때를 요건으로 합니다.
- **고지 방법:** '불빛, 소리, 안내판 등'을 예시로 들고, 구체적인 방법은 **대통령령**에 위임하고 있습니다. 이는 촬영 대상자가 자신이 촬영되고 있다는 사실을 명확히 인지할 수 있도록 하여, 알 권리와 사생활의 비밀을 보장하려는 취지입니다. 이는 투명성 확보의 핵심 원칙입니다.

② **사전 고지 의무의 예외**를 규정합니다.

- **예외 요건:** 제10조의5 제1항(범죄 실행·직후, 증거보전 필요, 긴급상황 등)의 상황에서 '불가피하게 고지가 곤란한 경우'로 예외를 매우 엄격하게 한정합니다. 급박한 현장 상황에서 고지 절차로 인해 범인을 놓치거나 증거가 인멸될 위험이 있을 때를 상정한 것입니다.
- **대체 조치:** 고지를 생략한 경우, 사후에 영상음성기록을 데이터베이스에 저장할 때 '고지를 못한 사유를 기록'하는 것으로 대체하도록 하여 절차적 정당성을 보완하고, 예외 남용을 통제하는 장치를 두었습니다.

③ 촬영된 영상음성기록의 **사후 처리 원칙**을 규정합니다.

- **신속한 전송 · 저장**: 기록을 마치면 **'지체 없이'** 제10조의7에 따른 공식 관리체계(데이터베이스)에 전송 · 저장해야 한다는 **의무**를 부과합니다. 이는 현장 경찰관의 장치에 원본 영상이 오래 남아있지 않도록 하여 유출이나 훼손의 위험을 차단하기 위함입니다.
- **무결성 유지 의무**: '임의로 편집 · 복사하거나 삭제하여서는 아니 된다'고 명시하여, 기록의 무결성(Integrity)과 진정성(Authenticity)을 확보하도록 강제합니다. 이는 해당 기록이 향후 법적 절차에서 객관적인 증거로 사용되기 위한 필수 요건입니다.

④ 구체적인 사항을 **대통령령에 위임**하는 규정입니다.

- 바디캠의 구체적인 사용 기준, 관리 방법 등 법률에서 모두 정하기 어려운 기술적이고 행정적인 세부 절차를 하위 법령인 대통령령으로 정하도록 하여 법체계의 유연성을 확보하고 있습니다.

 **Study Point(시험 합격 전략)**

[핵심원칙: 사전 고지 원칙과 예외]

- 시험의 가장 중요한 출제 포인트는 '사전 고지가 원칙, 예외적 생략 허용'이라는 구조입니다. '모든 경우에 사전 고지를 해야 한다' 또는 '경찰관의 판단에 따라 고지를 생략할 수 있다' 와 같은 지문은 모두 오답입니다. 반드시 제10조의5 제1항의 급박한 상황에서 '불가피하게 곤란한 경우'라는 엄격한 요건하에서만 예외가 인정됨을 숙지해야 합니다.

[핵심절차: 예외 시 대체 조치]

- 사전 고지를 생략했을 때의 후속 조치를 묻는 문제는 반드시 출제될 수 있습니다. 정답은 '고지 못한 사유를 기록'하는 것입니다. '상관에게 구두 보고', '사후에 당사자에게 통지' 등 다른 절차를 제시하는 선택지는 오답입니다. 이 대체 조치는 절차적 정당성을 확보하고 남용을 통제하기 위한 최소한의 안전장치임을 이해해야 합니다.

[핵심 키워드: 지체 없이 전송 · 저장]

- 기록물을 처리하는 시점은 '지체 없이'입니다. 이는 현장 활동 종료 후 즉시 전송 · 저장해야 함을 의미하며, 데이터의 유출 · 훼손 · 분실 위험을 최소화하기 위한 규정입니다. 시험에서 '24시간 이내에', '근무 교대 시' 등 구체적인 시간을 명시하는 지문이 나오면 틀린 것입니다. '지체 없

이'라는 법률 용어의 의미를 정확히 파악해야 합니다.

[핵심의무: 증거의 무결성 확보]

- 제3항 후단(편집 · 복사 · 삭제 금지)은 바디캠 영상의 증거능력과 직결되는 가장 중요한 부분입니다. 경찰관이 영상을 임의로 편집하거나 불리한 부분을 삭제하는 행위는 절대 금지됩니다. 이 조항을 위반하는 것은 증거인멸 행위에 해당할 수 있으며, 해당 영상의 증거가치를 상실시킬 뿐만 아니라 징계 및 형사처벌의 대상이 될 수 있음을 알아야 합니다.

[핵심연계: 바디캠 규정의 흐름]

- 경직법상 바디캠 관련 조항은 유기적으로 연결되어 있습니다. 제10조의5(촬영 요건) → 제10조의6(촬영 시 고지 및 사후 처리) → 제10조의7(관리체계 구축)의 흐름을 하나의 체계로 이해하는 것이 중요합니다. 각 조항이 촬영의 '요건', '방법과 절차', '관리'라는 다른 측면을 규율하고 있음을 파악하면, 복잡한 내용을 체계적으로 정리하고 응용 문제에 대비할 수 있습니다.

제10조의7(영상음성기록정보 관리체계의 구축·운영)

[조문 원문]

- 경찰청장 및 해양경찰청장은 경찰착용기록장치로 기록한 영상·음성을 저장하고 데이터베이스로 관리하는 영상음성기록정보 관리체계를 구축·운영하여야 한다.

[조문 해부(항·목별)]

- 주체: '경찰청장 또는 해양경찰청장'은
- 영상음성기록정보 관리체계의 구축 및 운영 책임자를 경찰의 최상위 감독자인 경찰청장과 해양경찰청장으로 규정했습니다. 이는 바디캠 등으로 수집된 민감한 개인정보가 포함된 영상·음성 정보의 관리가 국가적 차원에서 통일되고 체계적으로 이루어져야 할 매우 중요한 책무임을 명시한 것입니다. 일선 경찰서나 지방경찰청 단위가 아닌, 중앙 기관의 장에게 책임을 부여하여 관리의 통일성과 보안성을 확보하려는 취지입니다.
- 대상: '경찰착용기록장치로 기록한 영상·음성을

  이 조항이 관리하는 정보의 대상을 명확히 한정하고 있습니다. 즉, 모든 영상 정보가 아니라 전자장비를 이용해 사람의 영상 또는 음성을 촬영·녹음하는 경우(예: 바디캠)에 수집된 영상음성정보만을 대상으로 합니다. 이는 관리체계의 적용 범위를 명확히 하여 무분별한 정보 관리를 방지하기 위함입니다.
- 목적: 보호 및 보안, 무결성 확보, 그 밖의 적법한 직무수행을 위하여

  관리체계를 구축·운영해야 하는 핵심 목적은 다음과 같습니다.
  - **보호 및 보안:** 기록된 정보 속 개인의 사생활과 인격권을 보호하고, 외부 해킹이나 내부 유출로부터 안전하게 지키는 것을 의미합니다.
  - **무결성 확보:** 수집된 원본 영상·음성 정보가 위조되거나 변조되지 않았음을 보장하는 것입니다. 이는 해당 정보가 향후 재판 등에서 증거로 사용될 때 신뢰성을 담보하기 위한 핵심 요건입니다.
  - **적법한 직무수행:** 정보의 오·남용을 방지하고, 법률에 정해진 목적과 절차에 따라서만 정보가 열람·사용되도록 통제하는 것을 포함합니다.

- 의무: '영상음성기록정보 관리체계를 구축·운영하여야 한다.'
  '~할 수 있다'는 재량규정이 아닌, '~하여야 한다'는 강행규정으로 명시하여, 경찰청장에게 시스템 구축·운영의 법적 의무를 부과했습니다. 이는 경찰의 물리력 행사에 대한 증거를 객관적으로 확보하고, 동시에 국민의 기본권을 보호하기 위한 필수적인 시스템임을 강조하는 것입니다.

 **Study Point(시험 합격 전략)**

[핵심 키워드: 증거의 무결성]

- 이 조항의 가장 중요한 목적 중 하나는 '무결성(Integrity) 확보'입니다. 바디캠 영상 등은 경찰관의 직무집행 적법성을 입증하거나, 피의자의 범죄를 증명하는 결정적 증거가 될 수 있습니다. 위·변조 방지가 관리체계의 핵심 기능임을 이해해야 합니다.

[핵심비교: 책임의 주체]

- 장비의 '사용' 주체는 현장의 경찰관이지만, 그 결과물인 영상음성정보 관리체계 '구축·운영'의 책임 주체는 '경찰청장 또는 해양경찰청장'입니다. 책임의 수준(level)이 다르다는 점을 명확히 구별해야 합니다. 시험에서 관리체계 운영 주체를 '시·도경찰청장'이나 '경찰서장'으로 바꾸어 출제하는 함정 문제에 대비해야 합니다.

[핵심의무: 강행규정의 의미]

- '~운영하여야 한다'는 표현은 법적 의무사항임을 뜻합니다. 이는 예산이나 인력이 부족하다는 이유로 관리체계 구축을 미룰 수 없다는 의미입니다. 경찰 조직의 투명성과 책임성을 강화하기 위한 입법자의 강력한 의지가 반영된 것으로, 시험에서는 해당 규정의 성격이 재량규정인지, 의무(기속)규정인지를 묻는 문제가 출제될 수 있습니다.

[핵심개념: 프라이버시 보호]

- 영상음성기록정보에는 경찰관뿐만 아니라 민간인의 얼굴, 목소리 등 민감한 개인정보가 다량 포함됩니다. 따라서 이 시스템은 단순한 파일 저장소가 아니라, 접근 통제, 열람 기록 관리, 암호화 등 개인정보보호법 수준의 강력한 기술적·관리적 보호 조치를 포함해야 합니다. 정보의 적법한 활용과 국민의 프라이버시 보호라는 두 가지 가치를 어떻게 조화시키는지가 이 시스템의 핵심 과제입니다.

제11조(사용기록의 보관)

[조문 원문]

- 제10조제2항에 따른 살수차, 제10조의3에 따른 분사기, 최루탄 또는 제10조의4에 따른 무기를 사용하는 경우 그 책임자는 사용 일시·장소·대상, 현장책임자, 종류, 수량 등을 기록하여 보관하여야 한다.

[조문 해부(항·목별)]

- 주체: '그 책임자는'

  기록 및 보관 의무의 주체를 현장에서 해당 장비를 사용한 '경찰 책임자'로 특정하고 있습니다. 물론 실무적으로는 소속 기관(경찰서 등)에서 취합하여 관리하지만, 1차적인 작성 책임은 사용 책임자에게 있음을 명확히 하는 규정입니다.

- 요건: '제10조제2항에 따른 살수차, 제10조의3에 따른 분사기, 최루탄 또는 제10조의4에 따른 무기를 사용하는 경우'

  기록 의무가 발생하는 요건을 매우 구체적으로 한정하고 있습니다. 모든 경찰장비가 아니라, 그중에서도 인권 침해의 소지가 크고 위해성이 높은 살수차, 분사기, 최루탄, 그리고 무기를 사용했을 때에만 해당됩니다. 이는 경찰 장비의 위험 등급에 따라 사후 통제 장치를 차등적으로 둔 것입니다. 수갑, 경찰봉 등 일반 장비는 이 조항에 따른 의무 기록 대상이 아닙니다.

- 의무: '사용 일시·장소·대상, 현장책임자, 종류, 수량 등을 기록하여 보관하여야 한다.'

  '한다'고 명시하여, 기록 작성과 보관이 법적 의무임을 강조합니다. 이는 재량이 아닌 기속행위입니다. 이 기록은 향후 해당 장비 사용의 적법성을 판단하는 중요한 기초 자료가 됩니다.

Study Point(시험 합격 전략)

[핵심 키워드: 기록 대상 장비의 한정]

- 시험에서 가장 중요한 포인트는 기록 의무가 발생하는 장비가 살수차, 분사기, 최루탄, 무기으로 한정된다는 점입니다. '경찰장구를 사용한 경우 사용기록을 보관하여야 한다'와 같은 지문

은 틀린 것입니다. 수갑, 경찰봉, 방패 등 다른 장비들은 이 조항의 적용 대상이 아님을 명확히 구별하고 암기해야 합니다.

[핵심목표: 사후 책임성 확보]

- 이 조항의 입법 취지는 경찰의 물리력 행사에 대한 '사후 책임성(Accountability)'을 확보하는 것입니다. 언제, 누가, 누구에게, 왜 위험한 장비를 사용했는지 명확히 기록으로 남김으로써 권한 남용을 억제하고, 문제가 발생했을 때 그 적법성과 정당성을 객관적으로 심사할 수 있는 근거를 마련하기 위함입니다. 사용기록 보관은 경찰권 행사의 투명성을 높이는 핵심 절차입니다.

[핵심비교: 영상음성기록과의 차이]

- 제10조의7에 따른 '영상음성기록정보'와 제11조의 '사용기록'은 다릅니다. 영상음성기록은 바디캠 등으로 촬영된 시청각 데이터 그 자체를 의미하는 반면, 사용기록은 경찰관이 수기로 또는 시스템에 입력하는 문서 형태의 보고서입니다. 두 가지는 상호 보완적인 관계에 있으며, 관리 주체나 보관 방법 등에서 차이가 있으므로 두 제도를 혼동하지 않도록 주의해야 합니다.

[핵심근거: 하위법령의 중요성]

- 조문 자체는 기록 의무만을 규정하고 있고, 구체적인 절차는 대통령령인 '위해성 경찰장비의 사용기준 등에 관한 규정'에 정하고 있습니다. 따라서 수험생은 반드시 이 하위법령을 함께 학습해야 합니다. 기록 사항에는 사용 일시, 장소, 대상자, 종류 및 수량, 사용 경위 등이 포함되어 있습니다.

[핵심의무: 기속행위로서의 기록]

- 사용기록의 작성 및 보관은 경찰관의 선택사항이 아닌 반드시 이행해야 할 의무(기속행위)입니다. 만약 정당한 이유 없이 기록을 누락하거나 허위로 작성하는 경우, 이는 법령 위반이며 징계 사유가 될 수 있습니다. 시험에서 '…기록을 작성하여 갖추어 둘 수 있다'와 같이 재량행위처럼 표현된 지문은 명백히 틀린 것이므로 주의 깊게 살펴봐야 합니다.

제11조의2(손실보상)

[조문 원문]

① 국가는 경찰관의 적법한 직무집행으로 인하여 다음 각 호의 어느 하나에 해당하는 손실을 입은 자에 대하여 정당한 보상을 하여야 한다.

  1호. 손실발생의 원인에 대하여 책임이 없는 자가 생명·신체 또는 재산상의 손실을 입은 경우(손실발생의 원인에 대하여 책임이 없는 자가 경찰관의 직무집행에 자발적으로 협조하거나 물건을 제공하여 생명·신체 또는 재산상의 손실을 입은 경우를 포함한다)

  2호. 손실발생의 원인에 대하여 책임이 있는 자가 자신의 책임에 상응하는 정도를 초과하는 생명·신체 또는 재산상의 손실을 입은 경우

② 제1항에 따른 보상을 청구할 수 있는 권리는 손실이 있음을 안 날부터 3년, 손실이 발생한 날부터 5년간 행사하지 아니하면 시효의 완성으로 소멸한다.

③ 제1항에 따른 손실보상신청 사건을 심의하기 위하여 손실보상심의위원회를 둔다.

④ 경찰청장, 해양경찰청장, 시·도경찰청장 또는 지방해양경찰청장은 제3항의 손실보상심의위원회의 심의·의결에 따라 보상금을 지급하고, 거짓 또는 부정한 방법으로 보상금을 받은 사람에 대하여는 해당 보상금을 환수하여야 한다.

⑤ 보상금이 지급된 경우 손실보상심의위원회는 대통령령으로 정하는 바에 따라 국가경찰위원회 또는 해양경찰위원회에 심사자료와 결과를 보고하여야 한다. 이 경우 국가경찰위원회 또는 해양경찰위원회는 손실보상의 적법성 및 적정성 확인을 위하여 필요한 자료의 제출을 요구할 수 있다.

⑥ 경찰청장, 해양경찰청장, 시·도경찰청장 또는 지방해양경찰청장은 제4항에 따라 보상금을 반환하여야 할 사람이 대통령령으로 정한 기한까지 그 금액을 납부하지 아니한 때에는 국세강제징수의 예에 따라 징수할 수 있다.

⑦ 제1항에 따른 손실보상의 기준, 보상금액, 지급 절차 및 방법, 제3항에 따른 손실보상심의위원회의 구성 및 운영, 제4항 및 제6항에 따른 환수절차, 그 밖에 손실보상에 관하여 필요한 사항은 대통령령으로 정한다.

[조문 해부(항·목별)]

①항(손실보상의 요건):

- **핵심 전제:** '경찰관의 적법한 직무집행'으로 인해 손실이 발생한 경우입니다. 만약 직무집행이 위법(고의·과실)했다면 이 조항이 아닌 '국가배상법'에 따른 '손해배상'의 대상이 됩니다.
- **제1호(책임 없는 자에 대한 전면 보상):** 범죄나 위험 발생에 아무런 책임이 없는 제3자가 경찰의 정당한 법 집행 과정에서 부수적으로 피해를 본 경우입니다. 예를 들어, 경찰이 도주 차량을 막기 위해 길을 막다가 선량한 시민의 차량을 파손시킨 경우입니다. 특히, **경찰에게 자발적으로 협조하다가 피해를 본 경우**까지 포함하여 국민의 협조를 장려하고 있습니다.
- **제2호(책임 있는 자에 대한 초과 손실 보상):** 범인 등 책임이 있는 자에게 발생한 손실이라도, 그 책임의 정도를 **'초과하는'** 과도한 손실에 대해서는 보상해 줄 수 있다는 규정입니다. 예를 들어, 경미한 저항을 하는 범인에게 부득이하게 필요 이상의 상해를 입힌 경우 등을 상정할 수 있으나, 적용되는 경우는 매우 드뭅니다.

②항(소멸시효): 보상을 청구할 수 있는 기간을 정한 규정입니다. **'손실이 있음을 안 날부터 3년'**, '손실이 발생한 날부터 5년'입니다. 둘 중 하나라도 기간이 지나면 청구권이 소멸됩니다.

③항(손실보상심의위원회): 손실보상 여부와 보상 금액을 공정하게 심의·의결하기 위한 **필수적인 기구**의 설치를 규정합니다.

④항(지급 및 환수): 위원회의 결정에 따라 경찰관서의 장이 보상금을 **지급**하고, 만약 거짓이나 부정한 방법으로 보상금을 타냈다면 이를 다시 **환수**할 수 있는 권한을 규정합니다.

⑤항(감독기관 보고): 보상금 지급이 적정했는지에 대해 **국가경찰위원회** 등 상급 감독기관이 사후적으로 심사할 수 있도록 하여, 보상 제도의 투명성과 책임성을 확보하는 장치입니다.

⑥항(강제징수): 환수 대상자가 돈을 돌려주지 않을 경우, **국세 체납과 동일한 방식**으로 강제로 징수할 수 있는 강력한 권한을 부여합니다.

⑦항(대통령령 위임): 보상금의 구체적인 기준, 신청 절차, 위원회 구성 등 세부적인 사항은 하위 법령인 대통령령(「경찰관 직무집행법 시행령」)에서 정하도록 위임하고 있습니다.

✎ Study Point(시험 합격 전략)

[핵심 구별: '손실보상' vs '손해배상']

- 이것이 이 조항의 가장 중요한 출제 포인트입니다. 경찰의 행위가 '적법'하면 '손실보상(경직법)', '위법'하면 '손해배상(국가배상법)'의 대상이 됩니다. "경찰관의 과실로 인해 시민이 부상

당한 경우 경직법에 따라 손실보상을 청구할 수 있다"는 보기는 명백한 오답입니다. 이 두 개념의 차이를 완벽히 이해해야 합니다.

[보상 대상의 범위: '협조자' 포함]

- 제1항 제1호에서 '자발적으로 협조하거나 물건을 제공'한 선량한 시민의 피해까지 보상 대상에 명시적으로 포함했다는 점은 국민의 경찰에 대한 신뢰와 협조를 이끌어 내기 위한 중요한 입법 취지입니다. 이는 시험에서 경찰의 대국민 신뢰 확보 노력과 관련된 사례로 출제될 수 있습니다.

[소멸시효 숫자 암기: '안 날 3년, 있은 날 5년']

- '안 날부터 3년, 발생한 날부터 5년'이라는 소멸시효 기간은 객관식 문제에서 숫자를 바꾸어 출제하기 가장 좋은 부분입니다. 중요한 암기 사항입니다.

[절차의 이해: '선(先) 위원회 심의, 후(後) 지급']

- 손실보상은 피해자가 요구하면 바로 지급되는 것이 아니라, 반드시 '손실보상심의위원회'의 심의와 의결이라는 객관적인 절차를 거쳐야 합니다. 이 위원회의 존재와 기능을 이해하는 것이 절차적 정당성을 묻는 문제의 핵심입니다.

[법의 취지: '특별한 희생'에 대한 보상]

- 손실보상 제도의 근본 철학은 '특별한 희생' 이론에 있습니다. 전체 공공의 이익을 위해 특정 개인이 우연히 입게 된 특별한 손실(희생)은, 공동체 전체(국가)가 이를 보상해 주어야 한다는 헌법적 원리를 구체화한 것입니다. 이러한 입법 취지를 이해하면 조항 전체를 유기적으로 파악하는 데 도움이 됩니다.

제11조의3(범인검거 등 공로자 보상)

[조문 원문]

① 경찰청장, 해양경찰청장, 시·도경찰청장, 지방해양경찰청장, 경찰서장 또는 해양경찰서장(이하 이 조에서 "경찰청장등"이라 한다)은 다음 각 호의 어느 하나에 해당하는 사람에게 보상금을 지급할 수 있다.

    1호. 범인 또는 범인의 소재를 신고하여 검거하게 한 사람

    2호. 범인을 검거하여 경찰공무원에게 인도한 사람

    3호. 테러범죄의 예방활동에 현저한 공로가 있는 사람

    4호. 그 밖에 제1호부터 제3호까지의 규정에 준하는 사람으로서 대통령령으로 정하는 사람

② 경찰청장등은 제1항에 따른 보상금 지급의 심사를 위하여 대통령령으로 정하는 바에 따라 각각 보상금심사위원회를 설치·운영하여야 한다.

③ 제2항에 따른 보상금심사위원회는 위원장 1명을 포함한 5명 이내의 위원으로 구성한다.

④ 제2항에 따른 보상금심사위원회의 위원은 소속 경찰공무원 중에서 경찰청장등이 임명한다.

⑤ 경찰청장등은 제2항에 따른 보상금심사위원회의 심사·의결에 따라 보상금을 지급하고, 거짓 또는 부정한 방법으로 보상금을 받은 사람에 대하여는 해당 보상금을 환수한다.

⑥ 경찰청장등은 제5항에 따라 보상금을 반환하여야 할 사람이 대통령령으로 정한 기한까지 그 금액을 납부하지 아니한 때에는 국세강제징수의 예에 따라 징수할 수 있다.

⑦ 제1항에 따른 보상 대상, 보상금의 지급 기준 및 절차, 제2항 및 제3항에 따른 보상금심사위원회의 구성 및 심사사항, 제5항 및 제6항에 따른 환수절차, 그 밖에 보상금 지급에 관하여 필요한 사항은 대통령령으로 정한다.

[조문 해부(항·목별)]

① 보상금 지급의 **주체**와 **대상**, **성격**을 규정합니다.

- **주체**: '경찰청장등'으로 약칭하여, **경찰청장부터 일선 경찰서장까지** 폭넓은 관서장에게 지급 권한을 부여하고 있습니다.
- **대상**: 보상 대상 행위를 **1. 신고, 2. 직접 검거·인도, 3. 테러 예방 공로** 등으로 구체적으로

명시하고, **4호**에서 하위 법령(대통령령)에 추가적인 대상을 위임할 수 있도록 하여 유연성을 더했습니다. 제4호에서 "대통령령으로 정하는 사람"이란 다음 어느 하나에 해당하는 사람을 말한다.

  - 범인의 신원을 특정할 수 있는 정보를 제공한 사람
  - 범죄사실을 입증하는 증거물을 제출한 사람
  - 그 밖에 범인 검거와 관련하여 경찰 수사 활동에 협조한 사람 중 보상금 지급 대상자에 해당한다고 보상금심사위원회가 인정하는 사람

- **성격:** '~지급할 수 있다'는 **재량규정**으로, 공로가 있더라도 반드시 지급해야 하는 의무는 아님을 의미합니다.

② 보상금 지급의 공정성과 객관성을 담보하기 위한 **보상금심사위원회**의 **설치·운영을 의무화**하고 있습니다.

- **의무 규정:** '~설치·운영하여야 한다'고 명시하여, 각급 경찰관서장이 임의로 위원회 설치를 거부할 수 없는 **강행규정**입니다.
- **설치 단위:** '각각' 설치하도록 하여, 경찰청, 시·도경찰청, 경찰서 등 보상금 지급 주체별로 위원회를 두어야 함을 명확히 했습니다.

③, ④ **위원회의 구성**에 대해 규정합니다.

- **규모:** '위원장 1명을 포함한 5명 이내'로 소규모로 구성하여 신속한 의사결정이 가능하도록 했습니다.
- **위원 자격:** 위원은 해당 관서의 **'소속 경찰공무원' 중에서 관서장이 임명**하도록 하여, 내부 전문가들로 위원회를 구성함을 원칙으로 합니다. 이는 외부 위원의 개입 없이 경찰 내부의 판단으로 결정함을 의미합니다.

⑤, ⑥ **보상금 지급 절차와 부정수급 시 제재**에 대해 규정합니다.

- **지급:** 위원회의 '심사·의결'이라는 절차를 거쳐야만 지급할 수 있도록 하여 관서장의 독단적인 결정을 방지합니다.
- **환수:** '거짓 또는 부정한 방법'으로 수령한 경우, 지급된 보상금을 **반드시 환수**하도록 의무화했습니다.
- **강제징수:** 환수 대상자가 자진 납부하지 않을 경우, '국세강제징수의 예'에 따라 체납 처분(압류 등)을 통해 강제로 징수할 수 있는 강력한 집행 권한을 부여했습니다.

⑦ 세부 사항을 **대통령령에 위임**하는 규정입니다.

- 법률에서는 큰 틀만 정하고, 구체적인 보상금 지급 기준, 액수, 위원회 운영 방식, 환수 절차

등 실제 제도를 운영하는 데 필요한 모든 세부 사항을 하위 법령인 대통령령인 동법 시행령에 위임하여 법체계의 효율성과 유연성을 확보하고 있습니다.

보상금의 최고액은 5억원으로 하며, 경찰청장등은 보상금 지급사유가 발생한 경우에는 직권으로 또는 보상금을 지급받으려는 사람의 신청에 따라 소속 보상금심사위원회의 심사·의결을 거쳐 보상금을 지급한다. 이 경우 보상금심사위원회는 다음 사항을 고려하여 보상금액을 결정할 수 있다.

- 테러범죄 예방의 기여도
- 범죄피해의 규모
- 범인 신고 등 보상금 지급 대상 행위의 난이도
- 보상금 지급 대상자가 다른 법령에 따라 보상금 등을 지급받을 수 있는지 여부
- 그 밖에 범인검거와 관련한 제반 사정

 **Study Point(시험 합격 전략)**

[핵심 키워드: 보상금 지급 주체]

- 시험에서는 보상금 지급 주체를 정확히 알고 있는지 묻는 문제가 자주 출제됩니다. 경찰청장, 해양경찰청장, 시·도경찰청장, 지방해양경찰청장, 경찰서장, 해양경찰서장까지 모두 포함된다는 점을 명확히 암기해야 합니다. '지구대장'이나 '파출소장'은 지급 주체가 아니므로, 이를 포함한 선택지는 오답입니다.

[핵심절차: 위원회 설치 의무]

- 보상금 지급은 관서장의 재량('할 수 있다')이지만, 그 심사를 위한 보상금심사위원회의 설치·운영은 의무('하여야 한다')라는 점을 반드시 구별해야 합니다. 이 차이점을 이용한 문제가 출제될 가능성이 높습니다. 예를 들어, '경찰서장은 보상금심사위원회를 설치·운영할 수 있다'는 지문은 틀린 것입니다.

[핵심개념: 위원회의 구성]

- 위원회의 구성 요건인 '위원장 1명 포함 5명 이내'라는 숫자와 위원은 '소속 경찰공무원' 중에서만 임명한다는 점은 시험의 단골 출제 포인트입니다. '외부 전문가를 위원으로 위촉할 수 있다' 또는 '위원은 7명으로 구성한다'와 같은 지문은 모두 오답이므로, 정확한 숫자와 위원의 자격

요건을 숙지해야 합니다.

[핵심제재: 국세강제징수의 예]

- 부정수급액을 환수할 때, 상대방이 불응하면 '국세강제징수의 예'에 따라 징수할 수 있다는 점은 매우 중요한 부분입니다. 이는 단순한 반환 청구에 그치지 않고, 국가가 세금을 징수하는 것과 동일한 수준의 강력한 강제력을 동원할 수 있음을 의미합니다. '민사소송을 통해 징수한다'와 같은 지문과 구별할 수 있어야 합니다.

[핵심근거: 대통령령 위임]

- 이 조항의 대부분의 구체적인 절차는 제7항에 따라 대통령령에 위임되어 있습니다. 따라서 법률 조문만 학습해서는 완벽한 대비가 불가능합니다. '범인검거 등 공로자 보상에 관한 규정'에 명시된 보상금의 최고 한도액, 보상시 고려사항, 구체적인 심사 절차 등을 반드시 함께 학습해야 합니다.

제11조의4(소송 지원)

[조문 원문]

- 경찰청장과 해양경찰청장은 경찰관이 제2조 각 호에 따른 직무의 수행으로 인하여 민·형사상 책임과 관련된 소송을 수행할 경우 변호인 선임 등 소송 수행에 필요한 지원을 할 수 있다.

[조문 해부(항·목별)]

- 주체: '경찰청장과 해양경찰청장은'

  소송 지원의 결정 주체를 경찰 조직의 최고 책임자인 경찰청장과 해양경찰청장으로 명시했습니다. 이는 일선 지휘관의 판단이 아닌, 국가경찰과 해양경찰 차원에서 공식적이고 통일된 기준에 따라 지원 여부를 결정하겠다는 의미를 담고 있습니다.

- 요건: '경찰관이 제2조 각 호에 따른 직무의 수행으로 인하여 민·형사상 책임과 관련된 소송을 수행할 경우'

  지원이 가능한 경우를 명확하게 한정합니다. 가장 핵심적인 요건은 소송의 원인이 '제2조 각 호에 따른 직무의 수행'이어야 한다는 점입니다. 즉, 국민의 생명·신체·재산 보호, 범죄의 예방·진압·수사 등 법률에 명시된 경찰의 정당한 직무 범위 내에서 발생한 사건이어야 합니다. 직무와 무관한 개인적인 문제로 인한 소송은 지원 대상이 아닙니다.

- 지원 내용: '변호인 선임 등 소송 수행에 필요한 지원을'

  지원의 내용을 '변호인 선임'을 대표적인 예시로 들면서 '등'이라는 표현을 사용하여 포괄적으로 규정했습니다. 이는 변호사 선임 비용뿐만 아니라, 소송 과정에서 발생하는 인지대, 송달료 등 소송 수행에 필요한 제반 사항을 유연하게 지원할 수 있는 근거가 됩니다.

- 성격: '할 수 있다.'

  조문의 마지막을 '~할 수 있다'는 임의규정(재량규정)으로 마무리합니다. 이는 요건에 해당하더라도 반드시 지원해야 하는 의무가 아니라, 사안의 내용, 경위, 경찰관의 과실 여부 등을 종합적으로 고려하여 청장이 지원 여부를 결정할 수 있는 재량권을 가진다는 의미입니다.

[핵심 키워드: 직무 관련성]

- 이 조항의 적용을 위한 가장 중요한 전제조건은 '직무 관련성'입니다. 시험에서는 직무수행 중 발생한 사건과 그렇지 않은 사건(예: 퇴근 후 사적인 다툼으로 인한 소송)을 사례로 제시하고 지원 대상 여부를 판단하는 문제가 출제될 수 있습니다. 반드시 경직법 제2조에 규정된 경찰의 임무와 연관된 소송이어야만 지원이 가능함을 명심해야 합니다.

[핵심주체: 최고 감독기관의 장]

- 소송 지원의 주체가 '국가'나 '경찰서장'이 아닌 '경찰청장'과 '해양경찰청장'이라는 점을 명확히 암기해야 합니다. 이는 경찰관 개인에 대한 지원이 조직적 차원에서 이루어지는 중요한 사안임을 의미합니다. 시험에서 지원 주체를 다른 직책으로 바꾸어 출제하는 함정 문제에 대비해야 합니다.

[핵심성격: 재량행위의 이해]

- '~지원하여야 한다'가 아닌 '~지원할 수 있다'는 재량규정임을 이해하는 것이 중요합니다. 따라서 '직무수행 중 소송을 당한 모든 경찰관은 소송 지원을 받는다'와 같은 지문은 틀린 것입니다. 지원 여부는 사안에 따라 경찰청장의 재량적 판단에 따라 결정될 수 있다는 뉘앙스를 정확히 파악해야 합니다.

[핵심목표: 적극적 법 집행 보장]

- 이 조항의 입법 취지는 경찰관이 소송에 대한 두려움 때문에 정당한 법 집행을 주저하거나 위축되는 것을 방지하고, 소신 있고 적극적인 직무수행을 보장하기 위함입니다. 경찰관 개인을 위한 복지 혜택이라기보다는, 궁극적으로 국민을 위한 치안 서비스를 강화하기 위한 제도적 장치라는 점을 이해하는 것이 중요합니다.

[핵심내용: 포괄적인 지원 범위]

- '변호인 선임 등'이라는 문구는 지원의 범위가 단순히 변호사 비용에만 국한되지 않음을 시사합니다. 법률 상담, 서류 작성 지원, 기타 소송 관련 비용 등 '소송 수행에 필요한' 다양한 지원이 가능함을 의미합니다. 법 조문에서 '등'이라는 표현이 사용될 때, 그것이 가지는 포괄적이고 유연한 의미를 파악하는 훈련이 필요합니다.

제11조의5(직무 수행으로 인한 형의 감면)

[조문 원문]

다음 각 호의 범죄가 행하여지려고 하거나 행하여지고 있어 타인의 생명·신체에 대한 위해 발생의 우려가 명백하고 긴급한 상황에서, 경찰관이 그 위해를 예방하거나 진압하기 위한 행위 또는 범인의 검거 과정에서 경찰관을 향한 직접적인 유형력 행사에 대응하는 행위를 하여 그로 인하여 타인에게 피해가 발생한 경우, 그 경찰관의 직무수행이 불가피한 것이고 필요한 최소한의 범위에서 이루어졌으며 해당 경찰관에게 고의 또는 중대한 과실이 없는 때에는 그 정상을 참작하여 형을 감경하거나 면제할 수 있다.

1호. 「형법」 제2편제24장 살인의 죄, 제25장 상해와 폭행의 죄, 제32장 강간과 추행의 죄 중 강간에 관한 범죄, 제38장 절도와 강도의 죄 중 강도에 관한 범죄 및 이에 대하여 다른 법률에 따라 가중처벌하는 범죄

2호. 「가정폭력범죄의 처벌 등에 관한 특례법」에 따른 가정폭력범죄, 「아동학대범죄의 처벌 등에 관한 특례법」에 따른 아동학대범죄

[조문 해부(항·목별)]

이 조항은 일명 '경찰관 면책조항'으로 불리며, 여러 단계의 요건을 모두 충족해야 적용될 수 있는 중층적 구조를 가지고 있습니다.

- **1단계: 상황 요건(어떤 상황에서?):**
    - **대상 범죄:** 제1호와 제2호에 열거된 **중대 강력범죄, 가정폭력, 아동학대** 범죄로 한정됩니다. 모든 범죄 상황에 적용되는 것이 아닙니다.
    - **위험성:** 타인의 생명·신체에 대한 위해 발생의 우려가 **'명백하고 긴급한'** 상황이어야 합니다. 추상적이거나 예측 가능한 위험이 아닌, 눈앞의 급박한 위험을 의미합니다.
- 2단계: 행위 요건(어떤 행위를 하다가?):
  경찰관의 행위는 다음 두 가지 중 하나여야 합니다.
    - **"위해를 예방하거나 진압하기 위한 행위":** 범죄가 발생하기 직전에 막거나, 진행 중인 범죄를 멈추게 하려는 적극적인 행위.

- ◦ **"경찰관을 향한 직접적인 유형력 행사에 대응하는 행위"**: 범인 검거 중 범인이 경찰관을 직접 공격하는 것에 맞서 대응하는 방어적 행위.
- **3단계: 결과 요건(어떤 결과가 발생?)**:
  - ◦ **"그로 인하여 타인에게 피해가 발생한 경우"**: 경찰관의 위와 같은 정당한 행위의 결과로, 범인이나 제3자에게 상해, 사망, 재산상 피해 등 부수적인 피해가 발생해야 합니다.
- **4단계: 면책 요건(경찰관의 행위가 어떠해야 하는가?)**:

위의 모든 요건을 충족했더라도, 경찰관의 행위 자체가 다음 세 가지 요건을 모두 갖추어야 합니다.

- ◦ **"불가피한 것"(보충성)**: 그 행위 외에는 위험을 막을 다른 방법이 없었어야 합니다.
- ◦ **"필요한 최소한의 범위"(비례성)**: 목적 달성에 필요한 만큼의 물리력만 사용했어야 합니다.
- ◦ **"고의 또는 중대한 과실이 없는 때"(주관적 요건)**: 악의적인 의도(고의)가 없어야 함은 물론, 경찰관으로서 통상적으로 기울여야 할 기본적인 주의의무마저 현저히 위반한 '중대한 과실'도 없어야 합니다.
- **최종 효과(어떤 혜택을 받는가?)**:
  - ◦ **"형을 감경하거나 면제할 수 있다"**: 위의 모든 관문을 통과하면, 법원은 재판 과정에서 그 사정을 참작하여 경찰관에게 부과될 형을 **줄여 주거나(감경) 아예 면제해 줄 수 있는 재량**을 갖게 됩니다. '하여야 한다'가 아닌 '할 수 있다'이므로, **임의적 감면 규정**입니다.

Study Point(시험 합격 전략)

[입법 취지: 적극 행정의 보장]

- 이 조항은 2022년 2월에 신설되었습니다. 그 취지는 정당한 공무수행 중 발생한 부수적 피해에 대한 형사 책임 부담 때문에 경찰관이 위축되어 소극적으로 대응하는 것을 방지하고, 국민의 생명을 위협하는 긴급한 상황에서 더 적극적이고 과감하게 직무를 수행할 수 있도록 법적으로 뒷받침해 주기 위함입니다. 이러한 입법 취지를 이해하는 것이 조항 해석의 출발점입니다.

[적용 대상 범죄의 한정성]

- 이 조항이 모든 경찰 활동에 적용되는 '만능 면책카드'가 아니라는 점이 핵심입니다. 적용 대상이 살인, 강도, 강간, 상해·폭행, 가정폭력, 아동학대라는 6대 범죄군으로 엄격히 한정되어 있음을 반드시 암기해야 합니다. 예를 들어, 재물손괴나 사기범죄 현장에서는 이 조항이 적용되

기 어렵습니다.

['필요적' 아닌 '임의적' 감면]

- "이 조항의 요건을 충족하면 경찰관은 반드시 형사 책임을 면제받는다"는 보기는 명백한 오답입니다. 이 조항은 법관에게 형을 감면해 줄 수 있는 '재량권'을 부여한 것에 불과합니다. 즉, 최종적인 판단은 법원의 몫이며, 자동 면책 조항이 아닙니다. '감경 또는 면제 하여야 한다'가 아니라 '할 수 있다'는 점을 명확히 구별해야 합니다.

[면책을 위한 겹겹의 필터]

- 이 조항의 적용을 받기 위해서는 ① 특정 범죄 + 긴급 상황 → ② 예방/진압/대응 행위 → ③ 피해 발생 → ④ 불가피성 + 최소침해성 + 무(無)중과실이라는 매우 겹겹의 필터를 모두 통과해야 합니다. 이 중 하나라도 요건을 충족하지 못하면 감면 대상이 될 수 없습니다. 이처럼 요건이 매우 까다롭다는 점을 이해해야 합니다.

[정당방위(형법 제21조)와의 관계]

- 형법상 정당방위는 성립 시 '위법성' 자체가 조각되어 아예 범죄가 되지 않습니다. 반면, 이 조항은 일단 범죄(상해치사 등)는 성립하지만, 그 책임(형벌)을 감면해 주는 규정입니다. 즉, 정당방위로 인정받기에는 다소 부족한(과잉방위 등) 경우라도, 이 조항의 요건을 충족하면 재판 과정에서 선처를 받을 수 있는 길을 열어 준 것입니다. 정당방위보다 문턱을 낮춘, 경찰관을 위한 보충적인 특별 규정이라고 이해할 수 있습니다.

경직법 제11조의5 상황 재구성

💬 발표 면접 과제 1: [흉기난동범 제압과 과실치상 논란]

1. 상황자료

당신은 공원 순찰 중인 A순경입니다. 한 남성 B씨가 다른 남성 C씨와 말다툼을 벌이다가, 갑자기 주머니에서 커터칼을 꺼내 C씨의 복부를 찌르려는 순간을 목격했습니다. C씨의 생명이 매우 위급한, 명백하고 긴급한 상황. 당신은 C씨를 구하기 위해 B씨를 향해 전력으로 달려들어 몸을 날려 태클을 했습니다. 당신의 태클로 B씨는 넘어지면서 다행히 C씨를 찌르지는 못했지만, 넘어지는 과정에서 아스팔트 바닥에 머리를 심하게 부딪쳐 의식을 잃고 중태에 빠졌습니다. C씨는 무사했지만, B씨의 가족은 "칼을 든 손만 제압하면 되지, 왜 전속력으로 달려들어 머리를 다치게 하냐. 이건 명백한 과잉 대응이자 살인미수"라며 당신을 고소했습니다.

상황처리 과제

당신이 A순경이라면, 당신의 행위가 제11조의5에 따른 형의 감면 대상이 될 수 있는지 그 요건을 하나씩 분석하여 설명하고, 당신의 조치가 정당했음을 어떻게 주장할 것인지 발표하시오.

2. 상황판단(법적 근거 중심)

저의 행위는 제11조의5에 따른 형의 감면 요건을 충족할 가능성이 매우 높다고 판단됩니다. (1단계: 상황 요건) B씨가 칼로 C씨를 찌르려 한 행위는 '살인미수'(제1호 살인의 죄)에 해당하며, 피해자의 생명에 대한 위해가 '명백하고 긴급한' 상황이었습니다. (2단계: 행위 요건) 저의 태클은 B씨의 살인 행위를 막기 위한 '진압하기 위한 행위'였습니다. (3단계: 결과 요건) 그 결과 B씨가 머리를 다쳐 '피해가 발생'했습니다. (4단계: 면책 요건) ① 당시 C씨가 찔리기 직전이라, 달려들어 몸으로 막는 것 외에 다른 수단이 없는 '불가피한' 상황이었고, ② C씨의 생명을 구한다는 목적 달성을 위해 필요한 '최소한의' 물리력이었으며, ③ B씨의 머리를 다치게 하려는 '고의'가 없었고, 사람의 생명을 구하기 위해 전력으로 범인을 막는 과정에서 발생한 결과이므로 사회 통념상 '중대한 과실'이라고 보기도 어렵습니다. 따라서 모든 요건을 충족하므로, 법원에서 정상을 참작하여 형을 감면

해 줄 것을 강력하게 주장할 수 있습니다.

3. 문제점 및 해결방안(단계별 조치)

1) 문제점: 결과적으로 범인이 중태에 빠졌기 때문에, '과잉 대응'이라는 비난과 형사 책임에 대한 심리적 압박감이 매우 클 수 있습니다.

2) 해결방안:

(1) **1단계(객관적 증거 확보):** 저의 조치가 정당했음을 입증하기 위해, 현장 주변 CCTV, 목격자 진술, 피해자 C씨의 진술 등 객관적인 증거를 신속하고 철저하게 확보하겠습니다. 특히, B 씨가 칼을 들고 C씨를 찌르려던 바로 그 '결정적 순간'을 입증하는 것이 핵심입니다.

(2) **2단계(일관되고 명확한 진술):** 감찰 및 수사 과정에서, 감정에 호소하기보다는 법적 요건에 근거하여 저의 행위를 일관되게 진술하겠습니다. "저는 B씨를 다치게 할 의도가 전혀 없었 습니다. 오직 눈앞에서 죽어가던 시민 C씨를 구해야 한다는 생각뿐이었고, 그를 살리기 위 해 제 몸을 던지는 것 외에는 다른 방법이 없었습니다"라고 당시의 불가피성을 논리적으로 설명하겠습니다.

(3) **3단계(조직적 지원 요청):** 혼자서 모든 법적 책임을 감당하려 하지 않겠습니다. 경찰청 '소 송 지원 제도'를 통해 변호사의 법률적 조력을 받고, '직무수행 중 면책 심의위원회' 등을 통 해 저의 행위가 정당했음을 조직 차원에서 공인받도록 요청하겠습니다.

(4) **4단계(심리적 안정 유지):** 동료 및 경찰서 심리상담 프로그램 등을 통해, 이번 사건으로 인 한 저의 심리적 트라우마를 관리하고, 다음 직무 수행에 영향을 미치지 않도록 스스로를 돌 보는 노력도 병행하겠습니다.

4. 면접관과 질의응답(꼬리질문)

1) 면접관 1(법률 전문가)

(1) **질문 1:** '중대한 과실'이 없어야 한다고 했는데, '중대한 과실'과 '일반 과실'의 차이는 무엇이 라고 생각합니까?

(2) **답변 1:** '일반 과실'은 통상적인 사람이 보통의 주의를 기울였다면 막을 수 있었던 결과를 발 생시킨 경우라고 생각합니다. 반면, '중대한 과실'은 그 주의의무의 위반 정도가 현저하여, 거의 고의에 가까울 정도로 기본적인 안전조치나 절차를 무시한 경우를 의미한다고 봅니 다. 이 사안에서 만약 제가 B씨를 제압한 후에도 불필요하게 머리를 가격했다면 중과실이 겠지만, C씨를 구하기 위해 달려드는 과정에서 발생한 결과는 중과실로 보기 어렵습니다.

(3) **질문 2:** 만약 C씨가 B씨의 공격을 피해서 이미 안전한 상태였고, B씨가 도주하려는 것을 당신이 태클하여 중태에 빠뜨렸다면, 이 조항이 적용될 수 있을까요?

(4) **답변 2:** 적용되기 매우 어렵다고 생각합니다. 그 경우, C씨의 생명·신체에 대한 '명백하고 긴급한' 위험이 이미 해소된 상태이기 때문입니다. 따라서 도주하는 범인을 체포하기 위한 행위는 인정되지만, 그를 중태에 빠뜨릴 정도의 격렬한 태클은 '필요 최소한의 범위'를 벗어난 과잉 대응으로 판단될 가능성이 매우 높습니다.

2) 면접관 2(현장 지휘관)

(1) **질문 1:** 당신에게 테이저건이 있었다면, 태클 대신 테이저건을 썼어야 하는 것 아닙니까?

(2) **답변 1:** 테이저건을 사용할 시간적 여유가 있었다면 그것이 더 나은 선택이었을 수 있습니다. 하지만 범인이 칼로 찌르기 직전의 찰나의 순간이었다면, 테이저건을 뽑아 조준하고 경고할 시간조차 없었을 것입니다. 그럴 때는 가장 본능적이고 신속한 방법인 몸으로 막는 것이 유일한 수단일 수 있습니다. 결국 어떤 장비나 전술을 선택할지는, 현장의 '긴급성' 정도에 따라 달라질 수밖에 없습니다.

(3) **질문 2:** 이번 일로 인해, 당신이 앞으로 유사한 상황에서 '내가 다칠 수도 있다'는 생각에 소극적으로 대응하게 될 것 같습니까?

(4) **답변 2:** 아닙니다. 오히려 이번 일을 통해 저는 제11조의5라는 법적 장치가 왜 필요한지를 몸소 깨닫게 되었습니다. 비록 고소당하고 힘든 과정을 겪겠지만, 결국 저의 정당한 행위는 법과 조직이 보호해 줄 것이라는 믿음이 생겼습니다. 따라서 저는 앞으로도 위축되지 않고, 국민의 생명이 위험에 처한 상황이라면 저의 몸을 던져 막아야 한다는 경찰관으로서의 사명감을 더욱 굳건히 지켜 나갈 것입니다.

3) 면접관 3(인권·소통 전문가)

(1) **질문 1:** B씨의 가족은 "결과적으로 우리 아들은 식물인간이 되었다. 경찰이 살인자다"라고 비난합니다. 그들에게 인간적으로 어떤 말을 해 줄 수 있을까요?

(2) **답변 1:** 먼저 자식이 중태에 빠진 부모의 참담한 심정에 깊은 위로와 공감을 표하겠습니다. 그리고 "저 역시 B 선생님이 이렇게까지 다치게 될 줄은 몰랐습니다. 한 사람의 인생을 바꿔 놓은 것 같아 저 역시 평생 무거운 마음의 짐을 안고 살아가야 할 것입니다. 하지만 당시 상황에서는 눈앞의 C 선생님을 구하기 위한 어쩔 수 없는 선택이었습니다. 정말 죄송하고, 또 죄송합니다"라며, 저의 고통과 인간적인 고뇌를 진솔하게 전달하여, 그들이 저를 비정한 법 집행 기계가 아닌 한 명의 인간으로 이해할 수 있도록 노력하겠습니다.

(3) **질문 2:** 이 조항이 '경찰의 폭력을 정당화하는 수단'으로 악용될 수 있다는 시민단체의 우려

에 대해서는 어떻게 생각하십니까?

(4) 답변 2: 충분히 가능한 우려이며, 경찰은 이 조항을 적용함에 있어 더욱 신중하고 겸손한 자세를 가져야 한다고 생각합니다. 그래서 이 조항에 '고의 또는 중대한 과실이 없을 때'라는 엄격한 요건이 포함되었다고 봅니다. 경찰은 이 조항을 '면죄부'로 생각할 것이 아니라, 정당한 직무수행의 '최종적인 보호막'으로 여겨야 합니다. 모든 경찰관이 비례의 원칙과 인권 존중의 의무를 항상 마음속에 새기고, 이 조항에 기대기 전에 모든 평화적 수단을 먼저 시도할 때, 그러한 우려를 불식시킬 수 있을 것입니다.

4) 면접관 4(조직·정책 전문가)

(1) 질문 1: 경찰관의 정당한 물리력 행사에 대한 사회적 공감대를 형성하기 위해, 경찰은 어떤 노력을 해야 할까요?

(2) 답변 1: '교육'과 '소통'을 강화해야 합니다. 첫째, 경찰관 채용 단계에서부터 시민 교육에 이르기까지, 경찰의 물리력 사용이 어떤 엄격한 법적 요건과 절차에 따라 이루어지는지를 투명하게 교육해야 합니다. 둘째, 이번 사례와 같이 어쩔 수 없이 물리력을 사용하여 시민을 구한 사례들을 적극적으로 홍보하여, 경찰의 물리력이 억압이 아닌 '보호'를 위한 최후의 수단이라는 점을 국민들께서 공감할 수 있도록 소통 노력을 강화해야 합니다.

(3) 질문 2: 본인이 이 사건을 겪은 후배 경찰관에게 선배로서 조언을 해 준다면, 어떤 말을 가장 해 주고 싶습니까?

(4) 답변 2: "너는 혼자가 아니다"라는 말을 가장 해 주고 싶습니다. "너의 행동은 한 시민의 생명을 구한 불가피한 행동이었고, 법과 원칙에 따른 정당한 직무집행이었다. 지금은 고소와 비난 때문에 힘들겠지만, 너의 뒤에는 조직과 동료들이 굳건히 버티고 서 있다. 그러니 절대 위축되거나 좌절하지 말고, 우리가 너의 정당함을 함께 증명해 나가자. 너는 자랑스러운 대한민국 경찰관이다."라고 말해 주며, 그가 심리적으로 무너지지 않도록 지지하고 격려해 주겠습니다.

💬 발표 면접 과제 2: [아동학대 현장 제지와 부수적 피해]

1. 상황자료

당신은 아동학대 특별수사팀 소속 B경위입니다. "아이가 몇 시간째 울고 있고, 아빠가 심하게 때리는 것 같다"는 이웃의 신고를 받고 한 빌라에 출동했습니다. 집 안에서는 아이의 자지러지는 울

음소리와 함께 남성의 고함 소리가 계속 들려, 제7조에 따라 강제로 문을 열고 진입했습니다. 거실에는 5살 아이가 쓰러져 울고 있었고, 아버지 C씨가 아이를 향해 허리띠를 휘두르려는 순간이었습니다. 당신은 즉시 C씨에게 달려들어 그의 팔을 붙잡아 제지했습니다. C씨는 격렬하게 저항하며 당신을 뿌리쳤고, 그 과정에서 C씨가 들고 있던 허리띠의 쇠 버클 부분이 옆에 있던 고가의 대형 TV 화면에 부딪혀 액정이 완전히 박살났습니다.

상황처리 과제

당신이 B경위라면, 아동학대범을 제지하는 과정에서 발생한 TV 파손(재산상 피해)에 대해 제11조의5가 적용될 수 있는지 판단하고, 향후 C씨와 아이에 대한 조치 계획을 발표하시오.

2. 상황판단(법적 근거 중심)

이 사례에서 발생한 TV 파손은 제11조의5의 '타인에게 피해가 발생한 경우'에 해당합니다. 저의 행위가 이 조항의 감면 대상이 되는지를 검토하겠습니다. (1단계: 상황) '아동학대범죄'는 제2호에 명시된 대상 범죄이며, 아이의 신체에 대한 위해가 '명백하고 긴급한' 상황이었습니다. (2단계: 행위) 저의 제지 행위는 아이에 대한 위해를 '진압하기 위한 행위'였습니다. (3단계: 결과) 그 과정에서 TV 파손이라는 '피해가 발생'했습니다. (4단계: 면책) ① 아이를 구하기 위해 C씨를 제지하는 것은 '불가피'했고, ② 제압 과정에서 발생한 부수적 피해로서 '최소한의 범위'를 벗어났다고 보기 어려우며, ③ TV를 일부러 부수려는 '고의'나 '중대한 과실'도 없었습니다. 따라서 모든 요건을 충족하므로, 만약 C씨가 저를 재물손괴로 고소하더라도, 저는 제11조의5에 따라 형의 감면 대상이 될 수 있음을 주장할 수 있습니다.

3. 문제점 및 해결방안(단계별 조치)

1) 문제점: 아동학대라는 중대한 범죄 상황이지만, 가해자가 자신의 재산 피해를 빌미로 경찰의 정당한 공무집행을 문제 삼으며 사건의 본질을 흐릴 수 있습니다.

2) 해결방안:

  (1) 1단계(아동 보호 최우선): TV 파손 문제에 앞서, 가장 중요한 것은 **아이의 안전 확보**입니다. 즉시 C씨를 아이로부터 완전히 분리하고, 아동학대처벌법에 따른 '응급조치'를 통해 아이를 C씨로부터 격리하여 보호시설이나 친인척에게 인도하겠습니다. 아이의 신체에 난 상처를 확인하고, 병원 진료를 받게 하겠습니다.

  (2) 2단계(가해자 현행범 체포): C씨를 아동학대 범죄의 현행범으로 간주하고, 미란다 원칙을

　　　　　　　　　　　　　　　　　제2부 • 경찰관 직무집행법 해설

고지한 후 체포하겠습니다. 체포 시, TV 파손 경위에 대해 "선생님의 격렬한 저항 과정에서 발생한 일이며, 모든 상황은 녹화되었습니다"라고 간략히 고지하여, 불필요한 논쟁을 차단 하겠습니다.

(3) 3단계 재물손괴 주장에 대한 대응: C씨가 조사를 받으며 TV 파손에 대해 항의한다면, "선생 님의 자녀에 대한 불법적인 폭력을 막는 과정에서 발생한 일입니다. 경찰관의 정당한 직무 수행에 대한 형 감면 조항에 따라, 저의 책임은 면제될 수 있으며, 오히려 선생님은 아동학대 혐의로 더 무거운 처벌을 받게 될 것입니다"라고 법적 근거를 들어 명확히 대응하겠습니다.

(4) 4단계(피해 아동에 대한 통합 지원): C씨에 대한 수사와는 별개로, 피해 아동을 위해 지자 체 아동학대전담공무원과 협력하여, 심리 치료, 법률 지원, 학업 지원 등 아이가 상처를 회 복하고 건강하게 성장할 수 있도록 하는 **통합적인 피해자 보호 조치**를 시작하도록 하겠습 니다.

4. 면접관과 질의응답(꼬리질문)

1) 면접관 1(법률 전문가)

(1) 질문 1: 제11조의5는 '타인'에게 피해가 발생한 경우라고 되어 있는데, 가해자 본인의 재산 이 파손된 경우에도 '타인'의 피해로 볼 수 있습니까?

(2) 답변 1: 법리적으로는 논란의 여지가 있을 수 있지만, 이 조항의 입법 취지에 비추어 볼 때 가능하다고 생각합니다. 여기서 '타인'은 '경찰관 자신 이외의 모든 사람'으로 넓게 해석하 여, 경찰의 행위로 인해 피해를 입은 사람이 범인 자신이라도 적용될 수 있다고 보아야 합니 다. 만약 범인 자신의 피해는 제외된다면, 범인 제압 과정에서 발생하는 대부분의 상해나 재 산 피해에 대해 경찰관이 보호받지 못하게 되어, 이 조항의 입법 취지가 몰각될 것입니다.

(3) 질문 2: 만약 TV가 C씨의 소유가 아니라, C씨가 세 들어 사는 집의 집주인 소유였다면 어떻 게 됩니까?

(4) 답변 2: 그 경우, 집주인은 아무런 책임이 없는 제3자이므로, 제11조의2에 따른 '손실보상' 의 대상이 됩니다. 즉, 국가는 우선 집주인에게 TV 파손 비용을 보상해 주고, 그 비용에 대 해 최종적인 원인 제공자인 가해자 C씨에게 구상권을 청구하여 받아 내게 될 것입니다.

2) 면접관 2(현장 지휘관)

(1) 질문 1: C씨가 "내 자식 내가 때리는데 무슨 상관이냐"며 계속 저항한다면, 아동학대 현장에 서 가장 효과적인 제압 방법은 무엇이라고 생각합니까?

(2) 답변 1: 가장 효과적인 방법은 '신속하고 완전한 분리'입니다. 가해자와 피해 아동을 물리적

으로 완전히 다른 공간에 두는 것이 최우선입니다. 이를 위해, 한 명의 경찰관은 아이를 안전하게 안아 집 밖으로 데리고 나오고, 다른 경찰관은 가해자가 따라 나오지 못하도록 몸으로 막아서는 등 명확한 역할 분담을 통해 추가적인 접촉을 원천 차단하는 것이 가장 효과적입니다.

(3) **질문 2:** 제압 과정에서 아이가 경찰관과 아빠가 싸우는 모습을 보고 더 큰 충격을 받을 수도 있습니다. 어떻게 해야 할까요?

(4) **답변 2:** 맞는 말씀입니다. 그래서 가능하다면 아이가 보는 앞에서 직접적인 물리력 행사는 최소화해야 합니다. 한 명의 경찰관이 아이의 시선을 다른 곳으로 유도하며 집 밖으로 먼저 데리고 나간 후, 남은 경찰관이 가해자를 제압하는 것이 가장 이상적입니다. 아이에게 "아빠가 잠시 화가 나서, 경찰 아저씨랑 이야기 좀 할 거야. 우린 나가서 엄마 기다리자"와 같이, 아이의 눈높이에 맞춰 안심시키는 소통도 좋은 방안이 될 것입니다.

3) 면접관 3(인권·소통 전문가)

(1) **질문 1:** C씨도 과거 아동학대의 피해자였거나, 경제적 어려움 등으로 극심한 스트레스를 받고 있었을 수 있습니다. 가해자에 대한 무조건적인 비난이 옳은 걸까요?

(2) **답변 1:** 옳지 않다고 생각합니다. 그의 범죄 행위는 법에 따라 엄정하게 처벌해야 하지만, 그가 왜 그런 행동을 하게 되었는지 그 근본적인 원인을 파악하고, 재발을 막기 위한 노력도 병행되어야 합니다. 조사 과정에서 C씨에게도 심리 상담이나 분노조절장애 치료 등을 연계해 주고, 경제적 어려움이 있다면 복지 서비스를 안내하는 등, 처벌과 지원을 병행하는 '회복적 사법'의 관점에서 접근할 필요가 있습니다.

(3) **질문 2:** 피해 아동을 조사할 때, 경찰관으로서 가장 유의해야 할 점은 무엇입니까?

(4) **답변 2:** '2차 피해 방지'에 가장 유의해야 합니다. 아이에게 당시 상황을 반복적으로 묻거나, 추궁하는 듯한 질문을 해서는 절대 안 됩니다. 아동 심리 전문가나 진술조력인이 동석한 상태에서, 아이가 편안함을 느끼는 환경(해바라기 센터 등)에서, 놀이를 통해 자연스럽게 이야기하도록 유도해야 합니다. 아이의 진술을 얻는 것보다, 아이의 마음을 더 다치게 하지 않는 것이 중요합니다.

4) 면접관 4(조직·정책 전문가)

(1) **질문 1:** 아동학대 문제는 경찰 혼자서 해결하기 어렵습니다. 유관기관과의 협력 체계를 어떻게 더 강화해야 할까요?

(2) **답변 1:** '정보 공유'와 '공동 대응'을 제도화해야 합니다. 학교, 병원, 지자체, 경찰이 각각 파악하고 있는 학대 의심 징후 정보를 하나의 통합 시스템에 공유하여, 위험 가정을 조기에

발견하는 '조기경보 시스템'을 구축해야 합니다. 또한, 학대 신고 접수 시에는 경찰, 아동학대전담공무원, 심리상담사가 하나의 팀처럼 동시에 현장에 출동하여, 수사·보호·상담 조치를 원스톱으로 제공하는 '아동학대 현장대응 공동팀'을 제도화할 필요가 있습니다.

(3) **질문 2:** 본인이 이 사건을 처리하는 경찰관이라면, 가장 큰 보람을 느끼는 순간과, 가장 큰 어려움을 느끼는 순간은 각각 언제일 것 같습니까?

(4) **답변 2:** 가장 큰 보람을 느끼는 순간은, 제가 구해 준 아이가 나중에 밝고 건강한 모습으로 웃고 있는 것을 보게 될 때일 것 같습니다. 한 아이의 인생을 긍정적으로 바꾸는 데 기여했다는 사실만으로도 경찰관으로서의 모든 어려움을 보상받을 수 있을 것입니다. 반면, 가장 큰 어려움을 느끼는 순간은, 법과 제도만으로는 아이의 마음속 깊은 상처까지는 완전히 치유해 줄 수 없다는 한계를 느끼게 될 때일 것 같습니다. 그 무력감과 안타까움이 가장 힘들 것 같습니다.

🗨 발표 면접 과제 3: [공무집행 대응과 제3자 피해]

1. 상황자료

당신은 심야 시간대 유흥가 순찰 중인 C순경입니다. 만취한 남성 D씨가 길 가던 행인 E씨에게 시비를 걸며 폭행하고 있는 장면을 목격했습니다. 당신은 즉시 D씨를 폭행 현행범으로 체포하려 했습니다. 그러자 D씨는 체포에 불응하며, 당신을 향해 주먹을 휘두르는 등 거칠게 저항했습니다. 당신은 D씨의 공격을 피하며 그의 팔을 꺾어 제압을 시도했습니다. 그 순간, D씨가 몸부림치며 균형을 잃고 옆으로 넘어지면서, 마침 옆을 지나가던 다른 행인 F씨와 부딪혔습니다. F씨는 D씨와 함께 넘어지면서 발목을 접질려 극심한 고통을 호소하고 있습니다. F씨는 아무런 잘못 없이 길을 지나가다가, 경찰의 범인 검거 과정에 휘말려 부상을 입은 상황입니다.

상황처리 과제

당신이 C순경이라면, 이 상황에서 당신의 행위가 제11조의5의 적용 대상이 될 수 있는지 검토하고, 피해를 입은 무고한 시민 F씨에 대해서는 어떤 조치를 해야 하는지 설명하시오.

2. 상황판단(법적 근거 중심)

이 상황은 두 가지 법률 조항을 함께 검토해야 합니다. (경찰관의 책임 문제) 저의 제압 행위는 제

11조의5의 감면 요건에 해당될 수 있습니다. (상황) D씨의 폭행은 제1호의 '상해와 폭행의 죄'에 해당하고, (행위) 저의 제압은 '경찰관을 향한 유형력 행사에 대응하는 행위'였습니다. (결과) 그 과정에서 제3자인 F씨에게 '피해가 발생'했으며, (면책) 이는 '불가피'하고 '최소한의 범위' 내의 행위였고 '고의·중과실'이 없었으므로, 만약 제가 과실치상 혐의로 기소되더라도 형의 감면을 주장할 수 있습니다.

3. 문제점 및 해결방안(단계별 조치)

1) 문제점: 범인 검거라는 본래의 임무와, 무고한 제3자 피해자에 대한 구호라는 새로운 임무가 동시에 발생하여, 현장이 혼란스러워지고 적절한 우선순위를 정하기 어려울 수 있습니다.

2) 해결방안:

(1) 1단계(추가 위험 방지 및 현장 통제): 먼저 넘어져 있는 D씨와 F씨를 신속히 분리하고, D씨가 추가적인 저항이나 도주를 하지 못하도록 즉시 수갑을 채워 완전히 제압하겠습니다. 그리고 동료에게 D씨의 감호를 맡기고, 저는 즉시 F씨의 상태를 살피겠습니다.

(2) 2단계(피해 시민 구호 최우선): F씨의 발목 부상이 심각해 보이므로, 즉시 119 구급대를 요청하여 병원으로 후송되도록 조치하는 것을 최우선으로 하겠습니다. F씨에게 "괜찮으십니까? 경찰의 직무집행 과정에서 다치게 해드려 죄송합니다. 즉시 병원 치료를 받으실 수 있도록 조치하겠습니다"라고 말하며, 시민 구호가 중요함을 명확히 보여 주겠습니다.

(3) 3단계(손실보상 절차의 명확한 안내): F씨가 병원으로 이송되기 전이나 후에, "선생님의 치료비와 모든 손실은 저희가 국가보상제도를 통해 책임지고 처리해 드리겠습니다. 아무 걱정 마시고 치료에만 전념하십시오"라고 **제11조의2에 따른 손실보상** 절차를 명확하고 책임감 있게 안내하여, 피해자가 경제적 부담이나 억울함을 느끼지 않도록 하겠습니다.

(4) 4단계(사건 처리 및 보고): D씨는 폭행 및 공무집행방해 혐의로 현행범 체포하여 절차에 따라 처리하겠습니다. 그리고 상황 종료 후, 사건 보고서에 저의 제압 행위의 정당성(제11조의5)과, 그 과정에서 발생한 제3자 피해 및 구호 조치, 손실보상 안내 내역(제11조의2)까지 모든 사실관계를 빠짐없이 상세하게 기록하여 제출하겠습니다.

4. 면접관과 질의응답(꼬리질문)

1) 면접관 1(법률 전문가)

(1) 질문 1: F씨의 피해는 경찰관인 당신이 아니라, 범인 D씨의 저항 때문에 발생한 것입니다. 그런데 왜 국가가 보상 책임을 져야 합니까?

(2) 답변 1: D씨에게 최종적인 책임이 있는 것은 맞습니다. 하지만 F씨의 입장에서 보면, 경찰의 제압 행위가 없었다면 D씨와 부딪혀 다칠 일도 없었을 것입니다. 이처럼 경찰의 적법한 직무집행과 피해 발생 사이에 직접적인 인과관계가 인정되므로, 국가는 우선적으로 피해자를 신속하게 구제할 1차적인 보상 책임을 지는 것입니다. 그리고 국가는 F씨에게 보상한 후, 그 비용을 최종 원인 제공자인 D씨에게 구상권을 청구하여 받아내게 될 수도 있을 것입니다.

2) 면접관 2(현장 지휘관)

(1) 질문 1: F씨를 챙기다가 D씨가 도주해 버렸습니다. 어떻게 하겠습니까?

(2) 답변 1: 안타까운 상황이지만, 저는 인명 구호를 우선한 저의 판단이 옳았다고 생각합니다. D씨의 신원은 현장 주변 CCTV나 피해자 E씨의 진술 등을 통해 충분히 특정할 수 있었으므로, 사후에 체포영장을 발부받아 검거하겠습니다.

(3) 질문 2: 유흥가 한복판이라 주변에 구경꾼들이 몰려들어 현장이 매우 혼잡합니다. 현장 통제를 위해 가장 먼저 해야 할 일은 무엇입니까?

(4) 답변 2: 즉시 지원을 요청하여 폴리스라인을 설치하는 것이 가장 먼저입니다. 현장을 보존하여 증거를 확보하고, 부상자인 F씨를 보호하며, 구급대원들이 활동할 공간을 확보해야 합니다. 그리고 구경꾼들에게 "사건 현장이니 물러나 주십시오! 협조하지 않으면 공무집행 방해가 될 수 있습니다!"라고 단호하게 방송하여, 질서를 확보하고 2차 사고를 예방해야 합니다.

3) 면접관 3(인권·소통 전문가)

(1) 질문 1: F씨는 다친 것도 억울한데, 나중에 경찰서에 와서 조사를 받는 등 복잡한 절차를 거쳐야 한다는 것에 불만을 토로합니다. 어떻게 그를 설득하겠습니까?

(2) 답변 1: F씨의 불편한 마음에 깊이 공감하며, "선생님께서 다치신 것도 속상한데, 번거롭게 해 드려 정말 죄송합니다"라고 먼저 사과하겠습니다. 그리고 "선생님의 진술은 가해자를 처벌하고, 선생님께서 정당한 보상을 받으시는 데 꼭 필요한 절차입니다. 저희가 최대한 편하신 시간에 맞춰드리거나, 직접 찾아뵙고 진술을 듣는 등 불편을 최소화하도록 최선을 다하겠습니다"라고 설명하며, 절차의 필요성을 이해시키고 최대한 협조하겠습니다.

(3) 질문 2: 이 사건을 통해, 경찰의 물리력 행사는 범죄자뿐만 아니라 주변의 무고한 시민에게도 영향을 미칠 수 있다는 것을 알게 되었습니다. 이 교훈을 앞으로 어떻게 실천하겠습니까?

(4) 답변 2: 앞으로 물리력을 사용해야 할 때, 단순히 범인과 저, 1대1의 상황으로만 보지 않고, 항상 주변에 있을지 모를 제3자의 존재를 염두에 두는 '넓은 시야'를 갖도록 노력하겠습니

다. 범인을 제압할 때에도 가능한 한 주변에 위험이 적은 방향으로 유도하고, 제압 후에는 즉시 주변을 살펴 추가 피해자가 없는지 확인하는 습관을 들이겠습니다. 저의 직무집행이 공동체 전체의 안전에 미치는 영향을 항상 생각하는 경찰관이 되겠습니다.

4) 면접관 4(조직·정책 전문가)

(1) 질문 1: 경찰관의 정당한 직무수행으로 인해 피해를 본 제3자가 신속하게 구제받기 위해, '손실보상' 절차에서 어떤 점이 개선되어야 한다고 생각합니까?

(2) 답변 1: '신속성'과 '편의성'이 개선되어야 합니다. 현재는 피해자가 직접 서류를 준비해서 청구하고, 위원회가 열려 심의하는 등 시간이 오래 걸릴 수 있습니다. 소액의 명백한 피해에 대해서는 위원회 심의를 생략하고 현장 지휘관의 판단하에 즉시 지급하는 '간이 지급 절차'를 도입하거나, 피해자가 병원에서 치료받으면 경찰이 직접 병원에 비용을 지불하는 등 '피해자 중심'으로 절차를 대폭 간소화할 필요가 있다고 생각합니다.

(3) 질문 2: 경찰관의 직무는 이처럼 예측 불가능한 피해를 낳을 수 있는 매우 어렵고 스트레스가 많은 일입니다. 본인은 왜 이런 경찰관이라는 직업을 선택했습니까?

(4) 답변 2: 저는 경찰관이라는 직업이 단순히 범인을 잡는 일이 아니라, '혼돈 속에서 질서를 만들어 내는 일'이라고 생각하기 때문입니다. 오늘 사례처럼, 범죄가 발생하고 무고한 피해자가 생기는 혼돈의 현장에서, 법과 원칙이라는 기준을 가지고 각자의 권리를 보호하고 질서를 회복시키는 역할은 경찰관만이 할 수 있습니다. 저는 이처럼 어렵고 책임이 무거운 일이지만, 저의 노력으로 누군가의 피해를 막고 공동체의 안전을 지켜 낼 수 있다는 사실에서 가장 큰 보람과 자부심을 느낄 수 있다고 믿기 때문에 경찰관이라는 직업을 선택했습니다.

제12조(벌칙)

[조문 원문]

이 법에 규정된 경찰관의 의무를 위반하거나 직권을 남용하여 다른 사람에게 해를 끼친 사람은 1년 이하의 징역이나 금고 또는 300만원 이하의 벌금에 처한다.

[조문 해부(항·목별)]

이 조항은 경찰관 직무집행법의 실효성을 담보하기 위한 유일한 벌칙 규정으로, 경찰관의 권한 남용을 통제하는 최후의 법적 장치입니다.

- **범죄의 주체: 경찰관 직무집행법의 적용을 받는 '경찰관'**입니다.
- **범죄 행위:** 두 가지 유형의 행위를 규정하고 있습니다.
  - **"이 법에 규정된 경찰관의 의무를 위반하거나":** 이는 작위 또는 부작위를 모두 포함합니다. 예를 들어, 제3조 제6항의 6시간 동행 제한, 제4조 제7항의 24시간 보호 제한 시간을 초과하는 등 이 법에 명시된 각종 절차적 의무를 위반하는 행위를 말합니다.
  - **"직권을 남용하여":** 제1조 제2항에서 선언한 '직권남용 금지의 원칙'을 구체화한 것입니다. 외형상으로는 직무 범위 내의 행위처럼 보이지만, 실제로는 그 권한을 부여한 본래의 목적을 벗어나 개인적인 감정이나 부당한 의도를 가지고 권한을 행사하는 경우를 의미합니다. 예를 들어, 개인적인 원한이 있는 사람에게 아무런 혐의점 없이 반복적으로 불심검문을 하는 행위 등이 해당됩니다.
- **결과 요건:**
  - **"다른 사람에게 해를 끼친":** 이 죄가 성립하기 위해서는 단순히 의무를 위반하거나 직권을 남용한 것만으로는 부족하고, 그 행위로 인해 **실제로 타인에게 유·무형의 '해(害)'가 발생**해야 합니다. 여기서 '해'는 신체적 상해뿐만 아니라, 정신적 고통, 재산상 손실 등을 모두 포함하는 넓은 개념입니다. 즉, '위험범'이 아닌 '침해범'입니다.
- **형벌의 종류 및 수준:**
  - **"1년 이하의 징역이나 금고 또는 300만원 이하의 벌금":** 법정형이 비교적 낮은 편입니다. 이는 이 조항이 형법상의 직권남용죄나 독직폭행죄 등 더 중한 범죄보다는, 경직법상의

직무와 관련된 특수한 유형의 권한 남용을 처벌하기 위한 **보충적인 성격**을 가지고 있음을 시사합니다.

 ## Study Point(시험 합격 전략)

[구성요건의 결합: '행위' + '결과']

- 제12조가 성립하려면 ① '의무 위반 또는 직권 남용'이라는 행위와 ② '타인에게 해를 끼쳤다'는 결과가 모두 필요하다는 점을 명심해야 합니다. "경찰관이 실수로 신분증 제시를 잊었으나 시민에게 아무런 피해가 없었다면 제12조로 처벌된다"는 보기는 틀린 것입니다. 비록 징계 사유는 될 수 있어도, 이 조항의 구성요건은 충족하지 못합니다.

['직권남용'과 형법 제123조의 관계]

- 경직법 제12조의 '직권남용'은 경직법상의 직무와 관련된 남용 행위를 처벌하는 '특별법'적 성격을 가집니다. 반면, 형법 제123조 '직권남용죄'는 모든 공무원의 일반적인 직권남용을 처벌하는 '일반법'입니다. 따라서 경찰관이 경직법상의 권한을 남용하여 해를 끼쳤다면, 특별법 우선의 원칙에 따라 경직법 제12조가 먼저 적용될 수 있습니다.

[경찰관의 '보호막'이자 '한계 책임']

- 경직법의 여러 조항들(제11조의4 소송지원, 제11조의5 형의 감면 등)이 경찰관을 보호하는 '방패' 역할을 한다면, 제12조는 경찰관의 일탈을 막는 '한계 책임' 역할을 합니다. 즉, 경직법은 경찰에게 강력한 권한을 부여하는 동시에, 그 권한을 남용했을 때에는 반드시 책임을 묻는다는 '권한과 책임의 균형' 원리를 보여 줍니다.

[위법한 직무집행의 결과]

- 제12조에 해당하는 위법한 직무집행은 형사처벌뿐만 아니라, 다양한 법적 결과를 초래합니다. 해당 경찰관은 형사 책임(제12조), 징계 책임(국가공무원법), 민사 책임(개인적 손해배상)을 질 수 있으며, 국가는 국가배상법에 따른 손해배상 책임을 지게 됩니다. 또한, 그 위법한 직무집행을 통해 수집된 증거는 위법수집증거배제법칙에 따라 증거능력이 부정될 수 있습니다.

[경찰관 책임의 최종 보루]

- 이 조항은 경찰관 직무집행법의 마지막 조항으로서, 이 법 전체의 정신을 관통하는 책임성을 상징합니다. 경찰관은 법이 부여한 권한을 사용할 때, 항상 이 제12조의 존재를 인식하고, 자신의 모든 직무집행이 국민의 인권을 침해하지 않는지, 법의 테두리를 벗어나지 않는지를 스스로 성찰해야 함을 강조하고 있습니다.

제12조 상황 재구성

💬 발표 면접 과제 1: [반복적인 불심검문과 직권남용]

1. 상황자료

당신은 파출소에 근무하는 신임 A순경입니다. 당신의 사수인 B경사는 평소 자신에게 비협조적이고 무례하게 행동했던 동네 주민 C씨에게 개인적인 악감정을 품고 있습니다. B경사는 순찰을 돌 때마다, 특별한 혐의점이 없음에도 불구하고 C씨를 발견하면 어김없이 멈춰 세워 "행동이 수상하다"는 이유로 불심검문을 실시합니다. 신분증을 요구하고, 어디에 다녀오는지, 누구를 만나는지 등을 집요하게 캐묻습니다. C씨는 그때마다 불쾌감을 표하며 항의하지만, B경사는 "경찰의 정당한 공무집행이니 협조하라"며 권위적으로 행동합니다. 이로 인해 C씨는 동네 사람들 앞에서 여러 차례 망신을 당했고, 이제는 경찰 순찰차만 봐도 가슴이 두근거린다며 극심한 정신적 스트레스를 호소하고 있는 상황입니다.

상황처리 과제

당신이 A순경이라면, 사수 B경사의 행위가 경직법 제12조의 벌칙 조항에 해당될 수 있는지 판단하고, 신임 경찰관으로서 이 부당한 상황에 어떻게 대처할 것인지 단계별로 발표하시오.

2. 상황판단(법적 근거 중심)

사수 B경사의 행위는 경직법 제12조의 구성요건을 명백히 충족하는 범죄행위에 해당합니다. (직권남용) B경사는 '불심검문(경직법 제3조)'이라는 외형상 합법적인 직권을 행사하고 있지만, 그 실질은 '수상쩍다는 합리적 이유' 없이 개인적인 악감정을 해소하기 위한 목적이므로 이는 명백한 '직권남용'입니다. (해악 발생) C씨가 겪는 '극심한 정신적 스트레스'와 '평판 저하(망신)'는 명백한 '해'에 해당합니다. 따라서 B경사의 행위는 단순한 부적절 행위를 넘어, '1년 이하의 징역' 등에 처해질 수 있는 범죄입니다. 신임 경찰관으로서 불법을 묵인하는 것은 동료가 아닌 범죄의 방조자가 되는 것입니다.

3. 문제점 및 해결방안(단계별 조치)

1) 문제점: 신임으로서 사수의 명백한 위법행위에 대해 이의를 제기하기가 현실적으로 매우 어렵고, 이로 인해 조직 내에서 따돌림을 당하거나 불이익을 받을 수 있다는 두려움이 있습니다.

2) 해결방안:

(1) 1단계(간접적 이의 제기 및 설득): 먼저 B경사에게 직접적으로 반발하기보다는, 존중하는 태도로 간접적으로 이의를 제기하겠습니다. "B 선배님, C씨가 저희 때문에 너무 스트레스를 받는 것 같습니다. 저러다 나중에 저희를 직권남용으로 고소라도 하면 선배님만 피곤해지실 것 같습니다. 그냥 무시하는 게 낫지 않을까요?"와 같이, B경사 자신을 위하는 것처럼 조언하여 스스로 행동을 멈추도록 설득하는 노력을 먼저 해 보겠습니다.

(2) 2단계(객관적 기록 및 증거 확보): B경사가 설득에 응하지 않고 위법행위를 계속한다면, 저는 제 자신을 보호하고 진실을 밝히기 위해 객관적인 기록을 남기겠습니다. 순찰일지에 B경사가 C씨를 불심검문한 시간, 장소, 구체적인 사유 없었음 등을 상세히 기록하겠습니다. 이는 훗날 감찰이나 수사 과정에서 저의 진술을 뒷받침할 중요한 증거가 될 것입니다.

(3) 3단계(상급자에게 보고): 파출소장님이나 팀장님 등 신뢰할 수 있는 상급자에게 면담을 요청하여, 제가 목격한 사실을 조심스럽게 보고드리겠습니다. "제가 신임이라 잘 몰라서 그러는데, B 선배님의 C씨에 대한 불심검문이 법적으로 문제가 될 소지는 없는지 궁금합니다"와 같이 질문의 형태로 문제를 제기하여, 지휘계통 내에서 문제가 시정될 수 있도록 하겠습니다.

(4) 4단계(최후의 수단: 내부고발): 만약 상급자마저 이 문제를 묵인하거나 방조한다면, 저는 경찰관으로서의 양심에 따라 최후의 수단으로 경찰서 청문감사관실에 정식으로 이 사실을 신고하겠습니다. 이로 인해 제가 겪게 될 어려움보다는, 경찰 조직 전체의 신뢰가 무너지는 것을 막는 것이 더 중요하다고 생각하기 때문입니다.

4. 면접관과 질의응답(꼬리질문)

1) 면접관 1(법률 전문가)

(1) 질문 1: B경사가 C씨에게 욕설이나 폭행을 하지는 않았습니다. 그런데도 제12조의 '해'가 발생했다고 볼 수 있습니까?

(2) 답변 1: 네, 명백히 발생했다고 봅니다. 제12조의 '해'는 신체적, 재산적 피해뿐만 아니라, 명예훼손이나 정신적 고통과 같은 무형의 피해까지 포함하는 넓은 개념입니다. 반복적이고 부당한 불심검문으로 인해 C씨가 겪은 극심한 스트레스와 모멸감은, 법적으로 보호받아야

할 인격권에 대한 명백한 침해이므로 충분히 '해'에 해당합니다.

(3) **질문 2:** 당신이 B경사의 행위를 내부고발했습니다. 그 결과 B경사가 처벌받고, 당신은 조직 내에서 '배신자'로 낙인찍혔습니다. 후회하지 않겠습니까?

(4) **답변 2:** 물론 인간적으로는 매우 힘들고 괴로울 것입니다. 하지만 후회하지는 않을 것입니다. 저의 침묵은 C씨라는 한 시민의 고통을 외면하는 것이고, B경사라는 한 경찰관의 범죄를 방조하는 것이며, 궁극적으로는 경찰 조직 전체의 신뢰를 갉아먹는 행위이기 때문입니다. 저는 단기적인 평판보다는, 경찰관으로서의 자긍심과 양심을 지키는 길을 택하겠습니다. 올바른 일을 했다는 믿음이 있다면 어떤 어려움도 이겨 낼 수 있다고 생각합니다.

2) 면접관 2(현장 지휘관)

(1) **질문 1:** 사수인 B경사는 당신의 근무 평정을 매기는 사람입니다. 그의 잘못을 지적하는 것이 당신의 미래에 불리하게 작용할 것이 뻔한데, 그래도 행동하겠습니까?

(2) **답변 1:** 네, 행동하겠습니다. 저의 개인적인 안위나 미래의 진급보다 더 중요한 것은, 제가 경찰 제복을 입고 있는 이유, 즉 국민을 보호하고 법을 수호한다는 경찰의 근본적인 가치를 지키는 것이라고 생각합니다. 부당한 행위에 침묵하여 얻는 승진은 제게 아무런 명예도 되지 않을 것입니다. 오히려 원칙을 지키는 저의 강직한 모습을 다른 지휘관들께서 더 높이 평가해 주실 것이라 믿습니다.

(3) **질문 2:** 당신이 파출소장이라면, 이런 일이 발생하지 않도록 팀원들을 어떻게 지휘하고 관리하겠습니까?

(4) **답변 2:** '투명한 소통 채널'과 '원칙 중심의 문화'를 만들겠습니다. 첫째, 모든 팀원과 정기적으로 1대1 면담을 하여, 업무상 고충뿐만 아니라 선후배 간의 부당한 행위 등에 대해서도 스스럼없이 이야기할 수 있는 신뢰 관계를 구축하겠습니다. 둘째, 아침 회의 등에서 실제 직권남용 처벌 사례 등을 공유하며, '성과도 중요하지만, 과정의 공정성과 인권 존중이 최우선'이라는 원칙을 지속적으로 강조하여, 위법 행위는 결코 용납되지 않는다는 조직 문화를 만들겠습니다.

3) 면접관 3(인권·소통 전문가)

(1) **질문 1:** C씨가 당신에게 찾아와 "네 사수가 나를 괴롭히는 것을 옆에서 보고만 있었으니, 너도 공범이다"라고 항의한다면 뭐라고 답하겠습니까?

(2) **답변 1:** 먼저 C씨의 고통에 깊이 공감하며, "선생님께서 그런 부당한 일을 겪으실 때, 제가 더 빨리 막아 드리지 못해 정말 죄송합니다. 신임으로서 즉각적으로 제지하지 못한 저의 미숙함을 사과드립니다"라고 진심으로 사과하겠습니다. 그리고 "하지만 저는 결코 그 상황을

　　　　　　　　　　　　　　　　　　　　제2부 • 경찰관 직무집행법 해설

묵인하지 않았으며, 이 문제를 해결하기 위해 내부적으로 어떤 노력을 하고 있는지"를 설명 드리고, C씨의 피해가 회복될 수 있도록 제가 도울 수 있는 모든 조치를 약속드리겠습니다.

(3) **질문 2:** 이번 일을 계기로, 경찰관의 권한 남용을 예방하기 위해 가장 중요한 것은 무엇이라고 생각하게 되었습니까?

(4) **답변 2:** '동료의 건강한 견제'라고 생각합니다. 외부의 감사나 처벌도 중요하지만, 가장 효과적인 통제는 바로 곁에 있는 동료가 서로의 거울이 되어 주는 것이라고 생각합니다. 동료가 법의 테두리를 넘으려 할 때, "이건 좀 위험하지 않나?", "이렇게 하면 우리가 다칠 수 있다"고 스스럼없이 말해 줄 수 있는 수평적인 조직 문화가 활성화될 때, 경찰의 권한 남용은 자연스럽게 예방될 수 있을 것입니다.

4) 면접관 4(조직·정책 전문가)

(1) **질문 1:** 경찰 조직 내에 존재하는 이런 부당한 관행이나 악습을 근절하기 위해, 어떤 제도적 개선이 필요하다고 봅니까?

(2) **답변 1:** '내부고발자(공익신고자) 보호 시스템'의 실질적인 강화가 필요합니다. 현재도 제도가 있지만, 신고 후의 보복이나 불이익에 대한 두려움이 더 큰 것이 현실입니다. 신고자의 신원을 철저히 비밀로 보장하고, 신고로 인해 받게 되는 어떠한 종류의 불이익(근무평점, 승진, 전보 등)도 금지하며, 이를 위반하는 지휘관을 더 강력하게 처벌해야 합니다. 또한, 용기 있게 문제를 제기한 직원을 오히려 포상하고 우대하는 문화를 만들어, 내부고발이 '배신'이 아닌 '조직에 대한 깊은 애정'으로 인정받도록 해야 합니다.

(3) **질문 2:** 이 경험은 당신이 앞으로 경찰 생활을 하는 데 어떤 영향을 미칠 것이라고 생각합니까?

(4) **답변 2:** 이 경험은 저에게 평생 '경찰관으로서의 초심'을 잃지 않게 해 주는 나침반이 될 것입니다. 저는 항상 제 손에 쥐어진 공권력의 무게를 잊지 않을 것이며, 제복의 명예가 저 개인의 것이 아니라 국민들로부터 잠시 위임받은 것임을 기억할 것입니다. 또한, 제가 선배가 되었을 때, 결코 B경사와 같은 모습을 보이지 않고, 오히려 후배들의 정당한 문제 제기에 귀를 기울이고 그들을 보호해 주는 '깨어 있는 선배'가 되어야겠다는 다짐을 하게 될 것입니다.

📢 발표 면접 과제 2: [임의동행 시간 초과와 인권침해]

1. 상황자료

당신은 경찰서 형사팀 소속 B경위입니다. 당신의 팀은 최근 발생한 연쇄방화사건의 유력한 용의

자 D씨를 참고인 신분으로 경찰서에 임의동행하여 조사하고 있습니다. D씨는 변호사 선임 전까지는 진술을 거부하고 있고, 명백한 물증이 없어 체포영장을 신청하기도 어려운 상황입니다. 그러던 중, 경직법 제3조 제6항에 규정된 임의동행 시간 6시간이 다 되어 가고 있었습니다. 초조해진 팀장님은 "지금 풀어 주면 증거를 인멸하고 도주할 게 뻔하다. 내가 책임질 테니, 한두 시간만 더 조사해서 자백을 받자"며 시간 연장을 지시했습니다. 결국 당신의 팀은 D씨를 8시간 동안 조사실에 머물게 했고, 그 사이 D씨는 가족과의 연락도 허용받지 못했습니다.

상황처리 과제

당신이 B경위라면, 팀장의 지시에 따라 행해진 '6시간 초과 동행' 행위가 경직법 제12조의 벌칙 조항에 해당될 수 있는지 판단하고, 이와 같은 위법 수사를 근절하기 위한 방안을 제시하시오.

2. 상황판단(법적 근거 중심)

팀장의 지시에 따른 행위는 경직법 제12조에 명백히 해당하는 위법행위입니다. (의무 위반) 경직법 제3조 제6항은 "동행한 사람을 6시간을 초과하여 경찰관서에 머물게 할 수 없다"고 명시하고 있으며, 제5항은 가족 등에게 연락할 기회를 주어야 할 의무를 규정하고 있습니다. 8시간 동안 연락도 시켜 주지 않은 채 D씨를 붙잡아 둔 행위는 이 두 가지 의무를 정면으로 위반한 것입니다. (해악 발생) D씨는 2시간 동안 불법적으로 신체의 자유를 억압당했고, 가족과 연락할 권리를 침해당하는 등 명백한 '해'를 입었습니다. 따라서 이 행위에 가담한 경찰관들은 '1년 이하의 징역' 등에 처해질 수 있는 범죄를 저지른 것이며, 이를 통해 얻은 자백이 있더라도 위법수집증거로서 증거능력이 없습니다.

3. 문제점 및 해결방안(근절 방안)

1) 문제점: 범인을 잡아야 한다는 실적주의와 성과에 대한 압박이, 경찰관들로 하여금 적법절차라는 대원칙을 무시하고 불법적인 수사 관행을 따르게 만드는 구조적인 문제가 있습니다.

2) 근절 방안:

(1) 1단계(명확한 원칙 교육 및 인식 개선): 모든 수사관을 대상으로, '아무리 유능한 수사관이라도 적법절차를 지키지 않으면 결국 모든 것이 무효가 된다'는 원칙을 실제 판례 중심으로 반복 교육해야 합니다. 임의동행 6시간 제한은 인권 보호를 위한 '마지노선'이며, 이를 넘는 순간부터 우리의 모든 행위는 '수사'가 아닌 '불법감금'이 된다는 점을 명확히 인식시켜야 합니다.

　　　　　　　　　　　　　　　　　　　　　　　제2부 • 경찰관 직무집행법 해설

(2) **2단계(지휘관의 책임 강화):** 이번 사례처럼, 부하에게 위법한 지시를 내리는 지휘관에 대해서는 더 무거운 책임을 물어야 합니다. 지시를 이행한 팀원뿐만 아니라, 그 지시를 내린 팀장, 그리고 이를 제대로 감독하지 못한 과장 등 지휘 라인 전체에 대해 엄중한 징계 및 형사 책임을 묻는 선례를 만들어야, '내가 책임진다'는 식의 무책임한 지시가 사라질 것입니다.

(3) **3단계(내부 통제 시스템 구축):** 임의동행 시, 동행 시작 시간과 종료 시간을 전산에 실시간으로 입력하고, 6시간이 초과되면 자동으로 경고 메시지가 상급자 및 청문감사관실에 전송되는 시스템을 구축해야 합니다. 또한, 모든 조사실에 CCTV를 설치하여 녹화하고, 피의자가 원할 경우 언제든 자신의 조사 기록을 열람할 수 있도록 하여 수사 과정의 투명성을 높여야 합니다.

(4) **4단계(성과 평가 방식의 개선):** 단순히 검거 건수나 자백률과 같은 양적인 지표로 수사팀의 성과를 평가하는 방식에서 벗어나야 합니다. 수사 과정에서의 '적법절차 준수율', '인권 보호 노력', '피의자 및 관계인의 절차 만족도' 등을 성과 평가의 핵심 지표로 도입하여, 과정의 공정성을 지키는 수사관이 더 우대받는 조직 문화를 만들어야 합니다.

4. 면접관과 질의응답(꼬리질문)

1) 면접관 1(법률 전문가)

(1) **질문 1:** 만약 D씨가 "6시간이 지났지만, 조사를 더 받고 싶다"고 자발적으로 동의했다면, 6시간을 넘겨도 괜찮습니까?

(2) **답변 1:** 안 됩니다. 경직법 제3조 제6항은 '머물게 할 수 없다'고 규정한 강행규정으로, 당사자의 동의가 있더라도 연장될 수 없다고 해석하는 것이 타당합니다. 이는 수사관의 압박이나 회유에 의해 비자발적인 동의가 이루어질 위험을 원천 차단하고, 임의동행이 사실상의 체포로 변질되는 것을 막기 위한 입법 취지 때문입니다. 6시간이 지났다면, 일단 귀가시킨 후 정식으로 출석요구를 하거나, 영장을 발부받는 절차로 전환해야 합니다.

(3) **질문 2:** D씨를 8시간 조사해서 얻은 자백으로, 방화에 사용된 증거물을 찾아냈습니다. 이 증거물은 증거로 사용할 수 있습니까?

(4) **답변 2:** 사용할 수 없습니다. 이는 '독수의 과실 이론(독나무의 열매는 독이 있다)'에 해당합니다. 위법한 강제 연행 상태에서 얻은 자백(독나무)에 기초하여 발견된 2차 증거(독이 든 열매) 역시, 원칙적으로 증거능력이 없습니다. 따라서 자백뿐만 아니라 그로 인해 찾아낸 증거물까지 모두 법정에서 증거로 사용될 수 없게 됩니다.

2) 면접관 2(현장 지휘관)

(1) **질문 1:** 팀장의 지시인데, 신참인 당신이 "안 됩니다"라고 거부하기는 현실적으로 불가능하지 않습니까?

(2) **답변 1:** 물론 매우 어렵다는 것을 압니다. 하지만 불가능하지는 않다고 생각합니다. 저는 팀장님께 반발하는 것이 아니라, 팀 전체를 보호하기 위해 조언하는 방식으로 접근하겠습니다. "팀장님, 6시간을 넘기면 저희가 한 수사 전체가 위법수집증거가 되어 무효가 될 수 있다고 합니다. 지금 풀어 주고 영장을 통해 다시 잡는 것이 더 확실한 방법이 아닐까요?"라고 말하며, 법적 위험성을 근거로 팀장님을 설득하겠습니다.

(3) **질문 2:** 당신이 만약 그 팀의 팀장이었다면, 6시간이 다 되어 가는 그 시점에서 어떤 결정을 내렸겠습니까?

(4) **답변 2:** 저는 과감하게 D씨를 귀가시키는 결정을 내렸을 것입니다. 그리고 즉시 팀원들을 소집하여, 그 6시간 동안 확보한 다른 증거들을 정리하고, 이를 바탕으로 검사에게 긴급체포를 승인해 달라고 신청하거나, 신속하게 체포영장을 신청하는 절차에 돌입했을 것입니다. 눈앞의 범인을 놓치는 아쉬움보다는, 적법절차를 지켜 그를 확실하게 처벌하는 길을 택하겠습니다.

3) 면접관 3(인권·소통 전문가)

(1) **질문 1:** D씨는 8시간 동안 불법 구금된 것입니다. 그에게 경찰을 대표하여 어떻게 사과하고, 그의 신뢰를 어떻게 회복하겠습니까?

(2) **답변 1:** 어떠한 변명도 없이 저희의 잘못을 솔직하게 인정하고 사과하겠습니다. "D 선생님, 저희의 조급함 때문에 선생님의 소중한 자유와 권리를 2시간이나 부당하게 침해했습니다. 진심으로 사죄드립니다. 이번 일에 책임 있는 모든 경찰관은 정당한 처분을 받을 것이며, 다시는 이런 일이 없도록 하겠습니다"라고 말씀드리겠습니다. 그리고 향후 진행될 모든 수사 절차에서 D씨의 방어권을 철저히 보장하고, 모든 과정을 투명하게 진행하여, 경찰이 과오를 바로잡고 변화하려는 의지가 있음을 행동으로 보여 줌으로써 신뢰를 회복하기 위해 노력하겠습니다.

(3) **질문 2:** 이번 일은 '범인만 잡으면 된다'는 경찰 내부의 잘못된 인식이 드러난 것입니다. 이런 인식을 어떻게 바꿀 수 있을까요?

(4) **답변 2:** '실패 사례 교육'이 가장 효과적이라고 생각합니다. 이번 사례처럼, 적법절차를 무시한 수사가 결국 어떻게 피의자에게 무죄를 선고하게 만들고, 담당 경찰관은 형사처벌을 받게 되는지로 이어졌는지 그 '실패의 전 과정'을 모든 경찰관에게 생생하게 공유해야 합니다. 성공 사례를 배우는 것보다, 동료의 뼈아픈 실패 사례를 통해 '적법절차가 유능한 수사'

라는 것을 깨닫게 하는 것이 더 강력한 교훈이 될 것입니다.

4) 면접관 4(조직·정책 전문가)

  (1) 질문 1: 경찰의 수사 역량은 '인권 보호'와 '범죄 대응 능력'이라는 두 가지 축으로 평가됩니다. 두 가치가 충돌할 때, 장기적으로 조직의 발전을 위해 무엇이 더 우선되어야 한다고 생각합니까?

  (2) 답변 1: '인권 보호'가 더 우선되어야 한다고 생각합니다. 범죄 대응 능력은 국민의 신뢰와 협조가 있을 때 극대화될 수 있습니다. 경찰이 인권을 존중하고 적법절차를 지킨다는 깊은 믿음이 사회에 형성될 때, 시민들은 자발적으로 정보를 제공하고 수사에 협조할 것입니다. 인권이라는 튼튼한 반석 위에 세워진 수사 역량만이 진정으로 강하고 지속 가능한 역량이 될 수 있습니다.

  (3) 질문 2: 본인은 원칙을 지키는 소신 있는 경찰관이 되고 싶습니까, 아니면 팀의 화합과 성과를 중시하는 융화적인 경찰관이 되고 싶습니까?

  (4) 답변 2: 저는 '원칙을 통해 팀의 진정한 화합과 성과를 이끌어 내는' 경찰관이 되고 싶습니다. 불법과 타협하며 이루는 화합은 모래성과 같으며, 위법 수사를 통해 얻은 성과는 결국 무너질 수밖에 없습니다. 저는 팀원들에게 가장 어려운 순간에 법과 원칙이라는 가장 확실한 기준을 제시하고, 모두가 그 기준 위에서 합법적으로 최선의 성과를 낼 수 있도록 돕는 리더가 되고 싶습니다. 원칙을 지키는 것이 우리 팀 모두를 지키는 길이라는 믿음을 공유하며, 팀원들과 함께 성장하고 싶습니다.

💬 발표 면접 과제 3: [선배 경찰관의 위법행위 묵인]

1. 상황자료

당신은 파출소에 근무하는 신임 C순경입니다. 당신의 사수인 D경사는 실적은 좋지만, 종종 법의 경계를 넘나드는 행동으로 유명합니다. 오늘 야간 순찰 중, 관내에서 발생한 오토바이 날치기 사건의 용의자를 추격 끝에 검거했습니다. 검거 과정에서 용의자는 순순히 체포에 응했고, 아무런 저항도 하지 않았습니다. 그런데 파출소로 용의자를 호송해 온 D경사는, 조사실에서 용의자에게 "네놈 때문에 밤새 고생했다"며 욕설을 하고, 손으로 용의자의 뒤통수를 세게 여러 차례 때렸습니다. 당신은 그 장면을 바로 옆에서 모두 목격했습니다. D경사는 당신을 돌아보며 "네가 오늘 못 본 걸로 하면, 아무 일 없는 거다. 괜히 시끄럽게 만들지 마라"며 회유와 압박을 하고 있습니다.

상황처리 과제

당신이 C순경이라면, 사수의 명백한 독직폭행 및 위법행위를 목격한 상황에서 어떻게 행동할 것인지, 경찰관의 의무와 양심에 따라 단계별로 발표하시오.

2. 상황판단(법적 근거 중심)

사수 D경사의 행위는 경직법 제12조를 넘어, 형법상 '독직폭행죄(형법 제125조)'에 해당하는 명백한 중대 범죄입니다. 독직폭행죄는 경찰 등 인신 구속에 관한 직무를 행하는 자가 그 직권을 남용하여 사람을 폭행하는 경우 성립하며, 일반 폭행죄보다 훨씬 무겁게 처벌됩니다. D경사는 저항하지 않는 피의자를 폭행하여 '의무를 위반하고 직권을 남용하여 해를 끼친' 경우이므로, 경직법 제12조의 요건도 당연히 충족합니다. D경사의 회유와 압박에 굴복하여 이를 묵인하는 것은, 단순히 동료의 비위를 감싸 주는 차원을 넘어, 범죄의 공범 또는 방조범이 되는 매우 심각한 행위입니다. 경찰관으로서 절대 묵과해서는 안 될 상황입니다.

3. 문제점 및 해결방안(단계별 조치)

1) **문제점:** 사수의 범죄를 신고할 경우, 조직 내에서의 인간관계 파탄, 보복성 불이익, '내부고발자'라는 낙인 등 엄청난 심리적, 현실적 어려움에 직면할 수 있습니다.

2) **해결방안:**

   (1) 1단계(즉각적인 제지 시도): 먼저 그 자리에서 D경사의 폭행을 직접 제지하겠습니다. "D선배님, 이러시면 안 됩니다! 때리지 마세요!"라고 단호하게 말하며 D경사와 피의자 사이를 가로막겠습니다. 이는 추가적인 폭행을 막고, 제가 그 범죄에 동조하지 않았다는 명확한 의사표시입니다.

   (2) 2단계(피의자 보호 및 증거 확보): D경사를 진정시킨 후, 피해자인 피의자의 상태를 확인하고, 그에게 변호인의 조력을 받을 권리와 진술거부권 등을 다시 한번 명확히 고지하여 그의 방어권을 보장하겠습니다. 또한, 조사실 내 CCTV가 작동하고 있었는지 확인하고, 만약 영상이 없다면 저의 바디캠을 켜는 등 증거를 확보하기 위한 노력을 하겠습니다.

   (3) 3단계(상급자 및 청문감사관실 보고): 지체 없이 파출소장 등 직속 상급자에게 D경사의 폭행 사실을 구두 및 서면으로 보고하겠습니다. 만약 상급자가 이 사실을 덮으려 하거나 미온적으로 대처한다면, 저는 경찰서 **청문감사관실에 직접 방문하거나 내부 신고 시스템을 통해 정식으로 신고**하겠습니다.

   (4) 4단계(원칙에 따른 진술): 이후 진행될 감찰 및 수사 과정에서, 어떠한 회유나 압박에도 흔

들리지 않고, 제가 목격하고 제지했던 모든 사실을 있는 그대로, 그리고 일관되게 진술하겠습니다. 저의 진술이 D경사를 처벌하기 위한 것이 아니라, 오직 진실을 밝히고 경찰 조직의 기강을 바로 세우기 위한 것임을 명확히 하겠습니다.

4. 면접관과 질의응답(꼬리질문)

1) 면접관 1(법률 전문가)

(1) **질문 1:** D경사의 행위는 '독직폭행죄'와 경직법 제12조 위반에 모두 해당하는데, 어떤 법이 우선 적용됩니까?

(2) **답변 1:** 두 죄는 상상적 경합 관계에 놓일 수 있지만, 처벌은 더 무거운 죄인 형법상 '독직폭행죄'로 이루어질 것입니다. 독직폭행죄는 법정형이 '5년 이하의 징역과 10년 이하의 자격정지'로, 경직법 제12조의 '1년 이하 징역'보다 훨씬 무겁습니다. 이처럼 가장 중한 죄로 처벌하는 것이 형법의 원칙입니다.

(3) **질문 2:** 당신이 이 사실을 묵인했다가, 나중에 피의자의 고소로 사실이 밝혀졌습니다. 당신은 어떤 법적 책임을 지게 됩니까?

(4) **답변 2:** 저는 형사책임과 징계책임을 지게 되고, 처벌받을 수도 있다고 생각합니다. 경찰관으로서 범죄를 인지하고도 이를 제지하거나 보고하지 않은 것은 정당한 이유 없이 직무를 유기한 것에 해당하며, 동료라는 이유로 그의 범죄를 숨겨 준 것은 범인도피 행위에 해당할 수도 있기 때문입니다. 또한, 별도의 징계 책임도 져야 할 것입니다.

2) 면접관 2(현장 지휘관)

(1) **질문 1:** D경사는 당신의 사수이고, 지난 몇 달간 당신에게 모든 것을 가르쳐 준 은인 같은 사람입니다. 인간적인 도리와 경찰관으로서의 의무 사이에서 갈등이 생기지 않겠습니까?

(2) **답변 1:** 물론 인간적으로는 매우 고통스럽고 갈등이 될 것입니다. 하지만 저는 사적인 은혜와 공적인 의무는 명확히 구분해야 한다고 생각합니다. D경사가 제게 베풀어 준 은혜는 제가 앞으로 더 좋은 경찰관이 되어 국민들께 봉사함으로써 갚아야 할 것이지, 그의 범죄를 덮어 줌으로써 갚아서는 안 됩니다. 진정으로 그를 위하는 길은, 그가 더 큰 잘못을 저지르기 전에 잘못을 바로잡도록 하는 것이라고 생각합니다.

(3) **질문 2:** 당신의 신고로 파출소 전체의 분위기가 엉망이 되고, 팀워크가 깨졌습니다. 이 책임은 누구에게 있다고 생각합니까?

(4) **답변 2:** 팀워크를 깨뜨린 책임은 진실을 밝힌 저에게 있는 것이 아니라, 위법행위를 저지른 D경사와, 만약 그 사실을 알고도 묵인한 다른 동료들에게 있다고 생각합니다. 불법과 타협

하여 유지되는 침묵의 카르텔은 진정한 팀워크가 아니라, 범죄의 온상일 뿐입니다. 진정한 팀워크는 서로의 잘못을 지적하고 바로잡아 주며, 함께 법과 원칙을 지켜 나갈 때 생겨나는 것이라고 믿습니다.

3) 면접관 3(인권·소통 전문가)

(1) 질문 1: 피의자가 "저 신참 경찰도 봤으면서 가만히 있었다. 둘이 한패다"라고 주장한다면, 어떻게 그의 신뢰를 얻을 수 있을까요?

(2) 답변 1: 저는 피의자에게 저의 행동을 명확히 보여 줌으로써 신뢰를 얻겠습니다. D경사의 폭행을 그 자리에서 제지하고, 피의자에게 이 일은 반드시 원칙대로 처리될 것이며 선생님의 권리가 침해받지 않도록 돕겠다고 하고, 신뢰를 얻도록 하겠습니다.

4) 면접관 4(조직·정책 전문가)

(1) 질문 1: 일부에서는 '범죄자 인권만 챙기다가, 경찰 인권은 다 죽는다'는 볼멘소리도 나옵니다. 이 주장에 대해 어떻게 생각합니까?

(2) 답변 1: 경찰관의 인권도 당연히 존중받아야 합니다. 하지만 범죄자의 인권을 존중하는 것이 경찰의 인권을 포기하는 것을 의미하지는 않습니다. 오히려 경찰이 피의자의 인권을 철저히 보장하고 적법절차를 준수할 때, 역설적으로 경찰의 법 집행은 더 큰 정당성을 얻게 되고, 국민의 지지를 받게 되며, 이는 장기적으로 경찰관의 인권과 자긍심을 높이는 결과로 이어질 것입니다. 피의자의 인권과 경찰의 인권은 제로섬 게임이 아니라고 생각합니다.

(3) 질문 2: 당신이 오늘 보여 준 강직함과 원칙주의가, 때로는 조직의 융화를 해치는 '모난 돌'처럼 비춰질 수도 있습니다. 어떻게 동료들과 함께 갈 것입니까?

(4) 답변 2: 저는 '차가운 원칙주의자'가 아닌, '따뜻한 원칙주의자'가 되겠습니다. 저는 원칙을 동료를 비난하고 처벌하는 칼로 사용하는 것이 아니라, 우리 모두를 위험으로부터 지켜 주는 방패로 사용할 것입니다. 동료의 잘못을 지적할 때에도, 그의 인격을 비난하기보다는 그의 행위가 우리 모두에게 어떤 위험을 초래할 수 있는지 진심으로 걱정하는 마음을 전달하겠습니다. 원칙을 지키는 강직함과, 동료를 이해하고 함께 가려는 따뜻한 마음을 모두 갖출 때, 비로소 동료들의 진정한 신뢰를 얻는 리더로 성장할 수 있다고 믿습니다.

이 책은 최신 생성형 AI 기술을 법률 해설서 집필에 전면적으로 도입한 새로운 시도였습니다. Google의 Gemini 2.5 Pro 유료 버전의 도움을 받아 법 조문을 분석하고('조문 해부'), 시험 전략을 도출하며('Study Point'), 무엇보다 실제와 흡사한 발표 면접 시나리오를 개발하는 과정은 매우 흥미롭고 혁신적이었습니다. AI는 방대한 정보를 분석하고 체계적인 틀을 잡는 데 강력한 도구가 되어 주었습니다.

하지만 이 과정에서 몇 가지 아쉬움도 남습니다. 첫째, AI가 생성한 가상 시나리오는 실제 치안 현장의 복잡 미묘함과 예측 불가능성을 완벽하게 담아내기에는 아직 한계가 있을 수 있습니다. 학습 효과를 위해 다소 정형화된 측면이 있을 수 있음을 독자 여러분께서 감안해 주시면 좋겠습니다. 둘째, AI 기술은 하루가 다르게 발전하고 있습니다. 이 책에서 활용한 AI 모델이나 기술이 빠르게 구식이 될 수도 있다는 점, 그리고 AI의 답변이 항상 법리적으로 완벽하지 않을 수 있다는 가능성은 저자로서 염두에 두어야 할 부분이었습니다. 마지막으로, AI와의 협업 과정에서 혹시 놓쳤을지 모를 법률 해석의 깊이나 섬세함에 대한 아쉬움이 남습니다.

그럼에도 불구하고, 저는 이 책이 「경찰관 직무집행법」을 학습하는 학생들과 수험생 여러분께 실질적인 도움을 드릴 수 있기를 진심으로 기대합니다.

- 부디 이 책의 체계적인 '조문 해부'와 'Study Point'가 여러분의 법률 지식 습득에 든든한 발판이 되기를 바랍니다.
- 무엇보다 심혈을 기울여 개발한 '발표 면접 대비 상황 재구성' 파트가 실제 면접과 같은 긴장감 속에서 법적 판단 능력과 문제 해결 능력을 기르는 효과적인 훈련 도구가 되기를 소망합니다. 가상의 면접관들과 씨름하며 흘린 땀방울이 실제 면접장에서 자신감으로 빛나기를 응원합니다.
- 또한, 이 책이 AI 시대를 살아가는 예비 법률가 및 경찰관들에게 AI를 단순히 두려워하거나 배척할 대상이 아니라, 자신의 전문성을 높이는 강력한 협업 도구로 활용할 수 있다는 가능성을 보여 주는 작은 계기가 되기를 바랍니다.

국민의 자유와 권리를 보호하며 사회 공공의 질서를 유지하는, 지혜롭고 책임감 있는 경찰관으로 성장해 나가는 데 작은 디딤돌이 될 수 있기를 기원드립니다.

[필자가 개발한 AI 경찰 발표 면접 연습 시뮬레이터]

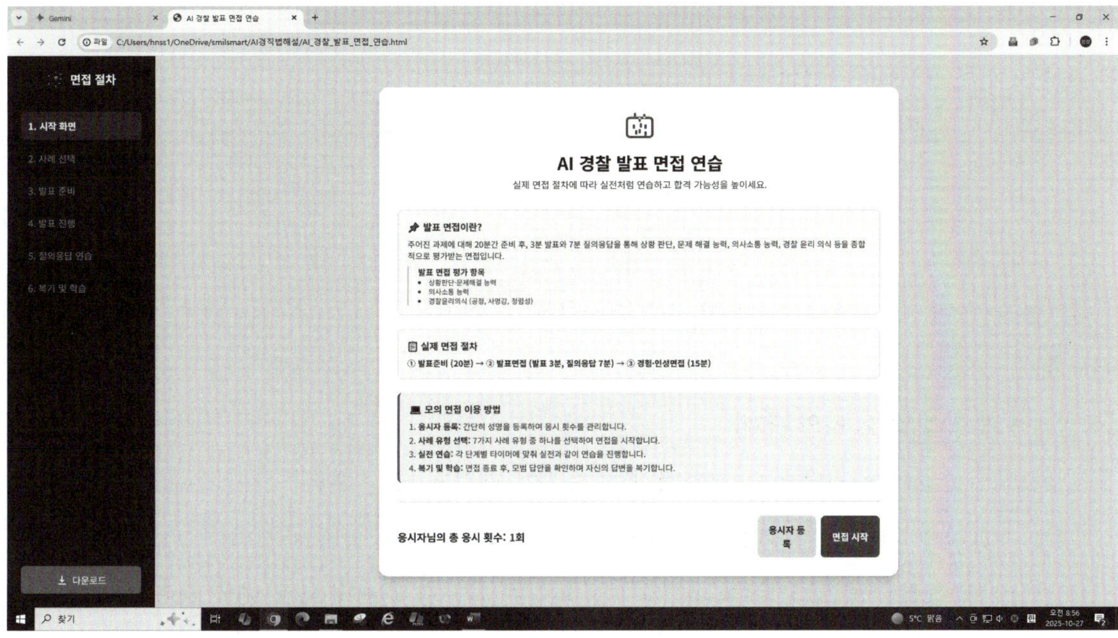

AI 활용
경찰관 직무집행법 해설

ⓒ 홍성삼, 2025

초판 1쇄 발행 2025년 12월 15일

지은이　　홍성삼
펴낸이　　이기봉
편집　　　좋은땅 편집팀
펴낸곳　　도서출판 좋은땅
주소　　　서울특별시 마포구 양화로12길 26 지월드빌딩 (서교동 395-7)
전화　　　02)374-8616~7
팩스　　　02)374-8614
이메일　　gworldbook@naver.com
홈페이지　www.g-world.co.kr

ISBN　979-11-388-5133-6 (03360)